# 게임놀이치료

# 게임놀이치료

유미숙 · 이영애 · 유재령 · 차효정 · 김혜진 · 진미경 · 최진희 · 채은영 · 이소연 공저

## GAME PLAY THERAPY

학지사

# 머리말

놀이치료자에게는 아동의 놀이를 관찰하고 평가하고 이해하는 작업과 더불어 아동과 상호작용하는, 놀이라는 활동에 개입하여 변화를 이끌어야 하는 책무가 있다. 이 영역을 크게 두 가지로 나누면, 하나는 놀이(play)이고 다른 하나는 게임(game)이다.

특히 4세 이상의 아동이나 청소년과 상담 혹은 놀이치료를 하기 위해서는 게임을 빼놓을 수 없다. 자유놀이보다는 구조화되거나 반구조화된 게임이라는 도구를 활용하면 내담자의 자발적인 참여를 도울 수 있고 심리치료 효과를 높일 수 있다. 그들의 관심이 게임에 있기 때문이다.

놀이치료에서 다루어야 하는 주제들은 그 어느 것도 접근하기가 쉽지 않다. 아동이나 청소년은 아직 자신의 내면을 들여다볼 능력이 부족할 뿐만 아니라 어른처럼 자신의 이야기를 스스로 말할 의지도 없는 경우가 대부분이므로 치료자가 잘 안내하여 상담 및 심리치료 작업을 하여야 한다. 따라서 그들이 익숙하고 좋아하는 게임이라는 방식을 빌려 와 치료시간에 다루어야 할 주제들을 녹여 내어 재미있게 안내하여야 목표를 이룰 수 있다. 이 작업을 할 수 있는 전문가가 되는 것은 게임놀이에 능숙한 게임놀이치료자로서의 역량을 갖추는 것이다.

놀이치료에서 게임을 어떻게 활용하면 도움이 되는지 난감해하는 치료자들을 위해 놀이치료전문가인 9명의 교수가 의기투합하여 마침내 한 권의 책을 완성하였다. 모든 저자는 직접 놀이치료실에서 게임을 통해 아동을 치료해 본 전문가이자 대학과 대학원에서 놀이치료를 가르치고 임상지도를 하는 교수이므로, 그야말로 게임놀이치료의 대가들이 집필진으로 참여한 것에 자부심을 가진다.

이 책은 게임놀이란 무엇인가에서 출발하여 실제 임상현장에서 아동의 연령이나 문제에 따라 게임놀이를 어떻게 활용할지를 친절하게 안내하는 내용으로 구성하였다. 저작권의 제약 때문에 더 많은 게임 자료를 소개하는 데는 한계가 있어 아쉬움이 있지만, 독자들이 이 책을 통해 게임놀이치료의 원리를 배우게 되면, 여기에 소개되지 않은 새로운 게임에도 적용할 수 있을 것이라고 기대한다.

이 책이 게임을 통해 아동이나 청소년과 작업하는 모든 전문가에게 힘이 될 수 있기를 기대하며, 놀이치료나 아동상담, 청소년상담, 가족상담 영역에서도 활용할 수 있는 교재가 될 것이라 생각한다.

집필에 참여해 주신 교수님들께 깊은 감사를 전한다. 『게임놀이치료』 저술을 시작해 놓고도 오랫동안 완성을 하지 못하고 있었는데 공저자분들 덕분에 드디어 이 책을 세상에 내놓게 되었다. 참으로 기쁘고 고마운 마음이 크다. 아울러 학지사 김진환 사장님과 성스러움 과장님을 비롯한 학지사 관계자분들에게 감사의 마음을 전한다. 특히 편집부 이영봉 과장님의 손길로 책이 다듬어지고 완성됨에 깊이 감사드린다.

이 책을 통해 마음을 나누려는 저자들의 진심이 아동이나 청소년을 도우려는 전문가들에게 잘 전달될 수 있기를 소망한다.

2025년 9월

대표 저자 유미숙

# 차례

제 1 장

# 게임놀이치료

## 1. 게임놀이의 이해

### 1) 놀이와 게임놀이

일상적으로 게임과 놀이는 같은 의미로 정의되지만, 상담 및 치료 장면에서는 게임과 놀이가 다소 다른 의미를 갖는다. 놀이는 특정한 목적을 갖지 않고 자발적으로 이루어지는 활동이며 즐거움을 추구한다. 따라서 제한적이지 않고 구조화되지 않는 특징을 갖는다. 반면, 게임은 보다 형식과 규칙이 있다. 특히 조직화된 게임에는 놀이에서의 역할, 기대되는 행동과 제한, 게임 방법에 대한 규칙과 제한이 있다. 또한 놀이는 승패를 결정하는 요소가 없기 때문에 비경쟁적인 특성을 갖지만, 게임은 결과에 따라 승패가 결정되므로 경쟁적인 요소를 갖는다.

### 2) 게임놀이의 역사적 고찰

초기 게임놀이의 탄생은 인류의 적응 및 생존과 직접적인 상관관계를 가지고 나타난 것으로 보인다. Sutton-Smith(1961)는 사람들이 먹잇감을 사냥하기 위해 막대나 뼈, 돌 등을 굴리기 쉽게 둥글고 잡기 편한 형태로 다듬은 형태가 '공놀이'로 발달된 것으로 보고하고 있다. 이러한 주장은 고대사회에서 공놀이 하는 사람들을 묘사한 이집트 상형문자 자료를 통해 근거로서 뒷받침된다. 또한 많은 사회학 연구에서 공놀이는 인류의 보편적인 활동으로도 나타난다. 이러한 공놀이로 시작된 신체기술 게임놀이는 무언가를 주고받고 공유하는 행동의 경험을 통해 협동과 집단소속감의 가치를 강화하는 데 기여하는 것으로 발전하게 되었다.

체스, 장기, 체커, 백가몬 등의 전략게임은 귀족 자녀들에게 군사전략을 가르칠 목적으로 고대 아시아 문화권에서 시작된 것으로 알려져 있다. 또한 환경의 불확실성이나 비예측성과 같이 인간의 통제력을 넘어서는 영역들은 능력이나 전략이 아닌 우연에 의해 결과가 결정되는 우연게임의 발전과 밀접한 관련이 있는 것으로 나타난다(Sutton-Smith & Roberts, 1971). 즉, 환경의 힘을 극복할 인간의 통제력 부족은 능력이나 전략이 아닌 우연에 의해 결과가 결정되는 게임 형태를 발전시키게 되었다. 이처럼 오늘날의 수많은 게임은 인류의 생존과 함께 고대문화에 그 뿌리를 두고 있다. 역사를 통해 게임의 다양성과 유행은 인간의 경험에서 지속적으로 나타나고 중요한 요소들을 반영하고 있다.

### 3) 게임놀이의 이론 및 발달적 관점

게임놀이의 기원과 역사에 대한 개관에 이어 게임놀이가 다양한 심리학적 이론적 틀에서 어떻게 설명되고 이해될 수 있는지를 살펴보고자 한다. 먼저, Piaget의 인지발달이론 관점에서 게임놀이에 대해 이해해 보고자 한다. 게임은 놀이의 한 형태이나, 놀이에 비해 방법적 규칙과 행동적 제한이 있으며 경쟁적 요소를 포함한다. 이러한 특성과 관련하여 게임은 놀이 발달의 마지막 단계에 이루어진다. Piaget(1962)의 인지발달에 따른 놀이 발달은 3단계로 이루어진다. 구체적으로 1단계는 반복적인 행동과 모방 놀이가 나타나는 감각운동 놀이 시기(sensory motor play, 2개월~2세)이며, 2단계는 역할놀이와 가상놀이가 이루어지는 상상놀이 시기(fantasy play, 2~7세)이다. 마지막 3단계는 규칙이 있는 게임을 하는 시기(games with rule, 7~11세)이다. 구체적으로 영유아의 초기 놀이 형태는 주로 감각운동 활동에 의해 지배되며, 취학 전 아동의 놀이는 상상력이나 상징화 능력을 자극하고, 모방 또는 역할 놀이가 주로 나타난다. 그러나 초등학교에 입학하면서 아동의 놀이는 현실세계와 유사한 인간 상호 관계나 상황을 반영해서 보다 현실적이고 복잡해지며, 무엇이 옳고 실제적인지 경험하고, 정보를 조직화하고 분류하는 활동이 증가한다. 3단계 이전에도 협동과 규칙이 필요한 게임을 할 수 있는 능력이 있다고 보고 되기도 하지만, 일반적으로 3단계에 이르러서야 게임에 필요한 인지의 발달과 이에 따른 적절한 행동이 가능하게 된다. 아동이 연령 수준에 맞는 감정 표현과 게임의 규칙 이해 및 수행이 가능하게 되면서 게임의 형식과 진행이 보다 적절해지고 다양해질 수 있다. 따라서 게임의 구성, 규칙, 절차 등은 발달 시기 아동의 인지발달을 촉진시키게 된다.

다음으로 프로이트의 심리성적 발달이론에 따르면, 발달단계는 구강기, 항문기, 남근기, 잠복기, 생식기 단계로 이루어지며, 각 발달단계는 내담 아동이 치료의 어떤 단계를 받아들일 수 있는지를 평가할 수 있는 지침이 된다. 이때 내담 아동이 특정 발달단계에 고착되어 있다면 게임을 통해서 충분한 치료 효과를 얻을 수 있도록 설계할 수 있다. 또한 Freud는 놀이에서 중심이 되는 카타르시스의 개념을 강조하였다. 카타르시스는 공격성과 성적 충동의 해방과 대체물로, 이와 관련하여 Peller(1954)는 억압된 충동의 해소나 본능적 충동의 승화를 위한 통로로서, 게임놀이를 통해 불안을 극복할 수 있다고 보았다. 즉, 게임의 규칙과 구조는 사회적으로 용납될 수 없는 충동을 성공적으로 표출하고 승화하는 초자아 역할을 제공한다는 것이다.

Erikson의 이론은 전 생애적 관점에서 아동기와 청소년기에 걸쳐 신뢰, 자율, 주도권, 근면, 자아정체성, 친밀감 등 각 발달단계에 따른 발달과업을 설명한다. 내담 아동을 위한 게임이나 활동을 계획할 때 발달단계에 따른 과업을 고려하는 것은 치료사가 치료 목표를 설정하는 데 있어 중요하다. 예를 들면, 분리불안의 어려움을 갖는 걸음마 단계의 내담 아동의 경우 신뢰감을 형성하고 자율성을 획득하는 데 도움을 주도록 치료 목표를 세우고, 이를 고려한 게임이나 활동을 계획하고 고려할 수 있다.

Kohlberg(1981)는 아동이 옳고 그름을 어떻게 학습하는지를 여섯 가지 발달단계로 설명하였다. 아동의 경우 도덕성이 아직 발달되지 않았고, 지식이나 이해의 정도를 언어로 표현할 능력이 부족하더라도, 게임을 활용한 놀이치료를 통해 설명을 따라 하고, 관찰된 단순한 규칙을 이해할 수 있다고 언급하였다. 이는 아동이 사회적인 관계 안에서 게임놀이를 통해 학습한 적절한 기술을 활용하여 도덕성을 깨닫고 표현할 수 있다는 것을 의미한다.

사회학습이론 관점에서 Groos(1898)는 게임놀이를 자신의 삶 속에서 필수적인 행동 양상을 실습하는 본능적이고 도구적인 것으로 언급하였으며, Serok과 Blum(1983)은 게임놀이가 사회화의 필수 구성요소인 학습, 규칙, 문제해결, 자기훈련, 정서적 통제 등의 사회적 요소를 내포하고 있음을 제시하였다.

Margaret Mahler는 애착과 대상의 연속성이 부모-자녀의 밀착된 관계를 형성하는 가장 중대한 요소라고 주장한다(Mahler et al., 1975). 만약, 초기 발달단계에서 부모와 의미 있는 애착을 형성하지 못했다면, 건강한 소속감을 획득하는 것은 매우 중요하다. 이를 위한 대안으로 게임이나 다른 사회적 활동을 통해 학습이 가능하다.

Maslow의 욕구단계이론 관점을 적용해 보면 치료 상황에서 치료 목표를 설정하기 전에 내담 아동의 기본욕구가 어떻게 충족되고 있는지 평가하는 것이 중요하다. 강한 신체적 발달단계에 있는 아동은 신체활동, 언어 관습, 감정 표현 등을 경험할 수 있는 게임놀이를 통해 다른 사람과 친밀하게 연결될 수 있다.

## 2. 게임놀이치료의 역사

Anna Freud(1928)는 아동을 대상으로 한 치료를 위해 '놀이'를 도입한 놀이치료의 선구자이다. 이후 놀이, 특히 게임이 치료에 폭넓게 활용되어 왔다. 구체적으로 Axline(1947)은 놀이치료에서 체커와 같이 익숙한 게임이 치료에 활용될 때 아동들에게 치료 상황에서의 편안함을 제공하는 것으로 게임의 가치를 설명하였다. 또한 Loomis(1957)는 놀이치료에서 체커를 본격적으로 활용하였는데, 게임은 아동의 저항과 무의식적 갈등을 표현하는 매개체로서 심리적 방어를 감소시켜 치료를 촉진시키는 역할을 하는 것으로 게임의 유용성을 설명하였다. 한편, Bettelheim(1972)은 게임이 아동의 공격성, 신뢰, 무력감, 힘, 적극성 등 심리적 갈등을 파악하는 데 기여할 수 있는 것으로 게임의 가치를 설명하며 포커와 체스를 놀이치료에 활용하였다.

이후 1970년대 들어서면서 자기표현과 대화를 촉진하는 데 있어 보드게임의 가치가 보다 유용하게 인식되었다. 내담 아동이 치료 상황에서 치료자와 보다 개방적이고 수용적인 분위기를 촉진하고 신뢰관계를 형성하면 치료 효과가 증진되기 때문에, 게임을 활용할 수 있는 연령의 아동과 청소년에게 보드게임이 적극적으로 활용되어 왔다.

1990년대에 들어서면서는 게임을 심리치료에 보다 적극적으로 적용하게 되었다. 구체적으로 Reid(1993)는 비트 더 클락(Beat the Clock) 게임과 스톱 앤 싱크(Stop & Think) 게임 등이 충동성이 높은 아동들에게 효과가 있다고 보고하였으며, 다트와 같은 게임은 과잉행동적이고 방어적인 아동들에게 치료 초기에 유용하게 활용될 수 있는 것으로 보고하였다. 또한 Paniagua(1992)에 의해 개발된 스태킹 블록(Stacking blocks) 게임은 자기통제력 증진에 도움이 되는 게임으로 보고되었다(Schaefer & Reid, 2001).

국내에서도 보드게임을 활용한 다양한 심리치료의 연구 결과들에서 주의집중이나 자기조절 능력이 낮은 아동, 또래관계에 어려움이 있거나 의사소통과 적응에 어려움을 가진 아동에게 치료 효과성이 보고되고 있으며, 사고력이나 조망수용 능력 등 인지 능력에도 도움을 준다는 결과들이 보고되고 있다.

한편, 최근에는 비디오게임을 아동심리치료에 활용하는 시도들이 이루어졌고, 다양한 연구와 사례에서 그 효과성이 보고되었다. 구체적으로 ASD가 있는 아동에게 마인크래프트를 활용하여 심리치료를 진행한 결과, ASD 아동이 경험한 트라우마 치료(Gerhardt & Smith, 2020)와 불안(Gehricke et al., 2022), 대인관계기술 능력 향상(Truong & Dorn, 2021)에 긍정적인 변화가 있는 것으로 나타났다. ADHD 아동의 주의집중 능력 향상을 돕기 위해 컴퓨터 인지 게임(CCG)과 뉴로피드백을 결합함으로써 치료용 비디오 게임을 개발하여 진행한 연구(Moradi et al., 2024)에서도 치료 효과성이 보고되었다. 또한 학대를 경험한 아동을 대상으로 온라인 게임을 활용해 치료한 결과, 반추, 자기비난과 같은 부정적인 감정 조절 전략에 긍정적 변화가 있는 것으로 나타났다(David & Fodor, 2023; Liotta et al., 2015). 구체적 사례로 'Vil Du' 게임을 통해 성적 학대를 경험한 아동에게 옷 입히기 등 비언어적 의사소통 게임 활동을 하여 아동이 자신에게 무슨 일이 일어났는지 다룰 수 있도록 돕고, 성적 학대 경험에 대한 통제력을 회복할 수 있도록 도울 수 있었다(Endendijk et al., 2021).

## 3. 게임놀이의 특성

게임놀이의 특성은 즐거움, 규칙, 경쟁, 도전 등 사회적 · 정서적인 발달을 도모하는 점이다. Piaget(1962)는 게임의 특징으로 규칙과 경쟁을 강조하고 게임의 규칙과 경쟁을 통해 아동은 사회적 · 정서적 · 인지적 · 도덕적 발달을 증진할 수 있다고 하였다.

### 1) 게임놀이의 구조적 특성

게임의 규칙, 목표, 경쟁, 승패와 관련된 것을 구조적 특성이라고 말한다(Rogers, 1981). 게임은 구체적인 목표가 있고 목표를 수행하기 위해 정해진 규칙을 지켜야 한다. 또한 게임은 경쟁과 협동이라는 과정 안에서 진행되고, 이러한 과정 속에서 흥미와 재미를 느끼고 게임의 승패에 따라 성취감을 경험한다. 게임은 정해진 규칙에 따라 게임에서 이기려고 노력하는 반면, 상대방이 이기지 못하도록 견제하는 과정에서 신체적 혹은 지적 경쟁을 추구하는 특성이 구조적으로 내포되어 있다. 게임이 갖는 행동적 전략 요소는 게임 과정에서 직간접적으로 강화받으며, 이는 단순한 놀이 위주로 끝날 수 있는 행동을 보다 목표 지향적으로 이끌어 준다.

### 2) 게임놀이의 사회적 특성

게임놀이는 두 사람 이상이 만나서 게임을 진행하게 된다는 점, 게임 구성원 간에 적절한 상호작용이 요구된다는 점에서 사회적 요소를 내포하고 있다(김창원, 2000; 박진희, 2000; 박채진, 2000; 오새니, 2006). 구체적으로 게임에 참여하는 아동은 규칙을 통해 또래와 상호작용을 경험할 뿐만 아니라 규칙을 지키려고 노력하는 과정에서 협상과 타협, 새로운 규칙의 제안 등을 경험한다. 때때로 아동은 다른 사람과 상호 의존적으로 협력하여 문제를 해결하는 과정을 경험하면서 사회성을 키워 간다.

### 3) 게임놀이의 정서적 특성

게임놀이에서는 과정과 더불어 결과 역시 중요하기 때문에 아동에게 참여와 동기유발을 촉진시킨다. 즉, 게임놀이를 하는 동안 더 진지하고 긴장된 태도로 게임에 임하게 된다(Meeks, 1970). 아동은 게임을 통해 자기통제, 좌절, 인내, 자기 행동에 대한 제한 등을 받아들인다. 또한 아동은 게임의 규칙을 현실적으로 수용하면서도 게임놀이 과정에서 정서적 긴장과 이완을 번갈아 가며 경험하기 때문에 정서 강화와 조절에 많은 도움을 받는다(성은영, 1995). 게임하는 동안 승패에 따른 감정 조절을 해야 하고 게임 결과를 수용하는 자세를 가져야 한다. 따라서 아동은 게임을 통해 기쁨, 슬픔, 즐거움, 만족감 등 여러 가지 정서를 직접적으로 경험하고 표현하게 된다.

### 4) 게임놀이의 교육적 특성

아동은 게임놀이에서 규칙을 만들고 지키는 과정에서 문제해결 방법, 지적·도덕적 자율성을 갖추게 된다. 또한 상대의 생각을 존중하고 상대방의 입장을 고려함으로써 탈중심화되고 언어적 표현을 통해 언어적 문제해결 과정을 익히게 된다. Reid(2001)는 게임놀이 중 카드게임이 언어 반응을 지속시켜 어휘 능력 향상에 매우 도움이 된다고 하였다. 특히 구조화된 게임놀이인 보드게임을 수행하는 동안 아동은 게임에 등장하는 단어에 시각적으로 노출되고 반복적으로 듣게 되기 때문에 이를 친숙한 단어로 인지할 수 있다.

게임 내용에는 수, 공간 위치, 속도, 거리, 색깔, 모양 등 인지학습에 필요한 기본 개념 및 특성이 포함되어 있고, 게임하는 동안 논리적 사고를 하는 기회가 제공된다. 구체적으로 게임은 칩이나 카드를 모으기, 카드의 숫자 세기, 규칙성, 주사위를 던져 말을 이동하기 등의 활동을 통해 수 세기, 서수, 연산과 복합 분류를 하도록 하는 데 긍정적인 영향을 준다(심지은, 2008). 이와 관련하여 Nickerson과 O'Laughlin(1983)은 '고피쉬' '전쟁게임' '블랙잭' 등의 게임이 연산, 분류, 배분에 효과가 있음을 입증하였다. 즉, 게임놀이는 교육 현장과 일상생활에서 적극적으로 활용할 만한 가치가 있다고 판단된다.

## 4. 게임놀이의 치료적 요소와 기능

아동들은 게임 활동을 통해 즐거움을 경험하고 카타르시스 및 정서적 이완을 느끼며, 분노 및 다양한 정서를 표출하고 다루면서 심리적 갈등을 다루는 것을 경험할 수 있다. 또한 자신의 생각이나 감정을 이해하고 통찰을 갖게 되며 현실검증능력이 향상되어 사회적 상황에서 더 잘 기능할 수 있게 된다. 이와 관련하여 Reid(1991)는 게임이 가지고 있는 치료적 요소를 제안하였다.

### 1) 진단적 가치

일반적으로 임상현장에서는 아동이 가지고 있는 증상, 지능 수준, 문제행동, 정서 상태 등을 이해하기 위해 종합 심리 평가를 활용한다. 또한 심리치료사는 놀이 평가나 모래놀이, 그림 평가, 게임 등의 활동을 통해 아동의 현재 상태를 이해하게 된다. 다른 기법들도 유용하지만, Reid(1993)는 게임을 통해 아동의 다양한 감정이나 행동들을 관찰할 수 있고, 자아강도, 지각 능력, 언어 표현, 정서적 표현, 신체 사용 능력, 발달 수준, 주의력, 관계를 맺는 능력이나 의사소통 능력 등을 평가할 수 있다고 하였다. 게임에 참여하는 과정에서 아동들은 자신이 가진 많은 정보를 쏟아낸다. 이때 치료자는 아동의 행동과 표정, 사고 대처방식 등을 관찰함으로써 기초적인 진단을 할 수 있다.

구체적으로 내담 아동은 치료자와 함께 치료과정에서 게임을 통해 도전심이 고양될 수도 있고, 때로는 무력감이나 낮은 자기가치감을 나타낼 수도 있다. 또한 게임과정에서 내담 아동의 언어, 행동 및 태도를 통해 충동조절, 통제 능력, 집중력, 지적 능력 등 아동의 전반적인 발달 수준이나 자아과정을 평가해 볼 수 있다. 예를 들면, 자신감이 부족한 아동들은 게임 선택에서 의사결정에 어려움을 보일 수 있으며 치료자의 눈치를 보는 행동이 종종 관찰된다. 강박적인 아동들은 지나치게 규칙에 얽매이며 사소한 것에 마음을 빼앗겨 불안해하고, 게임에서 중요하지 않은 지엽적인 부분에 몰두하여 오히려 전체적 목표를 잃게 되는 경우가 있다고 하였다. 발달이 지연된 아동들은 또래 아동들이 흔히 하는 게임의 규칙을 이해하지 못하는 모습을 보이며, 불안한 아동들은 매우 조심스럽고 선택할 때 시간을 오래 끄는 모습을 보이기도 한다. 산만하고 과잉행동이 있는 아동들은 게임 중단이 빈번하고 한 가지 게임을 끝까지 지속하는 데 어려움을 보이며, 충동적인 행동들을 보인다. 상대방으로부터 인정을 얻고 싶은 아동들은 치료자를 봐 주는 행동을 하며 일부러 져 줄 때도 있다. 또한 활동적인 아동들은 운동게임이나 빠르게 진행되는 게임을 좋아하고, 인지적으로 뛰어난 아동들은 전략게임을 선호하는 경향이 있다. 반항적이고 공격적인 아동들은 운동게임 등을 할 때 거친 행동을 하거나 자신의 바람대로 진행되지 않을 때 짜증을 내거나 화를 내는 행동을 종종 보인다. 자아가 약하고 반사회적 문제가 있는 아동들은 게임에서 지는 상황에서 분노하면서 과민반응을 보이거나 이기는 것에 지나치게 집착하는 경우도 있다고 하였다. 또한 치료자는 치료과정에서 아동들의 사고나 감정, 행동들의 패턴을 지속적으로 관찰하게 되는데, 이를 통해 치료적 성장이나 퇴행 행동들을 알아챌 수 있으며, 치료의 지속적 필요성이나 종결단계의 평가 등이 이루어질 수 있다.

### 2) 즐거움 및 치료적 동맹

게임놀이는 아동들에게 즐거움을 제공한다. 아동들은 놀이 속에서 웃고 떠들며 즐거워한다. 심리적 어려움을 경험한 아동들에게서 가장 먼저 사라지는 정서가 즐거움이며, 회복될 때 가장 먼저 나타나는 정서 또한 즐거움이다. 즐거움은 마음을 회복시키는 에너지이며 아동들이 본래의 일상으로 돌아갈 수 있도록 이끌어 주는 힘이다. 치료자는 아동과 함께 게임을 하며 아동들이 충분히 즐거움을 경험하도록 도움을 줄 수 있다.

이와 같이 게임은 놀이의 한 형태로 아동에게 자연스러운 활동으로 쉽게 친밀감을 느끼고 이를 통해 치료자와 치료적 동맹이나 신뢰관계를 촉진할 수 있다. 낮은 자아강도를 가진 아동은 치료실에서 높은 불안과 긴장감을 느낄 수 있는데, 게임이 주는 안전감은 관계 촉진에 도움이 되며 이러한 효과는 치료 상황에 저항감을 가지고 있는 아동에게 특히 도움이 된다. 즉, 아동이 치료 상황에 더 잘 참여토록 하는데 도움이 된다.

### 3) 인지기술의 발달

인지적 도전은 수많은 게임에서 주요 구성요소가 된다. 집중력, 기억력, 예측 능력, 창의적인 문제해결 능력과 같은 전반적인 인지기술들이 게임을 통해 발달될 수 있다. 인지기술 증진을 위해 다양한 게임이 교육환경이나 치료적 교육으로 제공되고 있다. 새로운 행동, 자기반영, 자기이해를 학습하는 것은 정서발달에 필수적인 인지적 과정이라고 할 수 있다.

또한 아동기에 나타나는 정서문제를 인식하고 조절해 나가는 과정에서 합리적 사고는 매우 중요하다. 게임을 통해 아동은 여러 가지 선택에 따르는 결과를 분석하는 상황들을 경험한다. 예를 들어, '오즈의 마법사' 게임은 여행 도중에 두 개의 길 중 하나를 선택하는 상황이 된다. 지름길을 선택하면 목적지까지 짧지만, 자칫 시작 지점으로 되돌아가야 되는 위험이 있을 수 있다. 이런 상황에 대한 사고 과정을 촉진시킴으로써 치료자는 아동이 미래를 예측하고, 행동의 결과에 대해 사고하는 것을 배우도록 도울 수 있다.

### 4) 자기표현 증진

아동들은 게임놀이에서 자신의 감정에 보다 쉽게 몰입하며 다양한 감정을 안전하게 배출할 수 있다. 아동들은 게임을 하는 동안 경험하는 감정 혹은 그와 유사한 감정과 연결된 에피소드, 생각들을 치료자에게 이야기한다. 이에 대해 치료자는 아동이 게임 중에 표현한 감정과 생각을 게임 중에 함께 이야기 나눌 수 있으나, 좀 더 깊이 다뤄야 할 내용일 경우에는 별도의 기회를 마련하여 대화를 이끌어 감으로써 치료적 접근을 할 수 있다.

자유놀이와 비교하여 게임놀이는 본능적이고 금지된 무의식적 충동에 대해 보다 높은 수준에서 기인된 승화의 기회를 좀 더 많이 제공하게 된다. 예를 들어, 아동의 성적 에너지는 보드게임에서 판타지를 통한 표현으로 나타날 수 있고, 공격적인 감정들은 게임에서의 건설적이고 적극적인 방식으로 표출될 수 있다. 구체적으로 게임 활동을 통해 분노나 억울함, 질투, 욕구불만, 부러움 등의 감정을 안전하게 표출할 수 있게 되는데, 즉 게임을 통해 아동들이 갖는 생각이나 감정들을 자연스럽게 표현할 수 있도록 도와줄 수 있다. 많은 치료적 보드게임을 통해 나타나는 갈등에 대한 다양한 반응과 해소는 이미 아동들에게 유용하다고 언급되어 왔다.

### 5) 행동 조절 능력 증진

게임이 가지는 경쟁과 관련된 이슈들은 자존감, 힘, 무력감, 위기관리 태도로 나타날 수 있다. 게임은 아동들에게 치료 상황에서 문제를 직면하고, 훈습하고, 불편한 감정들을 극복해 내는 기회를 제공한다. 충동적인 아동들은 자기조절 능력을 연습하고 좌절을 견디는 것에 대해 게임과정을 통해 연습할 수 있다. 게임 활동을 통해 치료자는 아동에게 긍정적인 피드백을 제공할 수 있는 많은 기회를 갖게 되는데,

게임을 하는 방법을 배우고 기술을 숙달하며 게임을 이기는 경험을 통해 즐거움을 느끼고 내적 동기화가 일어나며, 불안을 통제하고 자아를 존중하게 되는 경험을 하게 된다.

게임을 통해 나타나는 자신의 행동에 대한 통찰은 행동 변화를 불러일으키게 되는 중요한 요인이다. 게임을 통해 아동의 혼란스러운 행동 패턴이 나타나기도 하고 아동 스스로 자신의 패턴을 관찰하며 이해할 수도 있게 된다. 치료자가 게임에 참여하기도 하므로 아동에게 반응 모델링을 하게 되면 아동은 타인의 행동을 관찰하면서 자기반성이 일어나기도 한다.

### 6) 의사소통 능력 증진

게임은 잠복기 발달단계 시기에 지배적인 놀이활동이다. 이 시기 아동의 중요한 발달과업 중 하나는 친구들과 사회적 관계를 발달시키는 것이다. 게임놀이는 협동과 의사소통을 요구하는 사회적 활동으로, 게임놀이를 하는 과정에는 사회화된 행동을 하도록 하는 긍정적인 또래 압력이 내포되어 있다. 모든 게임은 규칙이 있고 그러한 규칙을 지켜야만 게임이 진행된다. 아동들은 게임 규칙을 지키지 않았을 때 또래집단에서 어떠한지 경험한다. 게임에서 규칙을 지키는 것은 자연스럽게 사회에서 규칙을 지키는 것과 연결되며 또래집단에 함께하기 위해 정해진 규칙을 지켜야 한다는 것을 배우게 된다. 또한 게임은 적절한 자기통제가 필요하다. 게임이 경쟁적 요소를 갖고 있더라도 아동들은 이러한 상황에서 자신에 대한 통제력을 유지하면서 경쟁해야 한다. 규칙은 아동이 스스로 자기통제를 상실하지 않고, 경쟁하고 공격해야 한다는 일종의 경계선을 제공한다. 게임 활동을 통해 아동은 이를 학습하게 된다.

## 5. 게임놀이치료의 국내외 연구 현황

게임놀이치료의 치료적인 가치와 효과성을 입증하는 다양한 국내외 연구가 지속적으로 보고되고 있다. 앞서 언급한 게임놀이의 치료적 요소에 대한 관심은 1970년에 들어 급증하면서 활발히 진행되었고(Meeks, 1970), 이후 1980년대에 들어서는 이혼가정의 아동, 아동학대 예방, 분노 조절 등 특별한 중재적 목적을 가진 게임들이 개발되어 게임놀이의 치료적 적용이 보다 구체적이고 전문화되었으며(유미숙, 2006), 2000년대에 접어들면서 국내 게임놀이치료 연구들이 점차 활발해지기 시작했다.

최근 이주희와 박성옥(2019)은 2000년부터 2017년도까지 국내 석 · 박사 학위논문, 학회지에 게재된 게임놀이치료 연구 203편의 연구 동향을 분석하고, 메타분석을 통해 치료적 효과를 검증하였는데, 게임놀이치료 전체 효과 크기가 인지 · 정서 · 사회 · 행동 영역의 모든 발달영역에서 의미 있는 효과를 갖는 것으로 보고하였다. 또한 게임놀이치료 연구를 통해 일반 아동과 청소년을 대상으로 하는 예방적 · 발달적 · 교육적 접근 이외에도 지적장애, ADHD, 경계선 지능장애, 학습부진, 시설아동, 발달장애, 게임 중독 등과 같은 치료적 접근의 임상 연구들이 진행되고 상담 및 치료 활동에 활발히 적용되어 왔으며, 사회 · 정서 발달 측면에서 효과적인 결과를 보고하고 있다(김세희, 2011; 김윤희, 2010; 박경란, 2010; 석주영 외, 2006; 임영진, 2013; 임지연, 2004; Cron, 1998; Netel-Gilman et al., 2000).

## 참고문헌

김세희(2011). 보드게임을 통한 놀이활동이 저소득 아동의 사회성 향상에 미치는 영향. 상지대학교 대학원 석사학위논문.

김윤희(2010). 학습부진 아동의 실행기능향상을 위한 집단게임놀이치료 프로그램의 효과. 대전대학교 대학원 박사학위논문.

김창원(2000). 게임놀이 프로그램이 정신지체아의 사회성숙도와 대인관계 형성에 미치는 효과. 대구대학교 대학원 석사학위논문.

박경란(2010). 보드게임을 이용한 그룹 놀이활동이 지적장애 아동의 의사소통 표현 능력 향상에 미치는 영향. 충남대학교 대학원 석사학위논문.

박경민, 손명희(2019). 보드게임을 활용한 집단놀이치료가 아동의 사회성에 미치는 효과. **놀이치료연구, 23**(1), 47-60.

박성옥, 김윤희(2020). **게임놀이치료(이론 · 관찰 · 사례)**. 서울: 창지사.

박진희(2000). 게임놀이치료가 시설아동의 적응 행동에 미치는 효과. 대구대학교 대학원 석사학위논문.

박채진(2000). 게임 놀이가 전반적 발달장애 아동의 상동행동과 사회적 행동이 미치는 영향. 대구대학교 대학원 석사학위논문.

석주영, 안옥희, 박인전(2006). 집단게임놀이치료가 시설보호 아동의 정서지능과 자아존중감 향상에 미치는 효과. 영남대학교 대학원 석사학위논문.

성은영(1995). 게임의 방법 및 규칙에 대한 사회적 합의과정이 유아의 대인문제해결능력에 미치는 영향. 중앙대학교 대학원 석사학위논문.

심지은(2008). 게임교구를 활용한 수학활동이 유아의 수학적 능력발달에 미치는 영향. 배재대학교 대학원 석사학위논문.

오새니(2006). 유아의 사회정서능력향상을 위한 판 게임활동의 효과. 덕성여자대학교 대학원 석사학위논문.

유미숙(2006). 게임놀이치료. **한국예술치료학회 월례학술발표회, 42**, 94-110.

이경옥(2021). **보드게임을 활용한 게임놀이치료의 실제**. 서울: 시그마프레스.

이정숙, 심은지, 이동훈(2017). **아동심리치료를 위한 보드게임 핸드북**. 경기: 파워북.

이정숙, 안동현, 권용실, 김갑숙, 김선영(2016). 아동심리치료학개론 2. 서울: 학지사.

이주희, 박성옥(2019). 게임놀이치료프로그램 효과에 대한 메타분석. 한국게임학회 논문지, 19(2), 33-44.

임영진(2013). 게임놀이를 활용한 분노조절 프로그램이 ADHD 성향 아동의 분노, 공격성, 사회적 기술, 자기통제력에 미치는 효과. 덕성여자대학교 대학원 석사학위논문.

임지연(2004). 보드게임을 이용한 통합놀이활동이 발달장애 아동의 의사소통기술 습득에 미치는 효과. 단국대학교 대학원 석사학위논문.

Axline, V. (1947). *Play therapy*. Boston: Houghton Mifflin.

Bettelheim, B. (1972). Play and education. *The School Review, 81*(1), 1-13.

Cron, E. A. (1998). The feeling word game (Game). *Available from The Feeling Word Game*, 316.

David, O. A., & Fodor, L. A. (2023). Preventing mental illness in children that experienced maltreatment the efficacy of REThink online therapeutic game. *NPJ Digital Medicine, 6*(1), 106.

Endendijk, J. J., Tichelaar, H., Deen, M., & Dekovi , M. (2021). A therapeutic game for sexually abused children and adolescents (Vil Du?!): Exploratory Mixed Methods Evaluation. *JMIR Serious Games, 9*(3), e26062.

Freud, A. (1928). *Introduction to the technique of child analysis*. New York: Nervous and Mental Disease Publishing.

Gehricke, J. G., Lowery, L. A., Alejo, S. D., Dawson, M., Chan, J., Parker, R. A., ... & Radom-Aizik, S. (2022). The effects of a physical exercise program, LEGOR and Minecraft activities on anxiety in underserved children with autism spectrum disorder. *Research in Autism Spectrum Disorders, 97*, 102005.

Gerhardt, L., & Smith, J. (2020). The use of Minecraft in the treatment of trauma for a child with Autism Spectrum Disorder. *Journal of Family Therapy, 42*(3), 365-384.

Groos, K. (1898). *The play of animals*. New York: Appleton.

Bellinson, J. (2008). 보드게임을 활용한 아동심리치료(*Childrens Use of Board Games*). (유미숙, 이영애, 진미경 공역). 서울: 시그마프레스. (원저는 2002년에 출판).

Kohlberg, L. (1981). *The philosophy of moral development: Moral stages and the idea of justice*. Harper & Row.

Liotta, L., Springer, C., Misurell, J. R., Block-Lemer, J., & Brandwein, D. (2015). Group treatment for child sexual abuse: Treatment referral and therapeutic outcomes. *Journal of Child Sexual Abuse, 24*(3), 217-237.

Loomis, E. A. (1957). The use of checkers in handling certain resistances in child therapy and child analysis. *Journal of the American Psychoanalytic Association, 5*, 130-135.

Mahler, M. S., Pine, F., & Bergman, A. (1975). *The psychological birth of the human infant: Symbiosis and individuation*. New York: Basic Books.

Meeks, J. E. (1970). Children who cheat at games. *Journal of the American Academy of Child Psychiatry, 9*, 157-170.

Moradi, N., Rajabi, S., & Mansouri Nejad, A. (2024). The effect of neurofeedback training combined with computer cognitive games on the time perception, attention, and working memory in children with ADHD. *Applied Neuropsychology: Child, 13*(1), 24-36.

Netel-Gilman, E., Siegner, S., & Gilman, R. (2000). The use of the 'goodbye game' with bereaved children. *Game play*, 213-232.

Nickerson, E. T., & O'Laughlin, K. S. (1983). The therapeutic use of games. In C. E. Schaefer & K. J. O'Connor (Ed.), *Handbook of play therapy*, 174-187.

Paniagua, F. A. (1992). Verbal-nonverbal correspondence training with ADHD children. *Behavior Modification, 16*, 226-252.

Peller, L. E. (1954). Libidinal development as reflected in play. *Psychoanalysis, 3*, 3-11.

Piaget, J. (1962). *Play, dreams, and imitation in childhood*. New York: Norton.

Reid, S. E. (1993). It's all in the game: Game play therapy. In T. Kottman & C. Schaefer (Eds.), *Play therapy in action: A casebook for practitioners* (pp. 527-560). New York: Aronson.

Reid, S. E. (2001). The psychology of play and games. In C. E. Schaefer & S. E. Reid (Eds.), *Games play: Therapeutic use of childhood games* (2nd ed., pp. 1-36). New York: Wiley.

Rogers, M., Miller, N., & Hennigan, K. (1981). Cooperative games as an intervention to promote cross-racial acceptance. *American Educational Research Journal, 18*(4), 513-516.

Schaefer, C. E., & Reid, S. E. (2001). *Game play: Therapeutic use of childhood games.*

John Wiley & Sons, Inc.

Serok, S., & Blum, A. (1983). Therapeutic uses of games. *Residential Group Care & Treatment, 1*(3), 3–14.

Sutton–Smith, B. (1961). Cross–cultural study of children's games. *American Philosophical Society Yearbook*, 426–429.

Sutton–Smith, B., & Roberts, J. M. (1971). The cross–cultural and psychological study of games. *International Review of Sport Sociology, 6*(1), 79–87.

Truong, L., & Dorn, S. (2021). Assessing effectiveness of Minecraft–based interventions to improve interpersonal skills of youth with Autism Spectrum Disorder. 19th Annual SPFC Research Conference.

제2장

# 게임놀이의 발달단계

이 장에서는 게임놀이의 발달단계에 대해 살펴보고자 한다. 게임을 발달적 관점에서 이해함으로써 치료자는 내담 아동이 게임놀이를 할 때의 태도, 행동, 감정 및 생각을 발달적 맥락에서 민감하게 이해하고 치료적으로 반응할 수 있다. 또한 내담 아동의 현재 발달 수준을 파악하고 이를 기반으로 적절한 게임을 놀이치료실에 배치하고 치료적으로 활용할 수 있다. 내담 아동의 발달 수준은 해당 아동의 현재 생활연령과 함께 심리적 · 정서적 발달 수준에서도 평가되어야 한다.

예를 들어, 놀이치료실에 자주 비치되는 게임 중 하나인 '뱀사다리 게임'을 한 아동이 선택했다고 가정해 보자. '뱀사다리 게임'은 출시되는 게임 회사마다 게임명이 다를 수 있지만 기본적으로 주사위를 던지거나 룰렛을 돌려서 나온 수만큼 칸을 이동하고, 도착 지점에 먼저 도착하는 사람이 이기는 게임이다. 이 게임에서의 변수는 특정 칸에 도착했을 때는 몇 칸을 건너뛰어 올라갈 수 있고(사다리로 상징), 다른 특정 칸에 도착했을 때는 지나온 몇 칸을 미끄러져 내려갈 수 있다는(뱀으로 상징) 점이다. 이 때문에 게임의 승패를 명확하게 예측하기 어렵다는 것이 특징이다.

**만 4세인 아영이가 '뱀사다리 게임'을 선택한다.**

만 4세가 된 아영이는 놀이치료실을 둘러보다가 낮은 선반에 놓인 '뱀사다리 게임'을 발견하고 꺼낸다. 이것저것 살펴보다가 아영이는 치료자에게 어떻게 가지고 노는지 물어

본다. 치료자가 원래의 규칙을 설명해 주지만 아영이는 그 규칙을 온전히 이해하기가 쉽지 않은지 치료자가 설명하는 것을 잘 듣지 않은 채 게임말로 사용하는 만화 캐릭터에 더 관심을 보인다. 그러다 본인이 마음에 드는 캐릭터 두 개를 고르고 나머지 캐릭터 두 개를 치료자에게 주더니 마트놀이를 하자고 하며 게임판에 마트놀이에 필요한 놀잇감을 펼쳐 놓으면서 마트놀이를 시작한다.

**초등학교 1학년인 준수가 '뱀사다리 게임'을 선택한다.**

초등학교 1학년인 준수는 '뱀사다리 게임'을 선반에서 꺼내더니 설명서를 읽어 보고 놀이치료자에게 어떻게 하는지 묻는다. 치료자가 간단히 설명해 주자 준수는 바로 게임 규칙을 이해하고는 누가 먼저 주사위를 던질지 결정한 후 약 15분간 게임을 진행한다. 준수가 한 번, 치료자가 한 번씩 게임을 이긴 후 다른 게임에 관심을 두면서 '뱀사다리 게임'을 정리한다.

**초등학교 2학년인 윤재가 '뱀사다리 게임'을 선택한다.**

초등학교 2학년인 윤재는 이전에 '뱀사다리 게임'을 해 봤다고 얘기하며 선반에서 꺼내더니 바닥에 앉아 게임판을 펼쳐 게임을 시작할 준비를 한다. 치료자가 묻기 전에 윤재는 자신이 먼저 주사위를 던져 게임말을 움직이고는 치료자에게 어서 하라고 재촉한다. 윤재가 알고 있는 게임 규칙이 어떻게 되는지 물어볼 사이도 없이 치료자는 윤재를 따라 바로 주사위를 던지고 주사위에서 나온 숫자만큼 움직인다. 그러다 갑자기 윤재는 본인의 게임말이 마법을 쓸 수 있다면서 몇 칸을 건너뛰어 올라간 후 치료자 말을 향해 얼음공격을 하면서 치료자의 말을 게임판 밖으로 밀쳐 버린다. 그 뒤로도 윤재는 전능한 힘을 발휘하는 마법의 힘들을 추가하면서 새로운 게임 규칙으로 게임놀이를 진행하고 치료자는 완패한다.

**초등학교 5학년인 상아가 '뱀사다리 게임'을 선택한다.**

초등학교 5학년인 상아는 선반에 있는 보드게임을 이것저것 살피다가 '뱀사다리 게임'을 선택해 낮은 탁자로 가져와 앉는다. 상자를 열어 게임판과 게임말을 꺼내고 게임을 시작할 준비를 하면서 치료자와 함께 하자고 한다. 치료자는 상아와 함께 게임할 준비를 하다가 이 게임을 해 봤는지 묻고 상아는 이전에 동생과 해 본 적이 있다면서 본인이 알고 있는 게임 규칙을 설명하면서 치료자와 게임을 시작한다. 중간중간 본인의 게임말이 사다리 칸에 들어가면 좀 기뻐하고 뱀 칸에 들어갔을 때 아쉬워하기는 하나, 이를 크게 표현하지 않는다. 그러다 상아는 "저 오늘 학교에서 당황스러운 일이 있었어요."라고 툭 혼잣말하듯 내뱉는다. 이에 대해 치료자가 어떤 일이 있었는지 묻자, 친구들과 다퉜다고 하다가 본인이 주사위를 던질 차례가 되자 주사위를 던지고 나온 숫자만큼 움직이느라 대화가 끊기고 게임에 집중한다. 하지만 두세 번 상아와 치료자의 차례가 돌아가고 나자 상아는 다시금 툭 던지듯이 "오늘 싸운 친구들이 가장 친한 친구 3명인데 그중 한 아이와 제가 다투니까 다른 친구가 걔 편을 들면서 저보고 잘못했다며 사과하라고 했어요. 제 말을 듣지도 않고 막무가내로요."라면서 말을 이어 간다. 이런 식으로 상아와 치료자는 게임을 하면서 종종 대화를 나누었다.

앞의 예시처럼 동일한 보드게임을 선택하더라도 내담 아동의 연령과 발달단계, 아동의 특성이나 주호소에 따라 게임에서 나타나는 태도, 행동, 정서는 다를 수 있고, 치료자와의 상호작용도 다르게 나타날 수 있다. 더욱이 준수와 윤재처럼 비슷한 연령대의 아동이라 할지라도 본인의 심리적·정서적 발달 수준에 따라 게임놀이 행동이나 태도가 다르게 나타날 수 있다. 이러한 아동의 특성을 적절하게 이해하고 치료적으로 활용하기 위해 이 장에서는 게임 사용 및 게임놀이에 관한 발달단계를 제시하고자 한다.

## 1. 연령에 따른 게임놀이의 발달단계

### 1) 인지적 발달단계에서의 게임놀이

아동의 발달단계에서 게임놀이가 나타나는 단계를 언급한 대표적인 학자는 Piaget(2013)이다. Piaget의 인지발달이론에 따르면 아동은 감각운동기에 나타나는 연습놀이, 전조작기에 나타나는 상징놀이, 구체적 조작기에 나타나는 규칙이 있는 게임의 세 단계로 놀이 발달이 이루어진다. 이후 Smilansky(1968)는 기능놀이, 구성놀이, 극놀이, 규칙이 있는 게임으로, Frost 등(1979)은 기능놀이, 구성놀이, 상징놀이, 사회극놀이, 규칙이 있는 게임으로 분류하였다.

이 중 규칙이 있는 게임은 구체적 조작기에 나타나는 가장 발전된 형태의 인지적 놀이 형태로 6~7세에 시작되어 성인기까지 지속된다(안혜준 외, 2016). 대부분의 게임놀이에는 필연적으로 규칙이 포함되는데, 이러한 규칙을 고려하고 따르며 협의할 수 있는 능력은 사회적 관계를 맺는 능력과 연결된다. 두 명 이상의 아동이 참여하는 놀이에서 규칙은 필수적인데 이는 자기중심성에서 벗어나는 과정에서 중요한 역할을 한다(Petty & de Souza, 2014; Piaget, 2013).

구체적 조작기에 게임놀이에 관심을 두게 되는 것은 이 단계 아동의 정신적 표상이 더 종합적이고 통합적으로 되면서 아동의 사고가 보다 논리적이고 질서 있게 나타나기 때문이다. 즉, 이 시기의 아동은 점점 더 질서를 선호하고 실제적인 특징을 가진 놀이인 규칙이 있는 게임에 몰두하게 된다(Hughes, 2009, 2012). 또한 전조작기에서 구체적 조작기로 발달하면서 아동의 상징놀이가 유의미하게 감소하는데, 이에 대해 Piaget(2013)는 다음의 세 가지 이유를 제시하였다. 첫째, 아동은 자아의 욕구를 충족하기 위해 상징놀이를 더 이상 필요로 하지 않는데, 현실세계에서 이전보다 힘이 더 세지고 무력감을 덜 느끼면서 자신의 인지적 부족함을 보상하기 위한 수단으로 상징놀이를 이용하지 않기 때문이다. 둘째, 둘 이상이 같이 놀게 되면 상징놀이보다는 규칙을 갖는 게임으로 자연스럽게 발전한다. 상징놀이에서도 역할과 규칙에 대한 합의가 나타나기는 하지만 계속해서 바뀔 수 있어 사전 협의를 하지 않는 한, 규칙의 변화가 일어나지 않는 게임이 상징놀이와 비교해 규칙의 엄격성과 성숙함을 갖고 있다. 셋째, 아동이 발달하면서 현실을 왜곡하기보다는 있는 그대로 현실에 적응하는 데 더 큰 노력을 하게 되기 때문이다.

형식적 조작기에 해당하는 청소년기가 되면 규칙이 있는 보드게임을 하는 빈도와 선택의 폭이 전반적으로 감소하고, 게임을 하더라도 주로 비디오나 온라인 게임과 같은 디지털 기기를 이용한 게임을 선호하게 된다. 이러한 변화는 초등학교 고학년 이상의 청소년기에 하는 여가 활동에 자기 인식, 이성 관계에 관한 관심 및 사회화, 친밀한 의사소통에 대한 욕구가 반영되기 때문이다. 이 시기의 아동은 TV나 영화를 보고 책을 읽으며 음악을 듣고 디지털 게임을 하는 것과 같은 매체의 사용과 스포츠 참여, 혹은 친구들과 그냥 어울려 다니면서 같이 있거나 이야기하는 활동을 선호한다.

### 2) 심리역동적 발달단계에서의 게임놀이

Freud의 심리성적 발달단계 중 만 6~12세의 잠복기에 해당하는 아동은 발달상 특히 게임을 선호하는 경향을 보이는데, 이는 오이디푸스적인 갈등이 해결되는 동시에 인지적으로 논리적인 사고가 발달하는 상기 언급한 구체적 조작기에 진입하기 때문이다(Bellinson, 2002, 2008; Piaget, 1952; Stone & Schaefer, 2020). 게임을 할 수 있는 능력은 현실과 다른 사람에 대한 인식, 외적 세계에 대한 대처능력, 강제된 외부의 명령에 그대로 따르는 것만이 아닌 내재화된 권위와 규칙을 발달하는 것과 관련되는데, 이는 잠복기로 아동이 적절히 이행했음을 보여 주는 근거이다.

또한 잠복기에 진입하는 아동은 갈등을 생생하게 표현하는 것을 억압하는 대신, 승화(sublimation)라는 방어기제를 습득하거나 본인의 충동을 직접 언어적으로 표현하는 능력을 발달시킬 것이라고 기대된다. 하지만 잠복기 이전 시기에 해당하는 만 6세 이전의 아동은 마술적 사고에 대한 강력한 욕구로 인해 상징놀이에 집중하고 오이디푸스적 갈등을 해결하기 위해 노력한다.

더욱이 게임은 '힘의 모델'(Sutton-Smith & Roberts, 1971)을 기반으로 한 경쟁적 속성이 포함되기 때문에, 게임을 활용한 놀이치료 과정에서는 아동과 치료자 간의 힘의 불균형이 생긴다. 따라서 치료자는 게임놀이를 통해 아동의 관계 패턴, 상징놀이에서 나타나는 것과 비슷한 내적 표상, 사회 관계적 양상 등을 관찰하고 이해할 수 있다(Oren, 2008). 더욱이 게임놀이는 자연스럽게 이완될 수 있는 상황으로 잠복기 아동은 본인의 무의식적 감정이나 동기, 패턴화된 행동을 숨기려는 시도를 의식적으로 덜하게 된다(Lee, 1997; Reid, 2001). 이에 게임을 하는 동안 잠복기 아동의 동기, 방어, 갈등, 다양한 패턴을 확인할 수 있다. 다양한 패턴의 예로는 게임 규칙에 대한 집착, 게임을 하는 동안 일어나는 일들에 대한 극단적이고 과도한 정서적 반응, 기다리기 어렵거나 주의를 기울이기 어려움, 게임을 하는 동안 혹은 게임에서 졌을 때 자기통제의 상실 등이 포함될 수 있다(Swank, 2008).

따라서 잠복기 아동들을 잘 다룰 수 있는 치료자는 아동에게 유아기의 좀 더 퇴행된 놀이를 계속하도록 강요하거나 청소년이나 성인의 언어화된 세계 속으로 미성숙하게 밀어 넣으려 하기보다는 아동의 발달단계 속에서 아동의 욕구와 속도를 적절히 따라갈 수 있어야 한다(Bellinson, 2002, 2008). 또한 치료자가 게임을 하면서도 관찰자의 역할을 해야 하고, 게임에 너무 열중한 나머지 관찰자의 역할을 등한시하게 되는 상황을 주의해야 한다. 이를 위해 잠복기 아동의 게임놀이의 양상을 이해하는 것이 중요한데, 잠복기를 세부적으로 나누어 각 단계에 있는 아동의 게임놀이 양상을 구체적으로 살펴보면 다음과 같다(박성옥, 김윤희, 2020; Bellinson, 2002, 2008).

### (1) 잠복기 전기 아동의 게임놀이 양상

만 5세에 해당하는 이 시기의 아동은 여전히 상징놀이를 많이 하나 차츰 여기에서 벗어나 게임이라는 구조화된 놀잇감에 관심을 두기 시작한다. 아동은 규칙에 순응하려고 노력하지만 이제 막 규칙을 지키며 놀이하는 능력을 갖기 시작했기 때문에 오랫동안 규칙을 엄격하게 지키기는 어렵다. 또한 구조화된 게임놀이에 오랜 시간 집중하는 것도 어려울 수 있다. 아동은 치료자와 경쟁하길 원하지만 아직은 치료자가 이기는 것을 견디기 어렵기 때문에 무조건 자신에게 유리하게끔 게임 규칙을 변경하거나 뻔한 속임수를 사용하여 치료자를 어떻게든 이기려고 할 수 있다.

또한 아동은 방 안을 뛰어다니거나 활동적으로 움직이지 않은 채 오랜 시간 앉아 게임만 하기 어려울 수 있다. 이에 이 시기 아동이 더 흥미를 갖고 오랫동안 할 수 있는 게임은 대근육과 소근육을 이용하는 게임(예: 공이나 풍선 던지기 놀이, 배 고픈 하마게임, 다트게임, 낚시게임 등)일 수 있다.

이 시기의 아동은 게임 구성물로 포함된 막대를 총이나 마법 지팡이로 사용하는 상징화 능력은 존재하나, 발달 과정상 아직은 게임 구조 그 자체 안에서 은유적으로 '싸움놀이'를 진행하거나 '마법'을 발휘하지는 못한다. 즉, 체스판 안에서 상대방의 말을 쓰러트리는 상징적인 '전쟁이나 싸움놀이'로서 체스 플레이를 하는 대신, 체스 말을 피규어처럼 직접 부딪히면서 하는 실제적인 전쟁놀이를 표현해야 하는 시기이다. 이에 이 시기 아동은 상징놀이, 역할극놀이와 게임을 번갈아 하고 종종 게임판을 인형집이나 전쟁터 등과 같은 상징놀이를 위한 배경이나 소품으로 활용하기도 한다.

(2) 잠복기 초기 아동의 게임놀이 양상

만 7세경의 아동은 직접 선반에서 게임을 선택하고 보드게임의 원래 구조와 규칙대로 게임을 진행하기 시작한다. 또한 글을 읽을 줄 알게 된 아동은 게임 설명서를 읽고 게임 방법을 터득할 수 있는 게임을 선택하며 규칙을 이해하고 규칙에 따라 게임을 하려고 노력한다. 그러나 아직 신체적 능력, 특히 소근육이 성숙하지 못하고 여전히 가만히 앉아서 오랫동안 보드게임을 하는 것을 어려워한다. 치료받는 아동 대부분이 그렇듯 매번 이기고 싶어 하고, 자신에게 완전히 유리한 방향으로 규칙을 변경하려고 하기도 한다. 따라서 이 시기 혹은 이전 시기의 아동은 경쟁게임보다 인지적·기술적 능력을 덜 요구하는 우연게임을 선호하기도 한다. 또한 잠복기 전기 아동과 마찬가지로, 구조화된 게임을 선택했다가 상징놀이 혹은 역할극놀이를 하다가 다시 게임놀이를 번갈아 가면서 하기도 한다. 이 때문에 상징놀이와 극놀이가 주요 활동이 되어야 하는 잠복기 전기나 잠복기 초기의 아동이 구조화된 게임에만 관심을 두는 것은 아동의 지적 수준과 지적 성취를 강조하는 가정 분위기, 손위 형제자매와의 경쟁심이나 열등감으로 인해 성숙함과 유능감을 느끼고 싶은 욕구,

또는 놀이할 줄 모르는 특성 등의 영향일 수 있다.

아동이 게임놀이와 상징놀이를 번갈아 할 경우, 치료자는 구조화된 게임놀이에서 상징놀이로, 그리고 다시 상징놀이에서 게임놀이로 변화하는 순간을 민감하게 포착해야 한다. 아동이 게임을 다시 시작할 때는 '이제 ○○ 게임을 선택했네' 식으로 그 게임에 대해 언급하면서 놀이를 따라간다. 또한 구조화된 게임을 가지고 아동이 자유놀이를 할 경우, 다른 상징놀이와 마찬가지로 아동의 무의식 내용, 방어 욕구, 대인관계와 역전이 관계를 이해할 수 있는 기회가 되므로 주의 깊은 관찰과 민감한 반응이 요구된다.

### (3) 잠복기 중기 아동의 게임놀이 양상

만 9세경의 아동은 종종 상징놀이를 하기도 하지만, 구조화된 게임에 전적으로 관심을 보이기 때문에 대부분의 치료 시간 동안 게임을 선택하고, 게임 설명서에 제시된 방법대로 게임을 한다. 아동은 다양한 게임을 가지고 놀이하는데 때로는 기술과 발전된 능력이 필요한 전략게임을 하기도 하고, '캔디랜드'나 '뱀사다리' 게임과 같은 좀 더 단순한 게임을 하기도 한다. 이 시기 아동도 이기기를 원하지만, 게임의 규칙을 따르면서 승리하는 방법을 찾고, 자신에게 유리하게 규칙을 변경하기보다는 규칙에 따라 게임을 진행하려 한다. 이 때문에 아동은 자신이 이길 수 있을 때까지 게임을 진행하려고 하기도 한다. 또한 게임을 시작할 순서를 치료자와 번갈아 결정하고 규칙을 엄격하게 따르면서도, 동시에 치료자의 게임 행동을 면밀하게 관찰하면서 게임을 할 수 있다. 이 시기의 아동과는 게임을 진행하면서 아동의 게임 기술 향상과 독창적인 전략에 대해 서로 이야기할 수 있으며, 치료적으로 다루어야 하는 다양한 사건이나 외부의 경험 등에 대해서도 이야기 나눌 수 있다.

### (4) 잠복기 이후 아동의 게임놀이 양상

아동기 후기와 청소년기에 해당하는 만 13세경의 아동에게 구조화된 게임은 여전히 중요하지만, 본인 나이에 놀잇감을 가지고 놀기에는 유치하다고 생각할 수 있다. 하지만 동시에 한 회기 내내 이야기만 나누는 것도 불편하고 어렵다고 느낄 수 있다. 그래서 게임을 선택하지만 단순한 게임보다는 일정 수준 이상의 지식과 기술을 요구하는 전략게임을 선택하는 경향이 있다. 아동은 때때로 경쟁적일 수 있지만 게임 규칙을 충분히 지킬 수 있으며, 자신이 특별히 잘해서 자부심을 느낄 수 있지만 누가 이기든지 크게 개의치 않을 수 있다. 종종 고통스러운 이야기를 피하는 수단으로 게임을 이용하기도 하나, 이 시기의 아동은 자신에 대한 표현이 증가하고 행동보다는 언어를 사용하여 자신의 문제를 표현하고 해결할 수 있다. 따라서 잠복기 후기 아동은 치료자와 관계를 형성하거나 게임을 하면서 이야기를 나누는 방식, 즉 게임을 '과도기적 공간'으로 활용하다가 종결이 가까워지면서 언어적으로만 상담이 진행되기도 한다.

이 때문에 치료자는 이 시기의 아동과 게임을 할 때, 아동이 게임을 할 필요가 있을 때는 함께 게임을 하지만, 필요하지 않을 때는 아동에게 게임을 하도록 강요하거나 게임 말을 빨리 움직이라고 재촉하지 않는 등 게임놀이 진행의 속도를 아동에게 적절히 맞추는 것이 중요하다. 또한 게임이 치료의 목표가 아닌 의사소통을 위한 수단이기 때문에 게임 자체에 대해서는 거의 언급하지 않기도 한다.

## 2. 발달영역에 따른 게임놀이의 발달

### 1) 자아강도와 게임놀이

잠복기 아동의 놀이는 더 사회화되고 경쟁적이며 공정한 놀이에 많은 초점을 두고, 아동의 자아는 더 구조화된다(Bellinson, 2002, 2008). 더욱이 게임은 다른 놀이에 비해 목표 지향적이며 참가자의 역할, 제한 설정, 기대 행동, 게임 방법을 결정하는 규칙을 포함한다. 그래서 일반적인 자유놀이가 본능을 자극하는 것과는 달리, 게임은 자아를 활용하고 더 많은 인지 능력을 요구한다(박성옥, 이정숙, 김윤희, 백지은, 2010). 또한 게임은 충동을 조절하고, 현실검증을 하며, 무의식적 환상과 방어를 표현할 기회를 제공한다는 점에서 자아 기능을 향상할 수 있다(Llamas & Alvarado, 2022; Matorin & McNamara, 1996). 이러한 자아 기능의 세기 혹은 강도를 자아강도(ego strength)라고 하는데 자아강도에는 현실에서의 적응 및 원활한 수행 능력, 탄력성과 주도성, 자신에 대한 긍정적인 인식, 사회적 유능성, 자아의 통합적 기능이 포함될 수 있다(김세영, 최나야, 2013). 아동의 게임놀이 행동이나 태도를 관찰하면 아동의 자아강도를 평가할 수 있는데, 관찰되고 평가될 수 있는 구체적인 자아강도 영역은 인지전략, 규칙준수, 좌절인내력, 자아제한, 대인관계 기능이다(안선정, 이영애, 2018; Lee et al., 2021).

### 2) 정서발달과 게임놀이

게임을 하기 위해서는 규칙에 대한 이해뿐 아니라 〈표 2-1〉에 제시한 것과 같은 여러 정서적 발달 차원에서의 성숙이 동반되어야 한다(Oren, 2008). 구체적으로는 경쟁하고자 하는 욕구, 충동이나 공격성을 조절할 수 있는 능력, 만족지연 능력, 불안의 조절, 긍정적이고 안정된 자존감 형성 및 좌절을 수용하는 능력, 불편하고 어려운 감정을 견뎌 내는 능력, 규칙을 준수하는 능력 등이다. 성공적으로 게임에 참여하는 데 필요한 기대되는 목표 행동(〈표 2-1〉 참조)은 만 6세부터 만 12세 사이의 잠복기 시기에 대부분 성취된다.

이 시기의 아동은 게임놀이를 하며 경쟁을 경험하는데, 동등한 조건에서 경쟁하고 본인의 능력을 발휘하며 '규칙에 따라' 승리하는 것을 즐긴다. 잠복기 아동은 게임을 하면서 긴장하지만 불안해하지는 않는다. 또한 성격적으로 안정되어 있어서 실수나 패배를 했을 때 아쉬워하고 속상해할 수는 있지만 자신이 열등하거나 파괴되었다고 느끼지 않고, 다음번에 더 잘할 수 있다고 기대하며 이전에 이겼던 기억을 떠올릴 수 있다. 이처럼 아동은 자신을 과거로부터 현재 그리고 미래의 연속선상에서 바라보며, 패배에 집중할 수 있으나 패배를 일반화하지 않는다. 또한 아동은 전능적인 마법적 사고를 사용하거나 나쁜 '대상'으로 채우지 않으면서도 '결핍'과 좌절을 견디는 능력을 키워 간다. 이로써 아동은 정서적 경험과 관련된 생각을 할 수 있는 능력을 발달시키고(Bion, 1967) 만족과 행동을 지연시킬 수 있게 된다.

더욱이 아동이 유연한 초자아를 가지고 있으면 게임 상황에서 상대편의 말을 잡는 것과 같은 조절되고 승화된 공격성을 표현하는 것에 대해 죄책감 대신 편안함을 느낄 수 있다. 경직된 초자아를 가진 아동은 공격성과 내적 소망을 표현하기 어려워하기 때문에, 상대편 말을 잡는 것을 꺼리거나, 잡을 때에도 사과하거나, 치료자의 승인이나 허락을 구하거나, 도리어 상대편을 돕는 행동을 보일 수 있다. 이 때문에 이런 특성을 가진 아동의 게임놀이는 즐거워 보이지 않는다. 한편, 게임은 각자의 흥미와 다른 사고방식을 가진 적어도 두 명의 사람이 놀이하는 상황이다. 이러한 경쟁적인 게임을 하기 위해서는 두 사람이 개별화를 이루어 냈어야 하며, 그래야 상대방의 이득에 반하는 행동을 하면서도 본인 자신을 보호할 수 있다. 개별화 수준까지 발달하지 못한 아동은 치료자를 자신의 일부로 인식하고 치료자가 자신의 이득이나 흥미에 따라 행동할 것이라고 기대한다. 이 때문에 치료자가 치료자 자신에게 유리하게 게임 말을 움직이면 이것을 공격으로 받아들일 수 있다.

앞서 언급된 이러한 발달적 성취는 안정되게 나타나지 않을 수 있다. 대부분 잠복기 아동은 경쟁을 견뎌 내고 수용할 수 있지만, 상황에 따라 이전 단계인 '생존 모드의 경험'으로 퇴행하기도 하기 때문이다.

〈표 2-1〉의 왼쪽 단계에 있는 아동은 게임을 할 수 없거나 제한된 방식으로 게임에 참여한다. 이들의 행동은 통제되지 않고 본인의 내적 세계나 소망에 따라 행동하며 게임의 규칙을 준수하기 어렵다. 만족이나 행동을 지연하지 못하기 때문에 다른 사람과의 게임놀이를 하기 어렵고 다른 사람을 독립적인 개체로 보기보다는 자신에게 무엇인가를 줘야 하는 사람이나 대상관계의 '대상'으로 볼 수 있다. 또한 본인의 자기 존재감을 확인하기 위해 내적인 자극이 필요하고 게임을 놀이가 아닌 '실제' 현실로 지각하기 때문에 안전하지 않다고 느낄 수 있다. 게임에서 패배하는 것도 일시적인 것으로 보지 못하고 다음 차례에 승패가 달라질 수 있다고도 생각하지 못한다. 이 때문에 게임을 하면서 느끼는 불안은 아동의 자기감을 훼손하고 위협하는 경험으로 지각될 뿐 아니라 자신이 무시당하거나 파괴 혹은 멸절될 수 있다는 공포까지 불러일으킬 수 있다. 이러한 아동들은 '생존 모드'에서 게임을 경험하기 때

문에, 경쟁적인 게임에 참여하지 못하고 게임을 즐기기도 어렵다.

놀이치료에 오는 아동의 경우 게임놀이를 하는 데 필요한 정서발달이 안정되고 성숙하게 이뤄지지 못하여 경쟁이나 긴장 상황을 견뎌 내지 못하고 퇴행적 행동을 보이게 되는, 즉 〈표 2-1〉의 왼쪽 단계의 행동을 보이는 경우가 많다. 치료가 진행되면서 치료자는 아동이 변화하는 것을 볼 수 있지만, 이러한 여러 정서적 능력의 발달이 병행적으로 혹은 동시에 진행되는 것은 아니라는 점을 명심해야 한다.

아동이 보여 주는 정서적 발달 수준에 따라 치료자의 역할도 달라져야 한다. 즉, 아동의 정서적 발달 수준이 게임에 참여할 수 있는 행동 이전 수준이라면, 치료자는 아동이 게임을 선택했을지라도 게임 이전 수준의 놀이나 태도가 나타날 거라고 예상하고 그 발달 수준에 맞춰 반응할 수 있다. 또한 이 단계에서는 아동이 게임을 '생존'을 위한 투쟁으로서 경험하기 때문에 치료자는 아동을 안정시키고 조절할 수 있도록 도와야 한다. 반면, 아동이 게임에 참여할 수 있는 행동을 보이거나 게임을 '경쟁적'으로 경험할 수 있는 능력이 있다면, 치료자는 게임 상황에서 아동과 경쟁적으로 게임하는 역할을 할 수 있다.

**표 2-1** 게임에 참여하는 데 필요한 정서적 능력의 발달 과정

| 발달 차원 | 게임에 참여하는 데 필요한 관련 능력의 발달 과정 | | | | | 기대되는 목표 행동 | |
|---|---|---|---|---|---|---|---|
| 공격성의 조절 | 게임을 던지고 부수는 등 조절되지 않은 공격성이 나타남 | | 분노 폭발하거나 게임을 중도에 멈춤 | | 비난하거나 저주함 | 좌절을 언어로 표현함 | 공격성을 조절하고 이를 언어화함 |
| 규칙 이해 및 준수 | 규칙이 없는 것처럼 본인이 원하는 대로 함 | 규칙을 본인에 대한 공격으로 경험함 | 규칙을 부분적으로 수용함 | 규칙을 경직되게 수용함 | 모든 참여자가 규칙을 동일하게 지키는 것의 중요성을 이해하고 수용하기 시작함 | 토의와 협의를 통해 규칙을 유연하게 적용할 수 있음 | 상호적이고 내적인 협상을 통해 합의된 규칙을 이해함 |

| 발달 차원 | 게임에 참여하는 데 필요한 관련 능력의 발달 과정 | | | | | 기대되는 목표 행동 | |
|---|---|---|---|---|---|---|---|
| 방어기제 | 분리 분열 | 투사 거부, 투사적 동일시 | 전능감 | 이상화, 반동형성 | 가치 저하 | 위안을 얻기 위해 환상 활용 | 승화, 합리화 |
| 불안의 조절 | 불안에 압도되어 놀 수 있는 마음 상태가 아님 | 멸절 불안을 가짐 | 대상이나 자기의 파괴 및 상실에 대한 공포를 가짐 | 대상의 사랑을 잃을 것에 대한 공포를 가짐 | 안정감을 주고 담아 주는 대상을 통해 위안을 가짐 | 불안을 가지는 대신 긴장감을 가짐 | 위안을 주는 대상을 내면화하고 본인을 안정시키며 불안을 조절함 |
| 만족지연 | 만족을 지연할 수 없음 | 즉각적인 만족 추구, 욕심, 사납고 모든 것을 가져야 함 | 대체물을 활용하거나 부분적인 만족이 가능함 | 예상할 수 있게 되면서 만족을 약간 지연할 수 있음 | | 긴장하지만 목표를 위해 일시적으로 만족을 지연할 수 있음 | 만족을 지연할 수 있게 되면서 논리적인 생각이 가능함 |
| 행동의 조절 | 행동화하고 멈추거나 행동을 지연시키지 못함 | 상대방 대신 게임말을 움직이는 등의 행동을 함 | 움직이거나 놀잇감을 가지고 놈 | 상대방의 행동에 참여함 | 순서를 기다릴 수 있음 | | 생각한 후 행동하고 창의적이며 논리적으로 생각함 |
| 분리 개별화 | 상대방이 없는 것처럼 행동함 | 공생관계를 가짐 | 다른 사람이 자신의 일부인 것처럼 행동함. 다른 사람과 놀기를 원하나 상대방 대신 놀이함 | 보조 자아가 필요함 | 다른 사람을 객체로 인정함 | 다른 사람이 본인의 목적을 위해 행동할 수 있도록 함 | 두 명의 동등한 사람이 관계를 맺고 놀이함 |
| 존재감 | 본인의 존재를 느끼기 위해 감각자극이 필요함 | 자기를 자극함 | 늘 말하고 듣고 항상 움직여야 함 | 자기-대상을 가지기 시작함 | | 행동과 긴장감이 존재감과 안정감을 줌 | 응집된 자기감을 가짐 |

| 발달 차원 | 게임에 참여하는 데 필요한 관련 능력의 발달 과정 | | | 기대되는 목표 행동 | |
|---|---|---|---|---|---|
| 자아 존중감 | 모든 좌절을 모욕과 수치심 같은 자기애적 상처로 여김 | 어떻게 해서든 성공해야 함 | 이전의 성공이나 약간의 성공으로도 본인을 격려할 수 있음 | 이기고 지는 것을 연습할 수 있음 | 파괴된다는 느낌 없이 지는 것을 견딜 수 있을 만한 탄력성과 자기애적 자원을 보유함 |

### 3) 사회성 발달과 게임놀이

게임은 사회성 발달에도 도움을 줄 수 있다. 특히 만 6~12세의 잠복기나 학령기 아동들은 게임놀이를 즐기기 때문에, 이를 통해 관계를 형성하고 사회화하는 기회를 얻게 된다(Oren, 2008). 또한 게임은 아동이 또래나 치료자와의 관계를 형성하는 데 도움을 주며, 상대방의 움직임에 주의를 기울이고, 상대방의 관점을 이해하며, 순서를 바꾸는 것에 대한 이해와 수용과 같은 아동의 사회적 태도와 기술을 발달시킬 수 있다. 게임 규칙은 관계를 더 조직화하고 상대방의 행동과 반응을 예측하며 자기 행동과 과정을 조절할 수 있도록 돕는다. 아동은 게임 규칙을 점차 더 잘 다룰 수 있게 되는데, 게임에 참여하기 위해서는 자신과 타인 간의 차이를 인식하고 규칙을 지속적으로 존중하고 고려하는 능력이 요구되기 때문이다. 하지만 어떤 아동에게는 게임 규칙을 따르는 데 시간이 걸리거나 자신의 실수로 패배했다는 것을 받아들일 시간이 필요할 수 있다. 그러나 결국에는 아동이 게임 규칙을 따르고, 상대방으로부터 배우며, 게임을 하면서 일어나는 일에 주의를 집중하고 더 나은 결정을 내리며 이기기 위해 무엇을 할 수 있는지를 깨닫게 된다. 이는 아동 본인의 내적 자원을 찾고 활용할 필요성을 깨닫게 하는 과정이다(Bellinson, 2002, 2008).

이처럼 게임놀이는 게임 안에서 새로운 역할과 행동을 경험하며 새로운 정보와 경험을 얻고, 집단의 규범과 게임의 요구 사항에 적응하는 기회를 제공한다. 또한 아동은 게임을 통해 사회적으로 수용 가능한 방법으로 공격성과 경쟁을 다루는 방식을 배우고, 규칙의 해석과 공정성에 대한 의견을 존중하면서 협상과 타협의 기술을 익히게 된다(박성옥 외, 2010). 마지막으로, 게임은 독립성을 촉진하는데, 게임에서 두 명 이상의 참여자는 협력게임이 아니라면 모두 독립적으로 놀이를 진행해야 한다. 이는 플레이어 각자 자신의 차례에 본인이 가진 자원을 활용하고 전략을 세워야 하기 때문이다(Petty & de Souza, 2014). 반면, 협력게임의 경우에는 공동의 목표를 설정하고 이를 달성하기 위한 전략을 논의하고 조율하는 과정에서, 본인과 상대방의 의견을 언어적으로 소통하고 존중하는 태도와 같은 사회적 기술과 능력이 필수적으로 요구된다.

## 참고문헌

김세영, 최나야(2013). 아동 자아강도 척도의 타당화 및 규준 연구. **아동과 권리, 17**(1), 1-27.

박성옥, 김윤희(2020). **게임놀이치료: 이론 · 관찰 · 사례.** 서울: 창지사.

박성옥, 이정숙, 김윤희, 백지은(2010). **게임놀이와 아동심리치료.** 서울: 창지사.

안선정, 이영애(2018). 게임놀이치료 시 학령기 초기 내담 아동들의 게임놀이행동에 대한 내용분석. **한국놀이치료학회지, 21**(2), 245-271.

안혜준, 송승민, 조형숙, 권희경(2016). **놀이지도.** 경기: 파워북.

Bellinson, J. (2008). **보드게임을 활용한 아동심리치료**(*Childrens Use of Board Games*). (유미숙, 이영애, 진미경 공역). 서울: 시그마프레스. (원저는 2002년에 출판).

Bion, W. R. (1967). *Second thought*. London: Heinman.

Frost, J. L., Klein, B. L., Thorson, H., Pollard, M., Schuetze, U., Muller, M., & Weimer-Stuckmann, G. (1979). *Children's play and playgrounds*. Allyn & Bacon.

Hughes, F. P. (2012). **놀이와 아동발달** (유미숙, 박영애, 유가효, 방은령, 장현숙, 천혜숙 공역). 서울: 시그마프레스. (원저는 2009년에 출판).

Lee, A. C. (1997). Psychoanalytic play therapy. In K. O'Connor & L. M. Braverman (Eds.), *Play therapy theory and practice: A comparative presentation* (pp. 46-78). Wiley.

Lee, J. Y., Lee, Y. A., & Yoo, M. S. (2021). Development of the child's ego strength scale: An observation-based assessment of the board game behaviors in play therapy in Korea. *Child and Adolescent Psychiatry and Mental Health, 15,* 1-17.

Llamas, J. D., & Alvarado, C. (2022). More than just a game: Using Loteria in play therapy with Mexican/Mexican American clients. *International Journal of Play Therapy, 32*(1), 51-62.

Matorin, A. I., & McNamara, J. R. (1996). Using board games in therapy with children. *International Journal of Play Therapy, 5*(2), 3-16.

Oren, A. (2008). The use of board games in child psychotherapy. *Journal of child psychotherapy, 34*(3), 364–383.

Petty, A. L., & de Souza, M. T. C. (2014). Social development in a game context. *Psychology, 5*, 1419–1425.

Piaget, J. (1952). *The origins of intelligence in children*. International University Press.

Piaget, J. (2013). *Play, dreams and imitation in childhood*. routledge. (original work published 1951).

Reid, S. E. (2001). The psychology of play and games. In C. E. Schaefer & S. E. Reid (Eds.), *Game play: Therapeutic use of childhood games* (2nd ed., pp. 1–36). Wiley.

Smilansky, S. (1968). *The effects of sociodramatic play on disadvantaged preschool Children*. Wiley.

Stone, J., & Schaefer, C. E. (Eds.). (2020). *Game play: Therapeutic use of games with children and adolescents*. John Wiley & Sons.

Sutton–Smith, R, & Roberts, J. M. (1971). The cross–cultural and psychological study of games. *International Review of Sport Sociology, 6*, 79–87.

Swank, J. M. (2008). The use of games: A therapeutic tool with children and families. *International Journal of Play Therapy, 17*(2), 154.

제3장

# 소근육 및 대근육 게임을 이용한 게임놀이치료

## 1. 신체활동(소근육 및 대근육) 게임의 이해

### 1) 신체활동(소근육 및 대근육) 게임의 정의 및 속성

신체활동(소근육 및 대근육) 게임은 게임자의 운동 활동에 의해 결과가 결정되는 게임으로 소근육 활동 게임과 대근육 활동 게임으로 나눌 수 있다. 대근육 활동 게임에는 볼링, 술래잡기, 고리 던지기, 공놀이, 다트와 같은 종류가 있고, 소근육 활동 게임에는 낚시게임, 젠가, 산가지 게임 등이 있다.

초기 게임놀이는 생존 및 적응과 직접적인 상관관계가 있었던 것으로 보인다. 선사시대 사람들은 생존을 위한 적응 방식이 수렵 생활이었기 때문에 그들에게는 신체적 민첩성과 힘의 강도가 매우 중요한 능력이었을 것이다. 먹잇감을 사냥하는 막대나 뼈, 돌 등을 도구로 사용하면서 좀 더 던지기 쉽게 둥글려 잡기 편한 형태로 다듬은 것이 '공놀이' 형태로 발달된 것으로 보고 있다(Sutton-Smith, 1961). 고대사회에서도 이집트의 상형문자로 공놀이하는 사람을 묘사한 자료가 있다. 거의 모든 사회학 연구에서 공놀이는 인간의 보편적인 활동으로 나타나며, 오늘날 현대 문명 사회 전반에 걸쳐 조직화된 스포츠에서 가장 많이 발견되고 중요한 영역이 되었다.

이러한 공놀이로 시작된 신체기술 게임놀이는 먹잇감을 잡기 위해 던지고 맞히는 등의 훈련뿐만 아니라 주고받는 행동으로 소중한 물건과 자원을 공유하는 행동을 훈련하게 하며, 협동과 집단소속감의 가치를 강화하는 데 기여하는 것으로 발전하게 되었다. 신체활동 게임이 발달한 문화는 열대지역으로 생존 경제와 기술이 단순하고 작은 공동체를 가지며 계급화 · 계층화가 존재하지 않지만 게임이 없는 문화보다는 독립적인 가족 형태가 많아 사냥과 낚시 등으로 남성적 자립에 대한 필요성이 커진다. 민속지학적 기록에 어른들이 어린 소년들에게 활쏘기 게임을 격려하는 많은 내용이 있다. 이는 성인 남성에게 요구되는 적응 기술과 분명한 관계가 있다(Sutton-Smith & Roberts, 1971).

신체활동 게임은 전략게임에 비해 비교적 규칙이 간단하고 발달의 취약성을 가진 아동, 좀 더 어린 아동이 할 수 있는 게임을 포함하고 있어 사용 대상 범위가 더 넓다. 또한 아동이 활기와 재미를 느끼기 쉽고 공격적이지 않은 사회적인 방식으로 분노나 공격성 등을 표현할 수 있고, 시행착오를 반복하여 연습(훈련)의 효과를 얻을 수 있으며, 성공과 실패에 대한 감정을 안전한 상태에서 경험할 수 있다. 신체활동 게임을 통해 억압과 긴장, 스트레스, 압박감을 견뎌 내거나 이를 극복하고 좌절하는 등의 경험을 할 수 있다. 또한 신체활동 게임을 하는 동안 시지각 및 시공간 협응 능력, 운동 기능, 즉 전체와 부분의 관계를 이해하고, 소근육 조작력, 민첩성, 신체 및 감정 조절 능력, 신체의 균형 감각 등이 필요하여 이에 대한 발달을 촉진할 수 있다.

소근육 활동 게임을 하는 동안 아동이 시행착오를 반복하느냐, 주의 깊게 생각하여 가능한 방식을 세우느냐와 같은 과제에 접근하는 인지적 책략을 사용하게 되어 아동의 문제해결 방식과 사고력이 반영된다. 또한 게임을 잘하고자 지속성과 인내심을 가지고 반복하여 성취하느냐, 충동적이고 좌절에 대해 견디지 못하거나 자기확신이 부족해서 쉽게 그만두거나 회피적으로 반응하느냐도 반영된다. 충동성으로 인해 자기통제가 약하여, 행동하기 전에 충분히 생각하거나 주의 깊게 접근하지 못하면서 실패를 반복하는지 행동하기 전에 생각하고 반응을 지연시킬 수 있는지 등의 행동특성을 관찰할 수 있다.

## 2) 신체활동(소근육 및 대근육) 게임의 치료적 요소

### (1) 신체와 정신의 건강 증진

신체활동(소근육 및 대근육) 게임은 신체적 활력을 증진시키고(Pellegrini & Smith, 1998), 신체와 정신의 연결을 자극하며 두뇌 발달을 강화한다(McCullough, 2011; U.S. Department of Health and Human Services, 2018). 신경 네트워크의 조절 능력을 향상시키고 인지적 학업 수행, 기억력, 주의력, 실행기능, 즉 문제해결, 충동조절, 계획, 집중을 향상시킨다(Goldstein, 2012; Gomez-Pinilla & Hillman, 2013; Hsieh et al., 2018; Infant and Toddler Forum, 2013; MacKinnon, 2010; McCullough, 2011; Pellegrini & Smith, 1998; Perry, 2009; Perry & Hambrick, 2008; U.S. Department of Health and Human Services, 2018; Zach & Shalom, 2016).

### (2) 신뢰관계 증진

신체활동 게임을 하는 동안 방어를 감소시키고 치료적 과정에 참여할 수 있도록 하고(Schaefer & Reid, 2010), 지나친 집중 없이 치료적 주제에 대해 이야기를 나눌 수 있으므로 치료자와 내담자의 관계를 촉진시키고 치료과정을 진전시키는 데도 유용하다. 까꿍놀이와 숨바꼭질과 같은 심리사회적 게임은 치료적 관계, 아동과 양육자와의 관계에서 애착과 신뢰감을 강화시킨다(Schaefer & Cangelosi, 2016).

### (3) 역할 모델을 통한 학습

신체활동 게임은 비교적 적은 시간 동안 게임을 하면서 여러 차례 반복하며 승리자와 패배자의 역할, 성공과 실패의 경험을 할 수 있다. 치료자가 직접 게임에 참여하여 역할 모델이 되어 관계를 촉진시킬 수 있을 뿐만 아니라 억압과 좌절, 규칙 따르기, 그리고 성공과 실패에 대한 반응 등의 경험을 통한 직접적인 학습을 제공할 수 있다. 치료자는 내담자에게 분노 조절, 문제해결 전략, 그리고 사회적 기술 등을 보여 줄 수 있다(Schaefer & Reid, 2010).

#### (4) 조절 능력 향상

대근육 운동을 포함하는 게임은 과잉행동 및 충동성을 지닌 아동들이 자기통제 능력을 잘 발달시킬 수 있도록 돕는다. 또한 자기조절과 감각통합을 강화시키며 적개심과 분노 등의 부정적 감정을 표현함으로써 부정적 감정을 조절하고 감소시킬 수 있도록 돕는다.

#### (5) 정서 및 행동 문제 감소

신체활동은 심리적으로는 안전감을 제공해 주고 자아 발달을 강화시키며, 자기인식 및 확신을 향상시키고 스트레스나 트라우마의 영향을 감소시킨다(Goldstein, 2012; Infant and Toddler Forum, 2013; van der Kolk, 2014). 정서적 · 행동적으로는 불안, 우울, 스트레스, 성마름, 지루함, 피로감, 공격성, 수면 문제 등을 감소시킨다(Bersma & Visscher, 2003; Bowen, Neill, & Crisp, 2016; DeBenedet & Cohen, 2010; Gobbi & Carraro, 2017; Goldstein, 2012; U.S. Department of Health and Human Services, 2018). 이러한 감소는 자존감, 건강한 관계, 신체적 치유에 필수적인 즐거움의 수준을 높이고 자기통제 연습, 자신감 획득, 정서적 유연성을 기르고 변화에 대한 내성을 키우는 데 도움이 된다(DeBenedet & Cohen, 2010; Fernandez, Ziviani, & Cuskelly, 2017; Harper, 2017; Infant and Toddler Forum, 2013; McDonough, Ullrich-French, & McDavid, 2018; Russell, Gillis, & Kivilighan, 2017).

#### (6) 시지각 협응력 및 공간지각 능력의 발달

대근육 운동은 시공간 지각능력과 대근육 활동에 필요한 자세를 취하고 운동 활동에 적절하게 신체를 움직이는 능력이 사용된다. 또한 소근육 운동은 눈-손 협응, 소근육의 섬세한 사용, 게임에 필요한 시지각 능력이 필요하므로 신체활동 게임을 여러 차례 반복하면서 이와 같은 능력이 발달될 수 있다.

## 2. 신체활동(소근육 및 대근육) 게임의 치료과정

### 1) 신체활동(소근육 및 대근육) 게임의 치료자 태도

신체활동(소근육 및 대근육) 게임을 할 경우, 치료자는 내담 아동의 신체적 능력, 발달 수준, 치료과정, 주호소 문제를 고려해야 한다. 아동이 신체적 능력이나 발달 수준에 따라 아동이 선택한 게임의 종류, 게임을 해내는 능력을 고려하여 규칙을 따라 게임을 실행하는지 여부, 유능감이나 패배에 대한 반응을 판단하고 치료적으로 개입할 필요가 있다. 또한 아동의 주호소 문제에 따라 현재 아동의 치료 단계에 게임 실패에 대한 좌절을 견디는 능력 및 속임수의 사용, 신체 조절, 감정 및 충동 조절, 집중력, 자아강도, 도덕성 발달 수준에 대해 평가하여 적절하게 개입해야 할 것이다. 아동은 조절 능력이 향상되고, 자아강도가 높으며 도덕성 발달 수준이 높을수록 속임수를 덜 사용하고 규칙을 지키며, 패배에 대한 좌절을 견디고 수용하며 게임을 해낼 수 있을 것이다. 만약 아동이 자신의 연령에 따른 대소근육 발달 수준에 비해 어려운 게임을 선택할 경우 이 선택에 대해 수용하고 게임 방법 변화에 대한 유연성을 가지며, 아동이 경험하는 좌절감에 대해 공감하며 반복을 통해 숙달을 돕는 방식으로 개입할 수 있을 것이다.

신체놀이 게임은 치료자가 게임의 원인과 결과를 어느 정도 조절할 수 있다. 아동이 가지고 있는 현재의 문제와 치료 단계에서 적절하고 다양한 치료 상황을 만들어 낼 수 있다. 게임을 하는 과정에서 성공과 실패, 좌절, 스트레스 받는 상황 등이 일어날 수 있는데, 이때 치료자는 안내와 지지, 격려, 아동 자신에 대한 이해를 도울 수 있다. 위축되어 있는 5세 아동이 처음 해 보는 소근육 게임을 선택한다면 이미 게임에 숙달되어 있는 치료자는 아동과 의논하여 게임의 목표를 아동과 치료자가 다르게 하는 방법을 사용할 수 있을 것이다. 예를 들어, 규칙에서 정해진 공을 바구니에 넣거나 원숭이를 나무에 매달기를 목표로 할 때 아동과 치료자가 목표 갯수를 달리하여 아동은 3개를, 치료자는 4개를 해냈을 때 목표를 달성하는 것으로 정하는 방법이 있다. 또 다른 예로 다트 던지기, 고리 던지기, 보드게임에서 목표 지점에 먼저 도달하기를 할 때 치료자와 아동의 신체 크기나 이점을 고려하여 아동과 치료자의 출발점을 다르게 정하는 방법을 사용할 수 있다. 또한 경험의 부족으로 대근육 및 소근육 사용이 숙달되지 않은 경우 이는 경험의 차이라는 의미가 포함된 치료적 반응을 할 수 있을 것이다.

신체활동 게임을 할 때 치료자는 일반적으로 경쟁과 분노 형태의 역전이를 경험하기 쉽다. 그러므로 개인적 및 직업적으로 자기를 인식할 수 있도록 지도감독을 받아야 한다. 또한 스스로 나의 몸에서 어떤 불안을 느꼈는지, 신체활동 게임을 하는 동안 나의 감정과 생각과 반응은 어떠한지, 게임을 하는 동안 경쟁심이 강하거나 양가감정을 경험하였는지, 내가 쉽게 화를 내지 않는지 등에 대해 자기성찰을 할 기회를 가져야 한다.

신체놀이 게임 시 치료자가 스스로 그 게임을 잘 해내야 한다는 욕구가 있어서 그렇지 못한 경우 치료자의 자존심에 해가 되고 아동의 역동에 충분히 초점을 맞출 수 없다면 치료자의 치료 역량을 쏟을 수 없기 때문에 그 게임을 치료에 사용할 것인지 고려해야 한다. 즉, 치료 목적에 맞게 그 게임을 활용할 수 없다면 사용하지 않아야 한다. 건설적인 치료자가 되기 위해서는 다양한 게임에 대한 자신의 반응을 관찰하고, 선택하는 게임에 관심을 쏟는 것이 중요하다(Bellinson, 2008).

대근육 활동 게임은 다른 게임에 비해 조절 능력의 문제로 인해 치료과정, 내담자, 치료자에게 안전하지 않은 상황이 발생할 수 있다. 이를 예방하기 위해 아동의 신체 기능 수준을 파악하여 이에 따라 활동의 종류, 방법, 강도를 조절해야 한다. 또한 치료실 게임 도구가 안전한 것이어야 하며 활동의 강도를 낮은 수준으로 시작하여 점차 높이는 방법을 사용할 수 있다.

### 2) 신체활동(소근육 및 대근육) 게임을 이용한 게임놀이치료 과정

다른 게임놀이치료와 동일하게 소근육 및 대근육, 즉 신체를 활용하는 게임놀이에서 게임을 선택하는 방식은 치료자의 이론적 지향 및 이를 반영하는 치료실의 환경에 따라 다를 수 있다. 즉, 아동중심 놀이치료처럼 비구조화된 이론적 지향을 주로 활용하는 치료자의 경우 신체를 활용하는 게임을 치료실에 구비해 놓기는 하나 이를 치료자가 선택하여 제시하기보다는 아동이 자유롭게 선택하고 이를 치료적으로 활용하는 방식을 채택할 가능성이 높다. 반면, 인지행동 놀이치료처럼 구조화된 이론적 지향을 주로 활용하는 치료자의 경우 아동의 주호소, 욕구, 발달단계 등에 맞춰 게임을 선택하여 치료적으로 활용할 가능성이 크다.

선택의 방식이나 주체와 무관하게 치료자는 해당 치료실에 주로 방문하게 되는 아동들의 발달연령 범위를 고려하여 아동이 몰입하여 즐겁게 할 수 있으면서 발달을 촉진할 만큼의 난이도를 가진 소근육 및 대근육 게임을 선택하여 구비해야 한다. 이때 달성하고자 하는 목표 중 하나는 아동의 실제 연령과 발달연령 간 차이를 줄이는 것이다. 동시에 내담 아동의 신체적 능력, 심리학적 그리고 행동적 욕구, 그리고 그 아동이 필요로 하고 성취할 수 있는 것이 무엇인지, 아동이 게임에 계속 몰입할 수 있을 만큼 게임을 즐기는지 등을 고려하여 게임을 선택해야 한다. 또한 게임을 치료실에 구비하거나 선택할 때는 아동과 치료적으로 이를 어떻게 활용할 것인지에 대한 치료자의 의도와 목적이 분명해야 한다.

신체활동 게임의 경우, 성인인 치료자와 아동의 신체적 역량 차이가 날 가능성이 크다. 따라서 치료자가 해당 게임을 잘하는 것은 해당 게임을 해 본 이전 경험, 그리고 신체적 능력의 차이라는 점을 게임을 시작하기 전에 공감적으로 아동에게 알려주면서 아동 혼자서 연습해 보거나 본격적으로 게임을 시작하기 전 연습게임을 몇 차례 하는 것을 제안할 수 있다. 또한 치료 초기에 신체활동 게임을 활용하게 될 경우, 아동이 규칙을 준수할 수도 있고, 치료자가 인식하지 못한 채 슬쩍슬쩍 혹은 치료자가 인식하였다 하더라도 거리낌이나 불편한 마음 없이 속임수를 쓰거나 아동이 원할 때까지 치료자를 이기려고 할 수 있다. 이를 통해 치료자는 아동의 도덕발달 수준, 자아강도, 그리고 아동이 규칙을 어떻게 바라보는지 등을 평가할 수 있다.

게임놀이치료 중에도 치료자는 규칙이 있는 자유놀이, 속임수에 대한 도전, 여러 번 지고서도 이기기 위해 노력하는 것 등 게임놀이 중 내담 아동의 진전 혹은 퇴보를 파악하거나 이에 영향을 미칠 수 있는 다양한 요인을 지속적으로 평가하고 이에 따라 개입의 수준과 게임하는 태도를 조절해야 한다. 예를 들어, 치료적 관계에서 치료자와 아동 간 신뢰감이 커지면 아동이 지시를 따르고 규칙을 준수하도록 도전시키고, 아동이 게임에서 졌을 때 어떻게 반응하는지 평가하고 이에 따라 게임하는 태도를 변경할 수 있다. 아동의 민첩성, 충동조절 능력, 신체적 능력, 사회적 기술, 자아강도, 자존감이 더 발달하면 아동은 규칙을 더 잘 따를 수 있고, 행동에 따른 결과를 받아들이며, 지는 것을 기꺼이 받아들이는 능력을 보여 주게 된다. 반면, 치료 과정에서 퇴행적 행동이 나타날 경우, 치료적 개입을 줄이거나 속도를 늦추고 아동이 더 잘 다루게 되었을 때 개입 수준을 증가시킬 수 있다.

아동이 공격성을 보일 경우, ACT를 활용한 제한 설정을 하고, 안전을 위해 필요한 선택을 해야 한다(Stone & Schaefer, 2020). 과격한 신체활동이 일어나거나 아동이 너무 흥분하게 되면, 희박하나 아동 혹은 치료자가 다칠 가능성이 있으므로 안전사고에 유의하고 혹시라도 다치면 아동의 보호자에게 즉시 보고하고 문서화해 놓는 것이 중요하다. 동시에 치료환경을 조정하여 향후 안전사고가 일어날 가능성을 최소화한다. 하지만 아동이나 치료자가 다행히 심각하게 다치지 않았을 경우 양육 반응을 하고 자기 몸을 돌보는 것을 모델링하고 학습할 기회로 삼을 수도 있다.

## 3. 신체활동(소근육 및 대근육) 게임의 활용

### 1) 신체활동(소근육 및 대근육) 게임의 실제

#### (1) 젠가

##### ① 게임 방법

젠가 게임은 54개의 나무블록으로 3개씩 한 층씩 쌓아 만든 나무 탑을 이용한 균형잡기 게임이다. 나무블록을 빼서 나무 탑의 가장 위쪽에 올려놓는 방법으로 하며, 이를 하는 동안 나무 탑을 쓰러뜨린 사람이 지게 된다.

② 치료적 효과

- **집중력, 눈 손 협응 능력 향상:** 나무블록을 꺼내고 가장 위에 쌓는 동작을 할 때 집중력, 주의 깊은 손동작, 눈 손 협응이 필요하다. 이를 하는 동안 소근육 사용 능력 또한 발달된다.
- **문제해결 능력과 공간지각 능력 발달:** 나무블록을 뺄 때 무작정 빼는 것이 아니라, 탑의 균형이 유지되면서 어떤 나무블록을 뺄 수 있을지, 공간 내 물체의 위치와 안정성을 인식하고 소작하는 능력이 필요하므로 이를 통해 문제해결 능력과 공간지각 능력을 발달시킬 수 있다.
- **감정 조절과 자기통제력:** 게임이 진행되면서 구조가 점점 불안정해지므로 점차 긴장되거나 불안해지는 감정을 경험하게 된다. 이때 감정을 조절하고 자기통제력을 유지하는 능력이 요구된다. 실패하거나 탑이 무너졌을 때의 좌절감도 긍정적으로 수용함으로써 회복탄력성을 키울 수 있다.

(2) 다트

① 게임 방법

다트 게임은 원형 다트판의 각 구역에 숫자가 적혀 있으며 다트판을 향해 작은 화살 모양의 다트를 던져 점수를 겨루는 게임이다. 각 구역은 여러 점수대로 나뉘며, 게임자는 3개의 다트를 던져 다트가 위치한 영역의 숫자에 따라 점수를 획득한다.

② 치료적 효과

- **대근육 운동 능력 향상:** 다트는 팔과 손목의 근력을 사용하여 던지기 때문에 반복적인 던지기 동작을 통해 손목 및 팔의 유연성과 다트를 던지는 자세와 관련된 균형 감각을 발달시킬 수 있다.

- **주의집중력 및 눈 손 협응 능력 향상:** 다트는 정밀하게 목표를 맞춰야 하므로 이를 통해 주의집중력을 발달시킬 수 있다. 특히 다트판의 작은 목표에 집중하는 과정에서 시각적 집중력과 눈 손 협응 능력이 필요하다.
- **자기통제력:** 다트 게임은 지속적인 연습을 통해 실력이 향상될 수 있는 게임이며 목표를 맞추기 위해 침착함을 유지해야 하므로 자기통제력을 필요로 한다.
- **스트레스 감소, 긴장 완화, 부정적 감정 표현:** 다트 게임은 실내에서 할 수 있는 대근육 활동이며 간단하고 쉬운 방법으로 할 수 있으면서 경쟁적이기 때문에 부정적 감정이나 긴장을 해소하는 데 도움이 되며 쉽게 즐거움을 느낄 수 있다.

### 2) 신체활동(소근육 및 대근육) 게임을 활용한 사례

민수는 초등학교 2학년 남아로 담임선생님이 부모님께 상담을 권유하여 상담소에 오게 되었다. 민수는 1학년 학교 입학 후 학교 적응의 어려움과 충동적이고 과잉행동적인 문제행동으로 인해 대학병원에서 종합심리검사를 받고 주의력 결핍 및 과잉행동 장애(ADHD)로 진단받았고, 그때부터 현재까지 약물을 복용 중이다. 약물을 복용하기 전보다는 민수가 행동을 조절하고 학교 생활에 적응하는 것이 향상되었으나 여전히 선생님의 지시를 따르기 어려워 몇 차례 주의를 받거나 선생님이 말씀하시는 중 끼어들어 수업 분위기를 해치는 경우가 잦았다. 또한 친구들이 놀고 있으면 눈치 없이 끼어들고 대장 노릇을 하려고 하여 친구들이 민수와 같이 놀려고 하지 않았다. 더욱이 화가 나는 상황에서는 민수가 감정을 조절하기 어려워 갑작스럽게 폭발하듯 화내는 모습이 보이고 종종 두 살 어린 여동생에게 소리를 지르고 때리는 행동이 나타났다. 이러한 일련의 행동들로 인해 학교 입학 후 민수는 선생님과 부모님께 혼날 일이 잦았고 입학 전과 다르게 "맨날 사람들이 나만 미워해." "친구들이 날 싫어해." "난 잘하는 게 아무것도 없어."와 같은 말을 하는 빈도가 늘었다고 보고되었다. 또한 자기 몸을 능숙하게 가누지 못해서인지 여기저기 부딪혀 멍이 드는 횟수가 잦고, 다니는 태권도 학원에서도 신체활동을 하다 다른 아이들과 자주 부딪혀 갈등이 생기는 경우가 빈번했다.

개구지고 귀여운 인상인 민수는 처음 만난 치료자를 경계하지 않고 밝게 인사하였고, 입실 시 거리낌이나 낯설어하는 기색 없이 들어와 치료실 여기저기를 탐색하였다. 민수의 관심을 끄는 놀잇감이나 게임이 있을 경우 잠깐 꺼내 살펴보고는 다른 것을 꺼내 만져 보았는데, 놀이 전환과 집중하는 시간이 상당히 짧았다. 그러다 민수는 한쪽에 세워 놓은 펀치백에 관심을 두더니 강렬한 힘으로 펀치백을 주먹으로 치고 발로 차고 던지며, 옆에 있는 스폰지 칼로 치고 두드리는 활동을 나머지 치료시간 내내 하였다. 민수의 행동이 크고 강렬하여 본인이 치료실 벽에 부딪히거나 치료자를 실수로 치거나 치료실 선반을 엉망으로 만들 가능성이 있었다. 이에 치료자는 ACT 절차를 통해 민수의 욕구와 감정을 공감하면서도 대안적 행동을 제안하면서 제한 설정을 하였고, 몇 차례 의도하지 않은 실수를 하기는 하나 민수는 제한 설정에 적절히 반응하였다. 하지만 부모의 보고와 놀이치료실에서 관찰한 바에 기초하였을 때 민수의 신체적 조절 능력이 낮은 것으로 파악되었다. 이에 치료자는 다음 회기부터는 다른 놀잇감들을 좀 더 구석으로 배치하여 치료실 중앙에 민수가 펀치백 놀이와 같은 대근육 활동을 좀 더 안전하고 자유롭게 할 수 있는 공간을 확보하는 동시에 깨지기 쉬운 놀잇감을 미리 치워 두어 최소한의 제한을 설정해도 되는 공간으로 치료실을 재구성하였다. 치료자가 먼저 제안하지는 않았으나 민수는 다음 회기에도 펀치백 두드리기 놀이를 계속하였고 이 놀이는 이후 치료회기에서도 지속적으로 나타났으나 지속시간은 줄어들었다. 3회기 이후부터는 치료시간 중 처음 약 5~10분은 루틴처럼 민수가 펀치백 두드리기를 하고 나서 액션 피규어를 꺼내 싸움놀이 장면을 만드는 것으로 놀이가 전환되는 것이 반복되었다.

6회기부터 민수는 치료실 한쪽 구석에 있는 축구게임에 관심을 두기 시작하였는데, 치료자에게 도움을 요청하지 않고 축구게임을 번쩍 들어 치료자 앞에 갖다 놓으면서 같이 하자고 하였다. 하지만 게임을 이전에 해 본 적이 있는지 물어보려는 치료자의 말이 끝나기도 전에 민수는 이미 양편의 나무블록을 움직여 선수들이 움직이는 것을 지켜보다가 공을 자기 쪽 골대에 넣고는 골인이라고 좋아하며 본인 점수판의 점수를 올리는 등 혼자서 게임을 5분 정도 진행하였다. 5분 후가 되어서야 이를 가만히 지켜보고 있던 치료자에게 왜 게임을 하지 않느냐고 물어봐 치료자는 민수가 같이 게임을 할 준비가 되었는지 알 수 없어 기다렸다고 반응하였다. 이후 게임 규칙을 간단히 설명하고 서로의 선수 색깔과 골대를 결정하고 게임을 시작하였으나 민수는 마음이 급해지거나 치료자의 선수가 공을 가지고 있을 경우 게임판을 흔들어 게임 진행을 방해하거나 공을 손으로 잡는 등의 모습이 나타났다. 혹은 전략이나 계획 없이 나무블록을 마구잡이로 계속 흔들어서 공이 게임판에서 튕겨 나가거나 우연히 본인 골대에 골인되거나 치료자의 골대로 들어가 자책골이 되기도 하였다.

민수는 게임을 하다가 이기면 자리에서 벌떡 일어나 깡충깡충 뛰면서 흥분하고 좋아했지만, 졌을 때는 거칠고 무작위로 나무블록을 돌리거나 그만하겠다고 하거나 깔고 누워 있는 펀치백을 다시 들어 주먹으로 치고 발로 차는 등의 모습을 보이기도 하였다. 또한 게임을 시작한 초반에는 치료자가 골인하면 치료자가 속임수를 썼다고 항의하면서 본인이 한 번 더 해야 한다고 우기거나 소리를 지르면서 눈물을 글썽이기도 하였다.

이러한 태도에 대해 치료자는 민수가 공을 자기 골대에 넣고 싶은 마음, 마음먹은 대로 잘되지 않는 상황, 치료자가 공을 넣었을 때 등의 상황에 대해 공감적 반응과 비평가적인 타당화 반응을 보였다. 또한 민수의 감정을 공감하면서 감정에 이름을 붙이고 감정 표현을 촉진할 수 있는 언어화 반응을 보여 주었다. 이와 동시에 치료자는 자신의 차례가 되었을 때 의도적인 혼잣말을 통해 본인의 전략을 노출하거나 민수와 동일한 충동적인 행동을 한 후의 결과에 대해 있는 그대로 묘사하면서 다른 대안적 행동을 들려주거나, 다음 움직임을 어떻게 해야 할지 고민하면서 일부러 시간을 끄는 행동 등을 하면서 민수의 주의집중력, 조절 능력, 좌절수용 능력을 향상시킬 수 있는 치료적 개입을 하였다.

이러한 개입 이후 민수는 점차 치료자의 차례를 기다리고 치료자의 말을 경청하였으며 치료자가 혼잣말로 들려준 전략을 모델링하면서 좀 더 전략적이고 신중하게 본인의 선수를 움직이려고 하는 모습이 나타났다. 또한 게임에서 졌을 때도 "아쉽다." "너무 아깝다." 등 감정을 언어화하고 "질 수도 있지. 다시 하면 돼."라고 하면서 본인을 격려하고 각오를 다지는 모습도 나타났다. 이후 축구게임만 한동안 하던 민수는 민수 또래가 관심을 두는 다른 전략게임이나 신체활동을 덜 요구하는 게임들에 더 관심을 두기 시작하였다.

## 참고문헌

Bellinson, J. (2008). 보드게임을 활용한 아동심리치료(*Childrens Use of Board Games*). (유미숙, 이영애, 진미경 공역). 서울: 시그마프레스. (원저는 2002년에 출판).

Bersma, D., & Visscher, M. (2003). *Yoga games for children: Fun and fitness with postures, movements and breath*. Alameda, CA: Hunter House Inc.

Bowen, D. J., Neill, J. T., & Crisp, S. J. R. (2016). Wilderness Adventure therapy effects on the mental health of youth participants. *Evaluation and Program Planning, 58,* 49–59. https://doi.org/10.1016/j.evalprogplan.2016.05.005

DeBenedet, A. T., & Cohen, L. J. (2010). *The art of roughhousing: Good old-fashioned horseplay and why every kid needs it*. Philadelphia, PA: Quirk Books.

Fernandez, Y., Ziviani, J., & Cuskelly, M. (2017). Participation in community leisure programs. In A. J. S. Morin, C. Maiano, D. Tracey, & R. G. Craven (Eds.), *Inclusive physical activities: International perspectives* (pp. 3–29). Charlotte, NC: Information Age Publishing. Available from EBSCOhost Database.

Gobbi, E., & Carraro, A. (2017). Play fighting as a strategy to cope with aggressive behaviours among youth with social disadvantages in Italy. In A. J. S. Morin, C. Maïano, D. Tracey, & R. G. Craven (Eds.), *Inclusive physical activities: international perspectives* (pp. 163-182). Charlotte, NC: Information Age Publishing. Available from EBSCOhost database.

Goldstein, J. (2012, February). *Play in children's development, health and well-being*. Retrieved from http://www.ornes.nl/wp-content/uploads/2010/08/Play-in-children-s-development-health-and-well-being-feb-2012.pdf

Gomez-Pinilla, F., & Hillman, C. (2013). The influence of exercise on cognitive abilities. *Comprehensive Physiology, 3*(1), 403–428. https://doi.org/10/1002/cphy.c110063

Hambrick, E. P., Brawner, T. W., Perry, B. D., Brandt, K., Hofmeister, C., & Collins, J. O. (2018). Beyond the ACE score: Examining relationships between timing of devwelopmental adversity, relational health and developmental outcomes in children. *Archives of Psychiatric Nursing,* 1–10. https://doi.org/10.1016/j.childyouth.2017,10.030

Harper, N. J. (2017). Wilderness therapy, therapeutic camping and adventure education in child and youth care literature: A scoping review. *Children and Youth Services Review, 83,* 68–79. https://doi.org/10.1016/j.apnu.2018,11.001

Hsieh, S.-S., Fung, D., Tsai, H., Chang, Y.-K., Huang, C.-J., & Hung, T.-M. (2018). Differences in working memory as a function of physical activity in children. *Neuropsychology, 32*(7), 797-808. https://doi.org/10.1037/neu0000473

Infant and Toddler Forum. (2013). *Physical activity and play for toddlers.* Retrieved from https://www.infantandtoddlerforumorg/media/upload/pdf–downloads/4877_Factsheet_3.4_Physical_Activity_And_Play_ITF204_v11.pdf

van der Kolk, B. (2014). *The body keeps the score: Brain, mind, and body in the healing of trauma.* New York, NY: Penguin Books.

MacKinnon, L. (2010). The neurosequential model of therapeutics: an interview with Bruce Perry. *Austrailian and New Zealand Journal of family therapy, 33*(3), 210–218. https://doi.org/10.1017/aft.2012.26.

McCullough, L. (2011). Bodywork, movement, and mental health. *Massage and Bodywork, 26*(2), 44–53. Available from AltHealthWatch database.

McDonough, M. H., Ullrich-French, S., & McDavid, M. L. (2018). Helping kids connect: Participant and staff perspectives on facilitating social relationships in a physical activity-based positive youth development program for youth from low-income families. *Sport, Exercise, and Performance Psychology,* 7(1), 13-29. https://doi.org/10.1037/spy0000109

Pellegrini, A. D., & Smith, P. K. (1998). Physical activity and play: the nature and function of a neglected aspect of play. *Child Development, 69*(3), 577–598. Retrieved from https://www.ncbi.nlm.nih.gov/pubmed/9680672

Perry, B. D. (2009). Examining child maltreatment through a neurodevelopmental lens: clinical allications of the neurosequential model of therapeutics. *Journal of Loss and Trauma, 14,* 240–255. https://doi.org/10.1018/15325020903004350

Perry, B. D. & Hambrick, E. P. (2008). The neurosequential model of therapeutics.

*Reclaming Children and Youth, 17*(3), 38–43. Available from Professional Development Collection database.

Russell, K., Gillis, H. L., & Kivlinghan, D. M. (2017). Process factors explaining psycho-social outcomes in adventure therapy. *Psychotherapy, Vol 54*(3), 273–280. https://doi.org/10.1037/pst.0000131

Schaefer, C., & Cangelosi, D. (Eds.). (2016). *Essential play therapy techniques*. New York, NY: Guilford Press.

Schaefer, C., & Reid, S. (Eds.). (2010). **게임놀이와 아동심리치료**(*Game Play: Therapeutic use of childhood games*, 2nd ed.). (박성옥, 이정숙, 김윤희, 백지은 공역). 서울: 창지사. (원저는 2001년에 출판).

Stone, J., & Schaefer, C. E. (Eds.). (2020). *Game Play Therapy: Therapeutic Use of Games with Children and Adolescents* (3rd ed.). John Wiley & Sons.

Sutton-Smith, B. (1961). Cross-cultural study of children's game. *American Philosophical Society Yearbook*, 426–429.

Sutton-Smith, B., & Roberts, J. M. (1971). The cross-cultural and psychological study of games. *International Review of Sport Sociology, 6*, 79–87.

U.S. Department of Health and Human Services (2018). *Physical activity guidelines for Americans* (2nd ed.). Washington DC: Author. Retrieved from https://health.gov/paguidelines/second-edition/pdf/Physical Activity Guidelines_2nd_edition.pdf

Zach, S., & Shalom, E. (2016). The influence of acute physical activity on working memory. *Perceptual and Motor Skillss, 122*(2), 365–374. https://doi.org/10.1177/0031512516631066

제4장

# 우연게임을 이용한 게임놀이치료

## 1. 우연게임의 이해

### 1) 우연게임의 정의 및 속성

우연게임은 추측이나 주사위, 빙고, 룰렛과 같은 것으로 결과가 정해지는, 즉 승부가 무작위로 결정되는 게임 유형으로 우노, 트러블 게임, 미끄럼틀과 사다리게임, 캔디랜드, 인생게임, 빙고 등이 있다. 우연게임은 방법이 단순하고 신체적 능력과 인지적 요인의 영향이 적으며 심리적 긴장이나 부담이 적은 상태에서 부정적 감정을 표현하고 긍정적 감정을 경험하는 데 도움이 된다.

Sutton-Smith와 Roberts(1971)의 비교문화 연구에 의하면, 우연게임은 환경적·개인적·사회적 불확실성이 존재할 때 번성하는 것으로 보인다. 이러한 곳은 계절변화가 심하고 추위가 심한 고위도 환경, 정착지가 고정되어 있지 않으며 식량 공급이 안정적이지 않아 매년 식량 부족이 빈번하게 발생한다. 또한 그곳의 사람들은 주로 사냥, 낚시, 채집에 의존하므로 불확실한 절차에 따라 생계를 유지하며 공동체가 작아 생계 기반이 약하다. 그리고 종교적 신성한 절차와 우연게임이 의사결정의 관습적 수단이 된다. 우연게임은 이러한 문화권에서 삶의 조건이 불확실하여 의사

결정을 위한 더 나은 도구적 절차가 없을 때 자비로운 운명의 도움을 받아 마음을 결정하는 방법이었다.

우연게임은 승부가 무작위 또는 우연으로 결정되기 때문에 전략게임이나 신체 기술 게임과 달리, 지적 능력이나 기술, 경험 면에서 아동이 어른의 우월성을 무력화시킬 수 있다. 그래서 우연게임은 아동이 스트레스를 보다 적게 받고 자존심에 덜 도전 받으면서 참여할 수 있고, 치료적으로 가치 있게 사용된다. 우연게임은 어린 연령의 아동, 치료 초기 단계, 게임놀이의 도입 부분에 사용될 수 있다. 게임놀이치료 상황에서 치료자와 아동의 능력이나 지적 능력 발달 수준의 차이로 아동에게 불공평하게 될 때 효과적으로 균형을 유지하기 위한 방법 중 하나로 우연게임을 선택할 수 있다. 그리하여 아동과 치료자는 이기기 위해 좀 더 노력하는 전통적 게임의 경쟁 상태를 유지할 수 있다.

## 2) 우연게임의 치료적 요소

### (1) 치료적 관계 형성

우연게임은 전략이나 기술이 적게 필요하기 때문에 치료적 관계를 구축하는 데 유용하게 사용될 수 있어 치료 초기 단계에서 친밀감을 형성하기 위해 아이스브레이커로 사용한다. 낯선 상황에서 긴장 수준과 불안이 높거나 자신감이 부족하고 위축되어 있는 아동 및 어린 아동에게도 사용 가능하다.

### (2) 탄력성

인생은 불확실하고 누구나 어려움을 겪을 수 있으므로 아이들이 실망하고 실수하고 실패를 경험함으로써 어려운 일을 이겨 낼 수 있다는 자신감을 심어 주는 것이 중요하다. 우연게임은 아동이 이기든 지든 치료자가 현재에 집중하고 아동을 온전히 인식하고 있기 때문에 아이의 존재감을 높일 수 있다. 치료실 내에서 우연게임은 안전한 환경에서 실패를 경험할 수 있게 해 주며(Brown, 2015), 불확실한 결과를 견디는 과정을 경험하게 되고 게임을 반복함으로써 좌절을 견디는 과정에서 인내심과 회복탄력성을 키우는 데 도움이 될 수 있다(Stone & Schaefer, 2020).

### (3) 좌절을 견디는 능력 증가

Siegel(2010)은 신경계가 삶의 스트레스 요인 속에서 최적으로 기능할 수 있는 능력을 "내성의 창"이라고 하였다. 내성의 창을 벗어나는 일이 발생하면 사람의 신경계는 과각성 또는 저각성 상태, 즉 불안하고 초조해지거나 우울하고 무감각해지게 된다. 자신이 그 순간에 경험하고 있는 것을 온전히 인식하는 내적 조율과 그 순간에 다른 사람의 상태를 공명하는 대인관계 조율이 가능한 치료자는 더 넓은 대인관계 공간을 제공하고 내담자의 내성의 창을 넓힐 수 있다(Baldini, Parker, Nelson, & Siegel, 2014). 우연게임을 할 때 치료자가 조율하고 그 순간에 있을 수 있다면 치료사는 내담자의 내성의 창을 넓혀 투쟁, 도피, 동결 등의 반응을 감소시키는 데 도움을 줄 수 있다. 우연게임을 하면 내담자는 무작위에 의한 결과를 경험하게 되므로 긍정적 감정뿐만 아니라 부정적 감정을 경험하게 된다. 이때 치료자의 조율하는 태도는 아동의 좌절감을 줄일 뿐만 아니라 패배 후에도 참여 능력을 향상시킬 수 있다. 치료자는 내담자의 좌절감을 줄이기 위해 공감적이고 성찰적인 반응을 사용하여 내담자의 좌절 내성을 높일 수 있다(Stone & Schaefer, 2020).

### (4) 감정 조절

치료실에서는 안전한 치료실 분위기와 치료자의 비난하지 않는 수용적 태도를 통해 아동은 패배로 인한 부정적 감정을 표현하며 치료자의 감정 반영과 모델링을 통해 이를 언어적으로 표현하면서 감정을 조절할 수 있고, 자신의 감정에 대한 성찰을 할 수 있다.

Siegel의 신경과학 연구에 따르면 사람들이 자신의 감정에 라벨을 붙이면 뇌의 투쟁 또는 도피 반응을 감소시킬 수 있다. 감정을 인식하고 표현하는 게임을 사용하면 내담자의 신경계를 진정시키는 데 도움이 된다. 예를 들어, 캔디랜드 게임을 할 때 감정 수정 게임 방법(보드의 각 색을 감정을 나타내는 색으로 지정하여 도착한 칸의 색에 해당하는 감정을 공유함)을 사용해 자신의 감정에 이름을 붙일 수 있는 아동들은 감정을 더 잘 조절할 수 있게 된다.

(5) 긍정적인 감정 경험

우연게임은 능력, 기술, 경험과 상관없이 승리로 인한 유능감, 즐거움, 성취감 등의 긍정적 감정을 느끼는데 전략게임, 신체게임보다 유리할 수 있다. 특히 아동 내담자에게는 성인인 치료자의 우월함의 영향을 받지 않는 우연게임을 통해 긍정적인 감정 경험의 기회가 많아질 수 있다.

Fredrickson(2013)에 따르면, 긍정성은 우리의 생각과 마음을 열어 주어 더 수용적이고 창의적으로 만든다. 또한 긍정성을 통해 창의성과 새로운 기술을 배우는 것을 포함하여 우리의 복지에 기여하는 일을 할 수 있게 한다. 긍정적 정서는 탄력성을 키우고 인생의 어려움을 해결하는 도전에 대처하는 데 도움이 된다(Fredrickson, 2009).

## 2. 우연게임의 치료과정

### 1) 우연게임의 치료자 태도

우연게임은 승부가 무작위나 우연으로 결정되어 아동이 결과를 통제하지 못함으로써 좌절감, 실망감, 무능감 등을 경험할 수 있다. 아직 좌절을 견디지 못하는 아동은 우연에 의해 결정될지라도 패배에 대해 치료자와 규칙, 게임에서 벌어지고 있는 상황의 탓을 하는 비합리적인 태도나 생각을 나타낸다.

아동은 우연에 의해 게임의 결과가 결정되는 것을 알고 있음에도 불구하고 탓을 하고 결과를 수용하지 않으려고도 한다. 그럴 땐 아동의 실패나 패배에 대한 좌절감이 더 큰 영향을 미치는 것 같다. 아동은 패배에 대한 좌절감을 느끼면 치료자나 게임도구에 대해 원망하고 치료자가 속임수를 썼다고도 하며 자기의 무능을 원인으로 생각하기도 하고 자신에게만 불행이 온다고 여기기도 한다. 이로 인해 게임을 중단하기도 하고 분노감정을 표현할 수도 있고 치료자에게 어떤 책임을 요구하기도 하며 속임수를 사용하기도 한다.

이와 같은 우연게임 결과에 대한 반응에는 아동의 인지발달 과정, 정서적 발달(성숙) 수준 및 정서 상태가 영향을 미친다. 또한 치료자는 게임에서 드러난 아동의 심리적 정보를 통해 아동의 낮은 자존감, 신경학적 특성, 미성숙함, 부모 자녀 관계, 형제 경쟁 관계, 정서 상태, 비사회적 태도 등 심리 내적 역동이나 아동 개인 요인을 발견할 수 있을 것이다.

이와 관련된 내용을 다음의 사례(Bellinson, 2008)를 통해 살펴볼 수 있다.

칼은 캔디랜드 게임을 하면서 초반에 게임판의 마지막 고지를 점하기 위한 카드를 찾아 그곳에서 기다렸다가 치료자가 자기를 쫒아올 때까지 조금씩 앞서 나간 후 치료자보다 약간의 우위를 점하면서 간발의 차로 이긴다. 이처럼 게임 초반부터 속임수를 쓰는 아동은 속임수의 유혹을 좀 더 오래 참고 기다릴 수 있는 아동보다 자아강도가 낮다고 볼 수 있다.

아데나와 치료자가 모노폴리 게임 과정에서 치료자가 아데나에게 돈을 지불해야 하는데 돈이 부족하고 아데나는 치료자에게 돈을 내라고 재촉한다. 다음번에 치료자가 아데나에게 받은 돈이 생겼지만 여전히 치료자가 빚진 돈을 모두 갚지 못하자 아데나는 치료자에게 돈을 지불하지 말고 넘기라고 한다. 아데나는 매사 협조적이고 상냥한 소녀로 언니에게는 매우 지기 싫어하지만 친구들과의 관계에서는 거절하지 못한다. 친구로 인해 불편하지만 자신을 방어하지 못하고 친구로부터 호감을 사고 싶어 하고 자신이 원하는 것을 고집하면 타인이 자신을 싫어할까 봐 두려워한다. 모노폴리 게임에서 아데나가 친구의 마음을 상하게 할까 봐 두려워하는 듯이 치료자를 불편하게 하는 것도 어려워하는 것으로 보인다. 치료자는 아데나가 치료자를 해치는 것을 걱정한다고 언급하면서 아데나의 성격에 대해 말했다. 아데나가 치료자가 임대료를 지불하는 것을 반복해서 거절할 때 "넌 내가 파산하면 너한테 벌어질 일을 걱정하는구나." "넌 게임에서 이기고 싶어 하는데 지나친 완승은 두려운 것 같아." "네가 내 돈을 전부 가져가면 내가 어떻게 반응할지 두려운 것 같다."라고 말했다.

테사는 미끄럼틀과 사다리 게임을 꺼내 규칙에 따라 게임을 하지만 미끄럼틀을 피해야 하거나 사다리에 도착하려고 회전판을 두 번 돌리기도 하고 칸을 잘못 세기도 한다. 테사는 판에 그려져 있는 모든 사다리를 타고 올라가기 때문에 단 몇 번 만에 도착 지점에 도달하여 게임할 때마다 크게 이긴다. 테사는 게임을 하는 동안 치료자가 말하는 것을 원치 않고 자신도 어떠한 정서적 표현도 하지 않은 채 숫자 세는 것만으로 게임을 한다. 테사는 현재 부모님과 갑작스럽고 고통스럽게 분리되어 스트레스를 받고 있고 이에 대해 부인하고 있는 상황이다. 게임에서 위와 같은 태도는 테사가 겪고 있는 일상생활 문제와 관련이 있는 것으로 보인다.

랜은 학습장애가 있는 10세 소년으로 여전히 캔디랜드 게임을 좋아한다. 이 게임에는 읽어야 할 글씨가 없어서 당황하지 않을 수 있기 때문이다. 그리고 랜은 게임할 때 특별한 목적지로 갈 것을 지시하는 카드를 모두 빼버리고 게임한다. 랜은 어떤 어려움도 직면하지 않고 방어하고 있어 학습장애를 회피하면서 글자가 없는 캔디랜드 게임을 선택한다. 그리고 게임이 시작되면 뒤로 가는 것을 막기 위해 특수카드를 없애 버린다.

위와 같이 치료과정에서 나타나는 아동의 반응을 통해 치료자는 치료자의 이론적 지향을 고려하고, 발달연령, 주호소 문제, 자아강도, 좌절에 대한 인내, 감정 조절 및 자기통제 능력, 현재 아동의 치료단계 등을 평가하여 게임놀이 과정에서 치료개입 방법과 치료전략을 결정해야 한다. 아동의 비합리적인 행동이나 요구를 제한할 수도 있고 아동의 좌절과 분노와 같은 감정을 수용하고 공감할 수도 있으며, 결과에 대한 비합리적인 생각과 태도에 대해 수용하고 반영하는 등의 치료적 반응을 할 수 있을 것이다. 치료자는 게임을 치료 목적으로 사용하기 위해서는 구조화된 게임 놀이의 규칙을 따르는 사회적 행동을 증진시키는 목표뿐만 아니라 아데나의 사례와 같이 상상놀이처럼 아동이 게임에서 투사한 심리적 정보를 이해하여 개입하는 방식을 적용할 필요가 있다. 이를 통해 치료자는 게임놀이치료 과정에서 아동의 심리 내적 갈등을 이해하고 아동 자신을 이해하도록 돕고 갈등이나 어려움을 해결하는 기회를 제공할 수 있을 것이다.

### 2) 우연게임을 이용한 놀이치료 과정

우연게임은 치료 초기, 또는 처음 치료자를 만나는 날 매우 긴장하거나 불안해하거나, 위축되는 등 낯선 치료자와 치료실 적응에 어려움이 있는 아동과 함께할 수 있는 유용한 게임이다. 자신을 표현하기 어려워하는 아동에게 치료자와 관계를 맺고 낯선 치료실에 적응하며, 자신을 표현하고 치료자와 상호작용하는 매개로 사용될 수 있다.

아동이 치료자와 관계를 맺고 치료실과 치료자에 대해 안전하다고 느끼고 자신의 갈등을 드러내게 되면 치료 중기 단계라고 할 수 있는데 아동은 그동안 긍정적인 모습을 보이려고 했던 모습에서 자신의 욕구와 감정을 점차 솔직하게 드러내게 된다. 따라서 강한 경쟁심을 보이거나 패배에 대한 부정적 감정을 강하게 표현하거나 치료자나 게임에 대해 원망하는 말을 하기도 한다. 치료 말기 단계에 이르면 아동의 상상놀이에서 갈등이 감소되고 놀이주제가 바뀌는 것처럼 게임놀이에서도 중기 단계에서 보였던 부적절한 감정과 행동의 감소, 게임 결과에 대한 수용, 지나친 좌절감이나 무능감, 분노 감정의 감소, 게임의 결과를 견디며 불리하더라도 속임수를 사용하지 않기 등 긍정적인 변화가 나타난다.

아동의 발달연령에 따라 게임 결과에 대해 다른 반응을 보이기도 한다. 잠복기 전 아동들은 게임하는 동안 어느새 상상놀이로 빠져드는 경우가 있다. 이러한 경우도 치료자가 아동의 갈등이나 심리역동을 이해하고, 아동이 이것을 해결해 나갈 수 있는 데 유용한 과정이 될 수 있다. 또한 잠복기 전 아동은 게임의 결과가 치우치는 것에 대한 우연의 영향을 아직 분명히 이해하기 어려울 수 있을 것이다. 그리하여 아동 자신보다 치료자가 유능하다고 생각하기 때문에 반복되는 실패에 대해 이해하고 수용하기 더 어려워할 것이다. 게임의 승패를 이해할 수 있는 잠복기 아동이라 할지라도 자아가 취약하여 좌절을 견디기 어려운 아동은 자신이 지는 것에 대해 자신이 무능하거나 가치 없다고 여기면서 분노 감정을 가질 수 있고, 지고 있는 상황에서 게임을 지속하기 어려워할 수 있을 것이다. 또한 자신이 통제할 수 없는 환경과 어려움에 처한 아동은 게임 과정에서 패배하자 자신이 통제력을 잃는다고 느끼며 매우 두려워하고 결과를 수용하기 어려워할 수 있다.

아동이 가진 문제 또한 게임 과정에 영향을 미친다. 아동이 낮은 자존감, 형제 경쟁문제, 부모-자녀 관계에서의 갈등, 불안, 사회기술 부족, 자기조절 능력의 부족 등의 어려움을 가지고 있는 경우 규칙에 따라 게임을 해 나가는 데 어려움이 생기고 아동 자신의 갈등 및 함께하는 치료자와의 갈등이 발생하게 된다.

미끄럼틀과 사다리 게임에서 아동은 자신이 뽑은 숫자가 맘에 들지 않으니 주사위 던진 것이 잘못됐다며 다시 회전판을 돌리거나 회전판 숫자를 원하는 곳에 도착하게 하거나 숫자에 상관없이 사다리 자리에 멈춰서 사다리를 오르기도 한다. 어떤 아동은 트러블 게임에서 기대했던 숫자가 나오지 않으면 주사위 판이 제대로 작동하지 않았다며 다시 주사위 판을 눌러서 높은 숫자를 얻으려고 한다. 아동은 우노 게임에서 치료자가 낸 마지막 카드를 다시 치료자에게 돌려주며 자신의 마지막 카드를 취소하여 치료자가 대응할 수 없는 카드로 바꾸게 한다.

이처럼 아동이 가진 문제의 영향으로 인해 규칙을 따르지 않으려고 하거나 속임수를 사용하기도 한다. 이와 같은 아동의 행동이나 반응은 아동 일상에서의 성격유형과 일치하고 아동이 경험하는 관계와 삶의 모습을 보여 주는 것이기도 하다. 이러한 아동의 게임놀이 방식이 다른 놀이처럼 아동의 내면을 상징적으로 드러내 준다고 보았다(Bellinson, 2008). 즉, 상상놀이를 할 때 아동 자신의 내적 갈등이 드러나듯이 치료자와 게임놀이를 할 때에도 아동의 정신 역동이 드러난다. 따라서 게임놀이에서 나타난 행동을 통해 아동이 가진 내적 갈등이나 정신 역동이 인식되고 이를 해결해 나가는 과정을 경험하는 기회가 될 수 있을 것이다.

좌절을 견디기 어려워하는 잠복기 아동은 여러 차례 승패에 따른 좌절을 경험한 과정을 통해 점차 자신의 감정을 조절하고 통제하는 능력이 발달되면서 게임의 규칙을 따르는 게임을 할 수 있는 사회적 행동이 나타날 수 있을 것이다.

# 3. 우연게임의 활용

## 1) 우연게임의 실제

### (1) 우노

#### ① 게임 방법

우노게임은 각 게임자가 일곱 장의 카드를 나누어 갖고, 나머지 카드 중 한 장을 더미에서 꺼내 게임자 가운데에 놓고 순서대로 가운데 놓인 카드와 같은 숫자나 같은 색깔의 카드를 내면서 자신의 카드를 먼저 다 없애는 사람이 이기는 게임이다. 자신의 차례에 낼 카드가 없다면 카드 더미에서 한 장 가져와야 한다. 카드 중에 게임 순서 바꾸기, 색깔 바꾸기, 상대에게 카드 가져가도록 하기 등의 특수카드를 사용할 수 있다. 자신의 손에 카드가 한 장 남았을 때 '우노'라고 외쳐야 한다.

#### ② 치료적 효과

- **아이스 브레이킹:** 우노게임은 상담 초기 긴장을 낮추고 흥미를 유발시키기에 도움이 되는 비교적 쉽고 간단한 게임이다.
- **감정 조절 및 인내심 향상:** 종종 승리에 가까워지다가도 예상치 않게 한 번의 카드로 상황이 바뀔 수 있기 때문에, 좌절감을 이겨 내고 게임을 이어 가는 감정 조절 능력과 인내심을 기를 수 있다.
- **의사결정 능력 발달:** 매 차례마다 어떤 카드를 낼지 결정하는 과정에서 의사결정 능력을 키울 수 있으며, 장기적인 게임 전략에 따라 결정하는 연습을 하게 된다.

- **주의력 및 정신운동 속도 향상:** 상대가 이전에 낸 카드의 색깔이나 숫자에 따라 자신이 낼 카드를 선택하므로 시각적 주의력 및 선택적 주의력, 정신운동 속도가 필요하다.
- **스트레스 해소 및 즐거움:** 우노는 빠르게 진행되며 반전이 많아 긴장감과 긴장 완화 및 즐거움을 동시에 경험하게 된다.

(2) 트러블 게임

① 게임 방법

트러블 게임은 자신의 게임 말 4개를 먼저 결승점에 도착시키면 승리하는 윷놀이 형태의 게임이다. 게임 보드 중앙에 있는 팝오매틱 버튼을 눌러 나온 주사위 숫자에 따라 게임 말을 이동한다. 숫자 6이 나오면 자신의 게임 말을 출발 위치에 옮겨 놓을 수 있다. 게임 말이 이동한 곳에 상대방의 게임 말이 있으면 그 게임 말은 다시 원점으로 돌아간다. 도착할 곳에 자신의 말이 있으면 이동할 수 없고 다시 팝오매틱 버튼을 눌러 나온 수만큼 이동한다. 결승점에서도 정확한 숫자가 나와야 도착점으로 이동할 수 있다.

② 치료적 효과

- **전략적 사고 발달:** 트러블 게임에서는 각 플레이어가 자신의 말을 최대한 효율적으로 이동시키는 전략을 세워야 하므로 이를 통해 문제해결 능력과 계획 능력이 발달한다.
- **인내심 및 좌절을 견디는 능력 발달:** 게임 말을 출발시키거나 도착점에 이르는 데 맞는 숫자가 나올 때까지 이동할 수 없고 상대방 게임 말에 잡혀 다시 원점으로 돌아와야 한다. 따라서 이를 기다리고 좌절을 견딜 수 있어야 한다.
- **행동 및 감정 조절 능력 향상:** 게임자에게 유리한 숫자가 나오지 않을 경우,

특히 여러 번의 시도에도 게임 말을 출발시키지 못하거나 상대방의 게임 말에 자신의 게임 말이 잡힐 위기에 있을 때 팝오매틱을 한 번 더 누르려는 것과 같은 감정이나 행동의 조절이 필요하다.

### 2) 우연게임을 활용한 치료 사례

승연이는 초등학교 1학년 여아로 유아기부터 낯선 곳이나 낯선 사람을 만나면 불안해하면서 그 상황을 피하고 유치원에서도 자신 없다고 생각하는 활동에 참여할 때 하지 않으려고 하면서 다소 고집스러운 모습도 보였다. 초등학교 입학하면서 이러한 어려움은 더욱 심해지는 것처럼 보였다. 등교하기 전에 매번 학교 가기 싫다고 하고 학급에서 학습활동 또한 여전히 힘들어하며 집에 오면 짜증과 같은 부정적 감정 표현이 많아졌다. 이러한 승연이의 주호소 문제에 대해 평가자는 쉽게 불안해하며 원하지 않는 것을 수용하기 어려워하는 고집스러움이 있다는 인상하에 놀이치료에 의뢰하였다.

승연이는 치료자를 처음 만나자 경계하고 엄마 뒤에 숨고 엄마와 분리되지 않으려고 하였다. 치료실에 있는 놀잇감들을 보더니 느리지만 엄마와 분리되어 입실하였고, 하지만 한자리에 얼어붙은 듯한 자세로 시선만 움직일 뿐 놀이를 시작하기 어려워하였다. 회기가 진행되면서 승연이는 치료자와 치료실에 대한 경계나 긴장을 덜 느끼는 것으로 보였고 주로 보드게임에 관심을 보이다 미끄럼틀과 사다리 게임을 선택하여 여러 회기 동안 반복하였다. 치료자는 승연이가 낯선 상황에 대한 두려움을 견뎌 내고 스스로 놀이를 탐색하며 선택하는 것에 대해 지지하였다.

승연이는 미끄럼틀과 사다리 게임을 하면서 회전판을 돌려 미끄럼틀에 도착하자 규칙대로 내려가지 않고 그 자리에 서 있기를 원하였다. 치료자가 규칙을 알려주자 굳은 표정으로 고개를 젓고 때로는 게임이 별로 재미없어 다른 놀이를 하고 싶다며 하던 게임을 중단하기도 하였다. 승연이가 일상에서 자신이 원하는 것을 적극적으로 표현하지 못하고 수동적으로 대처하며 쉽게 부정적 감정을 갖고, 때로는 고집스럽게 반응하는 모습이 치료 과정에서 드러나는 것으로 보였다. 치료자는 승연이가 불리한 상황에서 더 이상 규칙을 따르지 않으려고 하거나 중단하려는 태도, 그리고 불편한 감정을 보이는 얼굴 표정을 보고 승연이의 감정과 생각에 대해 반영하였다. 10회기에는 승연이가 게임을 시작하기 전에 사다리 규칙이 없이 하자며 게임 규칙 바꾸기를 원했다. 치료자는 승연이가 평소 불안을 쉬이 느끼고 이를 견디기 어려워하는 점을 고려하여 그렇게 해 볼 수 있다고 승연이의 제안을 수용하였다. 승연이는 미끄럼틀이라는 장해가 없으면 자신이 확실한 승리를 할 것이라 생각했던 것 같다. 하지만 치료자 또한 미끄럼틀의 방해가 없다 보니 회전판에 도착하는 수에 따라 승연이를 앞서가는 순간이 오기도 하였다. 승연이는 이전처럼 다소 뾰루퉁한 모습으로 있다가 자신의 회전판 수가 적게 나오면 큰 수로 옮겨서 그 숫자가 나온 것으로 하거나 숫자판을 빠르게 다시 돌려 큰 수가 나온 것으로 하고 싶어 했다. 이렇게 해서 승리하자 안심이 되고 신이 나는지 활짝 웃으면서 이겼다며 평소보다 큰 목소리를 내며 승리를 기뻐하였다.

치료자는 승연이가 규칙을 어길 만큼 이기고 싶은 마음, 패배하는 것이 받아들이기 힘든 마음, 승리했을 때 느끼는 긍정적 감정 등에 대해 반영하였다. 승연이는 점차 과감하게 게임 규칙의 변경을 제안하고 게임이 자신에게 유리하게 되지 않을 때 이전과 다르게 분명하게 감정을 표현하였다. 승연이의 수동적이었던 자기표현이 적극적으로 변화되는 것으로 보였다. 치료자는 이러한 변화가 그동안 아동이 즐거운 경험을 하고 상황과 경쟁자를 통제할 수 있으며, 승리의 기쁨과 패배의 두려움을 경험해 왔던 과정의 영향일 것이라 생각하였다. 치료자는 회기가 지날수록 승연이가 제안하는 방식에 동의하면서도 치료자가 승연이의 지나친 통제를 경험하면서 느끼는 감정과 생각을 표현하며, 승연이가 적극적 표현을 타인과의 관계에서 좀 더 수용될 수 있는 방식으로 표현할 수 있게 개입해 나갔다. 승연이는 자신이 예상했던 상황이 아닐 때 다소 고집스럽거나 불안해하지만 우연에 의해 결정되는 미끄럼틀 사다리 게임을 선택하여 반복함으로써 자신의 표현이 수용되어 안전하다고 느끼는 경험, 우연에 의해 결정된 결과에 대한 좌절을 견디는 것, 통제하는 경험을 통해 힘을 길러 나가는 경험, 예상치 못한 패배도 견디며 게임을 유지해 나가는 경험, 패배와 승리를 반복하며 회복력을 강화시켜 가는 것이 도움이 된 것으로 보였다.

## 참고문헌

Baldini, L. L., Parker, S. C., Nelson, B. W., & Siegel, D. J. (2014). The clinician as neuroarchitect: The importance of mindfulness and presence in clinical practice. *Clinical Social Work Journal, 42*(3), 218–227.

Bellinson, J. (2008). 보드게임을 활용한 아동심리치료(*Childrens Use of Board Games*). (유미숙, 이영애, 진미경 공역). 서울: 시그마프레스. (원저는 2002년에 출판).

Brown, B. (2015). *Rising strong*. New York, NY: Spiegel & Grau.

Fredrickson, B. L. (2009). *Positivity: Top-notch research reveals the upward spiral that will change your life*. New York, NY: Three Rivers Press.

Fredrickson, B. L. (2013). *Love 2.0: Creating happiness and health in moments of connections*. New York, NY: Penguin Group.

Siegel, D. (2010). *Mindsight: The new science of personal transformation*. New York, NY: Bantam Books.

Stone, J. (2015). Board games in play therapy. In K. J. O'Connor, C. E. Schaefer, & L. D. Braveman (Eds.), *Handbook of play therapy* (2nd ed, pp. 323–348). Hoboken, NJ: Wiley.

Stone, J., & Schaefer, C. E. (Eds.). (2020). *Game Play: Therapeutic use of games with children and adolescents* (3rd ed.). John Wiley & Sons.

Sutton–Smith, B., & Roberts, J. M. (1971). The cross–cultural and psychological study of games. *International Review of Sport Sociology, 6*, 79–87.

제5장

# 경쟁 및 전략 게임을 이용한 게임놀이치료

## 1. 경쟁게임의 이해

### 1) 경쟁게임의 정의 및 속성

두 명 이상의 참여자가 승리를 얻기 위해 진행하는 게임이 경쟁게임이며, 경쟁게임의 결과로 승리와 패배가 결정된다. 대부분의 게임은 '경쟁'의 속성을 포함하고 있다. 경쟁에서 이기고 싶어 하는 인간의 본성으로 인해, 아동들은 이기기 위해 인지적 기술, 집중력, 좌절 인내력 등 자신의 다양한 능력을 활용하게 된다(이영미, 2001).

또한 게임놀이치료 시 내담 아동은 지적·경험적으로 우세한 성인과 경쟁 상대자로 함께하기 때문에 성인과의 관계에서의 경쟁심, 공격성, 신뢰감, 무력감 등의 다양한 감정 상태를 보일 수 있다.

따라서 경쟁게임을 통해 놀이치료자는 경쟁 상황에 직면하고 해결하기 위해 활용하는 아동의 다양한 인지적·정서적 능력을 진단하고 아동의 강점과 약점 및 심리적 역동을 파악하여 적절한 치료 계획을 세울 수 있게 된다. 또한 내담 아동은 경쟁게임에서 승리를 위해 자신의 여러 능력을 발휘하고 어려움을 해결해 나가는 것을 배우게 되며(제경숙 외, 2016), 이를 통해 유능감과 성취감을 경험하게 되고, 좌절과 부정적 감정을 다루는 기회를 가지게 된다.

## 2) 경쟁게임의 치료적 활용

### (1) 감정 다루기

경쟁게임은 승패를 전제로 하기 때문에 이기고 싶은 마음, 이기지 못할까 봐 걱정되는 마음, 잘되지 못할 때의 무기력감, 이겼을 때의 유능감과 성취감, 졌을 때의 좌절감과 실망감 등 내담 아동에게 다양한 감정을 불러일으키게 된다.

더구나 게임은 공격적인 충동을 승화로 촉진하게 되는데(Peller, 1954), 경쟁의 형태를 띠고 상징적으로 드러나게 된다. 상징적 공격성의 최고 수준은 상대방의 말들을 잡거나 무력화시켜 공격하는 체스와 같은 고전적 경쟁게임을 생각한다면 쉽게 이해될 수 있다. Berlin(1986)은 경쟁게임이 자신의 부모나 형제에 대한 적대감이나 분노뿐 아니라 다른 사람들과의 경쟁심리 등 쉽게 받아들이지 못하는 감정을 처리하는 데 좀 더 쉽게 접근할 수 있는 유용한 도구가 된다고 하였다.

이기는 것에 지나친 집착을 하는 내담 아동의 경우, 게임을 통해 자신의 갈등요소를 직면하게 되고, 치료자와의 게임놀이치료 과정을 통해 갈등을 해결해 가면서 새로운 자기를 직면하게 된다(이영미, 2001). 이러한 내담 아동과 함께 게임을 하는 경쟁 상대자로서 치료자는 아동을 지게 하는 역할을 맡을 뿐 아니라 이기고 지는 것에 대한 감정을 표현하게 하고, 자신이 경험하는 부정적 감정이나 갈등을 인식하고 표현하게 해 주는 역할을 하게 된다. 게임에서 이기는 경험은 아동에게 유능감과 만족감을 주며, 지는 경험은 아동에게 좌절감과 화를 조절하고 다룰 수 있는 기회를 준다(Shaefer & Reid, 2010). 치료자는 게임 중에 혹은 이기거나 졌을 때 경험하는 좌절감, 화, 만족감, 기쁨 등의 다양한 감정을 언어나 태도로 적절하게 표현하여 아동에게 모델링이 된다. 치료자의 감정 표현을 보고 아동은 자신의 감정을 인식하고 표현하는 방법을 자연스럽게 배운다. 그뿐만 아니라 치료자는 아동이 경험하고 느끼는 감정과 생각에 대하여 공감하고 피드백을 주어야 한다(제경숙 외, 2016). 이를 통하여 아동의 자기 인식과 통찰력이 향상된다.

### (2) 아동의 불공정한 태도 다루기

#### ① 속임수 행동 다루기

Meeks(1970)는 게임 시 나타나는 아동의 속임수 행동을 아동이 모든 것을 다 조정하려는 전능성에 대한 소망과 현실 상황에서 이기려는 노력 사이에 나타나는 타협점이라고 하였다. 게임에서 속임수를 쓰는 아동은 빈약한 자아상을 가지고 있어 외부적으로 강요된 게임의 구조를 받아들이기는 힘이 들고, 자존감을 훼손하지 않고서는 패배를 받아들일 수 없기 때문에 속임수 행동을 하게 된다. 자유 놀이에서 공격성을 보이거나 속임수를 하는 행동은 판타지와 상징 속에서 대리물을 대상으로 이루어진다. 그러나 게임에서는 대리물이 아닌 실제 대상을 상대로 속임수 행동을 보이는 것이기에(이경옥, 2021), 아동의 죄책감, 치료자의 역전이, 현실세계에서의 부적응 문제 등이 야기될 수 있으므로 치료자가 이를 어떻게 다룰지는 매우 중요한 도전이 된다.

아동의 속임수 행동을 어떻게 다룰지에 대해서는 학자들 간 이견이 있으나(Berlin, 1986; Bellinson, 2008), 대부분의 학자는 속임수를 완전히 모른 척하고 치료자를 속이는 것을 허용하는 것은 치료적이지 않다고 보고하고 있다. 속임수를 허용할 경우 '나는 능력이 없어서 이렇게 하지 않으면 이길 수 없어.'라는 아동의 신념을 강화하게 한다.

놀이치료자는 '속임수'를 문제 행동으로 보기보다는 아동의 성격과 대처 양식의 표현으로 이해하고 이를 다루는 것이 필요하다. 놀이치료자가 아동과 게임할 때 공정하게 이기는 방법을 잘 가르쳐 주고 정당한 방법으로 이길 수 있도록 자주 조언을 해 주면 아동의 속이려는 욕구가 감소할 수 있다. 처음 시도하는 게임의 경우 연습게임을 실시하여 이 게임에서 이길 수 있는 방법들을 미리 알고 진행하게 하는 것도 아동이 공정하게 게임을 즐길 수 있도록 하는 데 도움이 될 수 있다.

또 치료자는 아동이 속임수를 쓸 때 가볍게 언급하여(예: "주사위가 3이 나왔는데

4칸을 갔어.") 아동으로 하여금 책임감 있는 행동을 할 수 있게 도와야 한다. 아동은 공정하게 진행하면서도 즐겁게 게임을 하는 것을 경험함으로써 진정한 성취감을 느낄 수 있게 된다. 그러나 이러한 방법이 잘 수용되지 않는 속이고자 하는 욕구가 강한 아동과 게임을 할 때에는 속임수 문제를 개방적으로 꺼내서 두 명의 게임자가 모두 속임수를 할 수 있다고 제안하는 것도 한 가지 방법이 될 수 있다(Schaefer & Reid, 2010).

Bellinson(2008)은 아동의 속임수 행동을 '창조적 놀이'로 보자는 제안을 하면서, 게임놀이치료에서 나타나는 아동의 속임수 행동이 아동의 내면을 표출하고 정신역동에 대해 많은 정보를 전달한다고 주장하였다. 그녀는 아동의 규칙 파괴의 유형이 놀이 밖의 현실 생활에서의 성격유형과도 일치한다고 보았다. 예를 들어, 게임을 시작하자마자 속임수를 쓰는 아동과 치료자가 앞서 나가는 좌절을 경험한 후에 속임수를 쓰는 아동의 정신역동, 자아강도, 현실 대처 능력 등이 다를 수 있으므로, 아동의 속임수 행동이 일어나는 맥락, 속임수 행동의 유형 등을 관찰함으로써 아동을 정확히 파악하고 도울 수 있는 수단으로 속임수 행동을 이해하고 치료적으로 이용해야 한다고 보았다.

아동의 속임수 행동에 대한 치료적 반응 중 '치료적 제한'도 좋은 방법이 될 수 있다. 아동의 속임수 행동에 대한 의도나 욕구는 수용하되 속임수 행동 자체에 대해서는 제한을 함으로써 비난받지 않으면서 사회적으로 적절한 태도를 취할 수 있도록 도울 수 있다[예: "선생님보다 앞서고 싶었구나(의도 · 욕구 수용). 하지만 주사위를 그렇게 바꿀 수는 없어(제한행동 언급). 주사위는 우리 둘 다 볼 수 있게 이 앞에서만 던질 수 있어."].

### ② 규칙 바꾸기 다루기

게임에서의 규칙은 일반적인 게임 전체에 보편적으로 통용되는 규칙과 특정한 게임이 진행될 수 있도록 하는 방법으로서의 규칙이 있다. 보편적인 규칙은 '순서대로 돌아가며 하기, 한 번의 기회에 한 번만 수행하기, 카드를 미리 보지 않기, 남의 카드를 훔쳐보지 않기, 타인을 방해하지 않기' 등 특별하게 명시하지 않아도 어느 게임에서나 적용되는 암묵적인 규범을 말한다. 방법으로서의 규칙은 특정 게임에 적용되는 게임의 방법을 말한다(이경옥, 2021). 놀이치료 장면에서 아동들은 보편적 규칙, 방법으로서의 규칙을 바꾸거나 지키지 않는 경우가 빈번하다.

어떤 아동은 치료자와 게임을 할 때 치료자가 성인이기에 훨씬 유리하다고 생각하지만 승리 욕구를 가지고 성인과의 관계에서의 공격성을 드러내고 유리한 상태로 만들고자 규칙을 바꾸거나 지키지 않는다. 또 어떤 아동은 자신이 가지고 있는 기질이나 성격적 특성으로 충동적이거나 자기중심적 태도를 취하면서 규칙을 어기는 경우가 있다.

이렇게 게임을 진행할 때 게임 규칙을 바꾸려면, 치료자는 무조건 아동의 요구를 들어주기보다는 바뀐 규칙이 치료자와 아동 모두에게 공정한 것인지 검토해 주어야 한다. 이렇게 할 때 아동은 정정당당하게 이기는 경험을 하게 된다. 또 게임 중간에 규칙을 수정할 수 있다는 것을 사전에 정해 놓지 않는 한, 놀이 중간에 규칙을 바꿀 수 없고, 처음에 동의한 규칙에 의해 진행된다(Shaefer & Reid, 2010). 원래 게임의 방법과 규칙을 따르는 것이 가장 바람직하나, 게임 참여자들 사이에서 합의를 하게 되면 규칙은 변경될 수도 있다. 그러나 이 변경된 규칙은 합의에 동의한 참여자들 사이에서만 적용이 되고, 적용이 가능한 시간(예: 앞으로 세 번까지만, 이번 시간에만)도 미리 합의가 되어야 한다.

## 2. 전략게임의 이해

### 1) 전략게임의 정의 및 속성

전략은 학업 수행, 업무처리 등 모든 일상에서 사용되는 인간의 타고난 자질이다. 전략은 목표를 달성하기 위한 수단이자 과정으로 계획, 분석, 의사결정, 실행 등의 능력이 필요하다. 전략에서의 성공은 경쟁 환경에 대한 깊은 이해, 자원에 대한 객관적인 평가, 효과적인 실행이 전제되어야 한다(Stone & Schaefer, 2020).

전략게임은 게임의 승패가 인지기술에 의해 영향을 받는 게임이다. 전쟁에서 이기기 위해서 전략과 전술이 발달되었고, 이를 훈련시키기 위한 체계화·조직화된 방법으로 전략게임이 탄생하게 되었다. 대표적인 전략게임인 체스, 장기 등은 귀족 자녀들에게 군사 전략을 가르칠 목적으로 개발되고 사용되었다(박성옥, 김윤희, 2020).

전략게임은 아동의 지적 강점과 약점을 관찰 평가할 수 있고, 신체게임에서 볼 수 있었던 심리적 자극 없이 상징적으로 공격성을 표현하도록 허용하고 이를 관찰하는 데에도 도움이 된다. 전략게임은 청소년들에게도 흥미를 끌 수 있어 효과적이며, 교육적 가치도 높아 놀이치료에서 광범위하게 활용될 수 있다. 전략게임은 지적 노력과 집중력, 자기통제를 포함한 자아과정을 활성화시키며, 이런 자아과정은 치료과정을 강화시킨다. 그러나 매우 복잡하고 어려운 전략게임은 인지적 노력에 치중하게 되거나 지나치게 긴장을 초래하게 되어, 실제 치료 작업을 방해할 수 있다(Schaefer & Reid, 2010). 따라서 아동의 연령, 인지적 능력, 정서 조절 능력 등을 고려하여 신중하게 게임을 선택하는 것이 치료적으로 도움이 될 수 있다.

### 2) 전략게임의 치료적 요소

전략게임을 할 때, 아동은 정보를 처리하고, 주의를 집중하고, 상호작용을 하며, 기능적 역할을 하면서 다양한 뇌의 영역을 사용하게 된다. 대뇌변연계 영역은 동기, 주의집중, 기억을 담당한다. 대뇌변연계 영역은 뇌간과 함께 작업을 하며 화나거나 두려움을 느낄 때 반응을 보인다. 게다가 소뇌는 인간의 사고와 감정이 상호작용할 때 균형을 잡아 주는 역할을 하며, 뇌량은 좌뇌와 우뇌를 연결하고 그들의 활동을 협응하도록 한다. 치료자와 함께 하는 전략게임은 아동의 여러 뇌 영역을 기능하게 하고, 발달시킨다(Siegel, 2013).

전략게임에 잠복기 아동들이 강하게 매력을 느끼는 것은 청소년기에 일어나는 전두엽의 엄청난 성장이 있기 전에 어떻게 생각하는지, 어떻게 느끼는지, 무엇을 왜 하는지, 그리고 어떻게 다르게 행동하는지를 숙고하여 자신이 아는 것에 대하여 아는(메타인지) 인간의 능력을 경험할 수 있도록 준비하는 단계이기 때문이다(O'Connor, Schaefer, & Braverman, 2018).

전략게임의 효과를 뇌발달로 설명하는 학자들은 '실행기능(executive functioning)'에 주목하고 있다. 실행기능은 전두엽의 기능으로 여겨지는 능력으로 일반적으로 목표 지향적 행동, 인지적 통제, 작업 기억, 문제해결, 전략 개발 및 실행, 정서적 자기조절 등의 능력을 의미한다. 즉, 실행기능은 상황을 평가하고, 정보를 기억하고, 정보를 조작 및 처리하고, 계획을 수립하고 실행하고, 외부 요구에 적응하고 능동적인 정신 과정을 통해 자신을 조절하는 능력으로 생각할 수 있다(Stone & Schaefer, 2020). 이러한 실행기능을 발휘함으로써 자기조절, 유연성, 다양한 상황과 기대에 적응하는 능력, 새로운 개념을 이해하고 공식화하는 능력에 큰 영향을 미친다(Baum, Schader, & Owen, 2017). 즉, 치료회기 동안 놀이치료자는 내담 아동과 전략게임을 활용하면서 상황에 대한 평가 및 이해, 정보 보유 및 처리, 계획 수립 및 실행하기, 필요에 따라 적응하기, 자기조절 능력 등의 실행기능을 관찰하고 평가하며, 이 부분을 개발하고 함양하기 위해 치료적 반응을 해야 한다.

## 3. 전략게임의 치료과정

### 1) 전략게임의 치료자 태도

#### (1) 치료자는 자신의 욕구보다는 치료적 목적에 충실해야 한다

전략게임은 우연게임과는 달리 게임 참여자의 '인지적 능력'이 승패의 원인이 되기 때문에 '경쟁심'이 더욱 자극된다. 전략게임을 활용한 놀이치료에서 치료자 스스로가 경쟁심이 크고 게임에서 이기려고 하는 욕구가 강할 때 치료에 방해가 된다. 치료자가 자신이 가지고 있는 힘을 확신하고 싶은 욕구를 가지게 되면 지나친 승부욕이 발현된다(Shaefer & Reid, 2010). 부모와 형제 등 자신의 가족과의 관계에서 경쟁 심리를 제대로 해결하지 못한 치료자는 내담 아동과의 게임에서도 자신의 욕구 충족 및 만족을 위해 게임을 치료목표를 달성하기 위한 수단으로 활용하기보다는 승리 자체를 목적으로 활용하게 된다.

놀이치료에서 치료자는 치료과정에서 나타나는 아동의 감정, 욕구, 행동 등을 민감하게 알아차리고 적절한 치료적 반응을 해야 한다. 그러나 치료자가 경쟁에서 이기고 싶은 자신의 욕구에만 집중하게 된다면 아동에게 세심한 관심을 기울이기 어렵다. 치료자는 아동이 전략게임을 진행하면서 보이는 언어와 태도를 통해 드러나는 욕구와 감정을 읽어 주고 아동의 성장과 발전을 격려해야 한다. 적절한 치료적 반응이 가능하려면 치료자는 아동의 욕구에 집중해야 한다.

치료자의 해결되지 않은 '경쟁 심리'는 아동이 승리를 위해 규칙을 어기거나 미숙한 행동을 하게 될 경우 제한을 많이 하여 치료자의 힘을 과시하는 형태로 나타날 수 있다. 또 아동이 이길 경우 적절한 감정 표현을 하기보다는 이성을 잃고 부적절하게 감정 표현을 하게 되기도 한다. 한편, 경쟁과 관련한 이슈가 건강하게 해결되지 않은 치료자의 또 다른 태도로 이기는 것을 두려워하는 것인데, 갈등이나 부정적인 감정을 직면하기 어려운 치료자가 이에 해당한다. 치료자가 이기기를 두려워하여 아동을 교묘히 속여 치료자 자신을 불리하게 만드는 경우, 아동은 결국 자신이 치료자의 속임수로 이기게 되었다고 생각하게 되고 오히려 자아존중감이 훼손될 수도 있다. 이럴 경우 오히려 성인인 치료자가 내담 아동보다는 지적 능력이 우수하므로 전략게임에서 유리할 수 있음을 우선 인정하고 아동에게 어드밴티지(advantage)를 주는 것이 공평한 방법이 될 수도 있다. 즉, 전략게임 시 게임 자체를 치료의 목적으로 보면 안 되고, 치료의 본질이 상호작용의 촉진임을 항상 명심하고 전략게임 자체를 치료적 수단으로 보고 활용하는 치료적 태도를 견지하는 것이 매우 중요하다.

#### (2) 아동의 발달을 이해하고, 치료적으로 적절한 반응을 하기 위해 노력한다

놀이치료가 필요한 아동들은 자기 확신이 부족하거나 부정적인 자아상을 가지고 있는 경우가 매우 많다. 자신이 한 인간으로 소중하고 가치 있다는 경험을 하지 못했기 때문에 사신이 우수하다는 것을 증명하고 사랑받을 만하다는 것을 알리기 위해서는 게임에서 이겨야만 하는 것이다(원광아동상담센터, 2004).

치료자는 이때 반드시 이기려고 하는 아동의 마음을 이해하고, 아동에게 치료자가 게임의 경쟁자이기는 하지만 승부보다는 게임을 공정하게 즐길 수 있게 하고 아동의 성취를 도와주려고 한다는 인식을 하도록 돕는 것이 필요하다. 예를 들어, 충동적으로 전략게임에서 불리한 작전을 짜고 실행하려는 내담 아동에게 '진짜 이렇게 하려는 거야? 다시 한번 생각해 보자. 선생님 생각에는 이쪽으로 가는 것이 너에게 더 유리할 것 같은데~' 등으로 아동이 보다 더 신중하게 생각할 수 있도록 돕는 치료적 반응이 도움이 된다.

특히 학령기 아동의 경우 규칙을 잘 알고 있고 전략게임에서 성인이 우월하다는 것을 알고 있으므로 치료자가 게임에서 불공평하게 허용적이거나 정당하지 않게 이기게 해 주면 이것을 민감하게 알아차려 분노감과 무능감을 가질 수 있게 된다. 즉, 치료자는 아동이 치료자의 기술 부족이나 실수로 이기는 것을 원하지 않는다는 것을 알아야 한다. 반대로, 치료자가 너무 규칙에 완고하면 '난 이길 수 없다.'는 무능감이 형성된다. 그러므로 치료자는 원칙은 지키지만 융통성을 가지고 아동에게 즐겁게 게임할 수 있는 방법을 알려 주어야 한다(Shaefer & Reid, 2010).

한편, 전략게임은 어른과 아동이 같은 조건에서 게임을 함께 할 수 있게 한다. 성인에게 충분한 감정을 표출할 수 있게 되고, 치료자의 태도와 감정을 아동이 보고 모방하게 된다. 치료자가 전략게임의 승패나 게임 과정 중의 상황에서 보이는 다양한 감정을 모델링할 수 있도록 치료적으로 적절하게 표현하는 것은 매우 중요하다. '열심히 했는데 지게 되니까 아쉽긴 하다.' '○○이가 이전보다 빠르게 작전 세우는 것을 보니 너무 기분이 좋았어. 축하해.' 등이 예시가 될 것이다.

또 아동이 게임의 승부와 경쟁 등에 관련하여 자신의 감정을 잘 표현할 수 있도록 돕는다. 아동은 치료자를 모델링하여 적절하게 감정표현을 하게 된다. 더불어 부정적인 감정을 표현하는 것이 수용됨을 경험함으로써 자신의 감정을 안전하게 표현하는 기회를 갖게 된다.

이러한 치료적 반응이 적절히 이루어지기 위해서 치료자는 아동과 함께하는 전략게임의 규칙과 방법을 충분히 숙지하여 능숙하게 게임을 진행할 수 있어야 하고, 여유 있게 아동의 태도와 마음을 읽고 적절한 모델링 대상이 되어 주는 효과적인 치료적 태도를 보일 수 있어야 한다.

### 2) 전략게임의 치료과정

#### (1) 초기 과정

전략게임을 활용한 놀이치료 초기에 치료자는 아동의 게임을 선택하고 진행하는 과정을 살펴봄으로써, 전략을 활용하는 능력의 실행기능과 정서를 표현하고 조절하는 수준을 확인할 수 있다. 이를 통해 치료 계획과 목표를 정할 수 있다. 초기에 아동은 치료자와의 경쟁에서 자신 없어 하는 모습을 보이기도 한다. 자신이 잘 알고 있거나 이겨 본 경험이 있는 게임만을 선택하는 아동도 있다. 게임 진행 시 전략을 유연하게 활용하기보다는 비효율적이더라도 자신이 아는 전략만 고집하기도 한다. 치료자는 아동이 치료자와의 게임에서 지나치게 긴장하거나 승패에 부적절하게 감정을 표현할 경우, 함께하는 게임을 즐기는 태도를 보여 주어 아동이 승리에만 집착하지 않도록 도울 수 있다. 또 성인인 치료자와의 게임에서 무력감을 경험하거나 쉽게 포기하지 않도록 치료자는 치료과정 중 보여지는 아동의 강점이나 긍정적인 태도를 격려하고 지지해 준다.

#### (2) 중기 과정

전략게임을 활용한 놀이치료 중기 과정에서 놀이치료자는 아동의 부정적 감정과 관계에서의 갈등이 게임 과정 중 투사되는 것을 확인하고 이를 잘 다루기 위한 치료적 반영을 해야 한다. 중기 과정에서 아동은 경쟁 관계에서의 부정적 경험을 치료자와의 관계에서 반영하여, 치료자를 언어적 · 비언어적 방법으로 공격하게 된다. 속임수 쓰기, 반칙하기뿐 아니라 패배를 인정하지 않기, 치료자의 성공을 인정하지 않거나 비아냥거리기 등의 태도를 취한다. 치료자는 아동이 이러한 태도를 일으키는 욕구나 감정을 반영해 주어, 아동이 스스로 알아차리지 못하는 자신의 내면을 마주 보게 하고 통찰하는 것을 노울 수 있다. 또한 게임의 승패나 과정에서 있을 법한 감정을 치료자가 모델링해 줌으로써 아동은 사회적으로 적절한 행동과 태도를 배울 수 있게 된다.

중기 과정에서 아동이 게임을 진행하는 동안 보이는 아동의 여러 실행기능 중 약점으로 판단되는 기능은 치료자의 시범과 기능 향상을 위해 노력하는 아동의 태도(예: 충동적으로 말을 놓으려다가 멈추고, 생각을 다시 하는 모습)를 격려하는 치료자의 태도로 향상될 수 있다.

#### (3) 말기 과정

전략게임을 활용한 놀이치료 말기 과정에서 아동들은 전략게임을 통해 자신의 실행기능을 충분히 발휘할 수 있게 된다. 능력 발휘가 충분히 이루어지게 되면서 아동은 점차적으로 자신감과 유능감을 경험하게 되고, 안정감을 경험하게 된다. 정서 조절과 표현도 안정적으로 이루어지면서 아동은 점점 사회적으로 적응해 가는 모습을 보이게 된다. 치료자는 이러한 아동의 발달과 성취를 지지하여 아동이 자신의 강점과 성장한 모습을 실제 생활에서 발휘할 수 있도록 돕는다.

## 4. 전략게임의 활용

### 1) 전략게임의 실제

#### (1) 라비린스

##### ① 게임 방법

라비린스 게임은 미로 속에서 보물을 찾아가는 게임이다. 게임판에는 고정된 길과 움직일 수 있는 길 타일이 있고 타일을 무작위로 배치한다. 하나의 남는 타일을

밀어 넣어 한 줄의 타일을 이동시킨다. 이때 새로운 길이 생기고, 이동할 수 있는 새로운 길을 얻어 이동할 수 있게 된다. 아동과 치료자는 자신이 받은 보물 카드를 얻기 위해 길을 따라 움직이게 되고 길 타일 위에 있는 보물까지 이동하게 되면 카드를 얻게 된다. 자신의 보물 카드를 다 얻고 자신의 시작 지점으로 먼저 돌아오는 사람이 승리하게 된다.

② **치료적 효과**

- **문제해결 능력 향상:** 목표하는 보물을 찾기 위해 적절하게 길을 만들고 이동하기 위해서는 타일을 밀어 넣고 나서 만들어지는 길의 결과를 예측해야 하고, 길이 끊겼을 때 연결하여 이동할 수 있게 해야 하므로, 문제를 해결할 수 있는 능력이 길러지게 된다.
- **공간 지각력 발달:** 자신이 이동해야 하는 경로를 시각적으로 예측하고, 타일로 인해 변화하는 미로를 인식하는 것이 아동의 공간적 사고를 촉진하게 한다.
- **좌절을 견디는 능력 발달:** 한 번에 길을 만들어 보물을 찾게 되는 경우도 있으나, 그렇지 못할 경우 하나의 목표를 달성하기 위해서 여러 번 시행착오를 거쳐야 할 수 있다. 실패했을 경우의 좌절감을 견디며 새로운 방법을 찾아내기 위해 부정적 정서를 추스르는 기회를 가져보게 된다.
- **타인의 생각 예측하기:** 나의 보물을 찾는 것뿐 아니라 상대방이 보물을 찾는 것을 어렵게 만드는 것도 승리를 위해 생각할 수 있는 전략이다. 상대방이 말을 움직이는 것을 보면서 어떤 보물을 찾기 위한 방향인지 유추하고, 상대방의 표정이나 말에 주의를 기울이며 다른 사람의 입장에서 생각하는 능력도 길러 보게 된다.

(2) 입체 사목

① 게임 방법

입체 사목 게임은 4개의 말을 가로, 세로, 대각선으로 먼저 연결하면 승리하는 게임으로 3차원 공간에서 진행된다. 3차원 격자로 이루어진 게임판에 치료자와 아동이 번갈아 가며 자신의 말을 놓는다. 각각 다른 색깔의 말을 사용하여, 자신의 말을 가로, 세로, 대각선으로 4개 연속 배치하면 승리한다.

② 치료적 효과

- **논리적 사고 발달:** 입체 사목 게임은 3차원 공간에서 자신의 말을 배치하는 과정 중에도 상대방의 수를 예측하고 방어해야 하므로 체계적이고 논리적인 사고가 필요하다.
- **공간 지각력과 시각적 처리 능력 향상:** 2차원이 아닌 3차원 공간에서 말을 배치해야 하기 때문에, 아동은 공간을 입체적으로 인식하고 다양한 방향에서 수를 읽어야 한다. 이를 통해 시각적 처리 능력과 공간 지각력이 발달하게 된다.
- **계획 수립 능력 강화:** 입체 사목 게임은 단순히 말을 놓는 것이 아니라 몇 차례 뒤의 상황까지 고려해야 승리할 수 있다. 아동은 단기적 계획과 장기적 계획을 세우며 목표를 이루기 위한 단계적 접근 방법을 습득하게 된다.
- **충동조절 능력 발달:** 게임판의 말을 잘못 놓으면 다시 제자리로 수정할 수 있는 여타 게임과 달리, 입체 사목 게임은 게임판을 입체적으로 사용해야 하므로 말을 한번 잘못 놓으면 수정하기가 어렵다. 따라서 아동은 신중하게 자신이 생각했던 자리에 말을 놓기 위해 노력해야 하며 충동적으로 말을 놓지 않도록 주의해야 한다.

### 2) 전략게임을 활용한 치료 사례

민준이는 초등학교 입학 후 규칙 지키기를 어려워하고 사소한 일에 감정폭발을 한다는 주호소 문제로 내원하였다. 종합심리검사에서 ADHD로 진단받은 민준이는 병원에서 약물치료도 병행하면서 놀이치료를 진행하게 되었다.

민준이는 첫 회기부터 자신이 게임을 잘한다며 다양한 보드게임을 선택하여 게임을 진행하였다. 특히 입체 사목 게임을 자주 선택하였는데, 매 회기 빠지지 않고 입체 사목 게임을 선택할 정도로 좋아하였다. 아빠와 집에서 바둑알로 오목 게임을 많이 했었기 때문에 자신이 '고수'라고 말하면서, 고수이기 때문에 순서 정하기를 할 때 가위바위보를 선택하지 않고 늘 자신이 먼저 시작하였다. 아동은 사목을 만들기 위해 자신의 말을 놓는 것보다는 치료자가 사목을 먼저 만들까 봐 두려워하며 치료자의 작업을 방해하는 것에 집중하는 편이었다. 그러다 보니 치료자가 승리하게 되는 경우가 잦았고, 그럴 때마다 아동은 "선생님이 속임수를 써서 그렇잖아요." 또는 "사실, 제가 봐준 거예요. 선생님이 너무 하수여서요."라고 하면서 치료자의 승리를 인정하지 않았다.

치료자는 입체 사목 게임을 진행하면서 민준이가 방어만 하지 않도록 "오, 이런. 민준이가 여기 대각선이 벌써 두 개가 되었네. 여기 유심히 봐야겠군." 등의 반응을 하여 아동에게 유리한 상황을 알아차리고 알려 준다든가, "음…… 내가 여기에 놓으면 세로로 두 개가 되니 가능성이 있겠어."라고 하여 아동이 게임 전체를 조망하면서 볼 수 있도록 기회를 제공하였다. 또 아동이 이기게 되면 "너무 축하해. 이번에 할 때 선생님의 수를 읽고 방어를 잘하더라." 등 아동의 강점을 발견해 주고, 아동이 지게 되면 "지난번보다 3개를 많이 놔서 우리가 아주 팽팽하게 경쟁을 했네. 선생님도 질까 봐 아슬아슬했어. 민준이가 지난 판보다 더 집중했는데 조금 아쉽겠다."라고 치료적 반응을 해 주었다. 치료자의 승패에 대한 감정 표현 및 처리를 경험한 아동은 점차 게임의 승과 패를 수용적으로 받아들이게 되었다.

또 불리하거나 유리한 상황에서 아동이 마음이 급해져서 말을 잘못 놓고는 물러 달라고 하는 경우들이 종종 생겼다. 초반에는 한 판에 세 번까지만 취소할 수 있다고 아동과 함께 규칙을 세우고, 이 안에서 규칙을 지키는 연습을 하였다. 그리고 아동이 잘못 놓으려고 할 때 치료자가 "잠깐. 잘 생각한 것 맞아? 잘 보고 말을 놓아야지 네가 불리해지지 않아."라고 언급하여 아동에게 자신의 충동성을 조절할 수 있는 기회를 제공해 주었다. 그 결과, 회기가 거듭될수록 아동의 충동성이 줄어들어 실수로 말을 놓고 취소해 달라고 하는 상황이 거의 나타나지 않게 되었다.

충동성이 줄어들고 게임을 전체적으로 조망하는 능력이 생기면서 아동이 승리하는 경우가 많아지고, 치료자는 아동의 진전과 발달을 격려해 주고 축하해 주었다. 전략게임에서의 실행기능 발달이 학교 적응에도 긍정적인 영향을 미쳐, 이전에 비해 친구들에게 별일 아닌 일로 충동적으로 화를 내며 감정 조절을 못하는 경우가 현저히 줄어들었고, 교실 내 규칙 지키기도 비교적 잘 되어 교사의 칭찬을 받았다고 치료자에게 자랑하기도 하였다.

## 참고문헌

박성옥, 김윤희(2020). **게임놀이치료: 이론 · 관찰 · 사례**. 서울: 창지사.

원광아동상담센터(2004). 게임놀이치료 워크숍 자료집.

이경옥(2021). **보드게임을 활용한 게임놀이치료의 실제**. 서울: 시그마프레스.

이영미(2001). 게임놀이치료의 이론적 고찰과 적용사례. **놀이치료연구**, 4(1), pp. 71-82.

제경숙, 이혜란, 신숙제, 박진아, 정문자(2016). **아동상담의 이해**. 서울: 학지사.

Baum, S. M., Schader, R. M., & Owen, S. V. (2017). *To be gifted and learning disabled: Strength-based strategies for helping twice-exceptional students with LD, ADHD*. Naperville, IL: Sourcebooks.

Berlin, I. N. (1986). The use of competitive games in play therapy. In C. Schaefer & S. Reid (Eds.), *Game play: Therapeutic uses of childhood games* (pp. 197-214). New York: Wiley.

Bellinson, J. (2008). **보드게임을 활용한 아동심리치료**(*Childrens Use of Board Games*). (유미숙, 이영애, 진미경 공역). 서울: 시그마프레스. (원저는 2002년에 출판).

Meeks, J. (1970). Children who cheat games. *Journal of Child Psychiatry, 9*, 157-174.

O'Connor, K., Schaefer, C., & Braverman, L. (2018). **놀이치료 핸드북**(*Handbook of Play Therapy*) (2nd ed.). (송영혜, 김귀남, 강민정 공역). 서울: 시그마프레스. (원저는 2016년에 출판).

Peller, L. E. (1954). Libidinal development as reflected in play. *Psychoanalysis, 3*, 3-11.

Schaefer, C., & Reid, S. (Eds.). (2010). **게임놀이와 아동심리치료**(*Game Play: Therapeutic use of childhood games*, 2nd ed.). (박성옥, 이정숙, 김윤희, 백지은 공역). 서울: 창지사. (원저는 2001년에 출판).

Siegel, D. J. (2013). *Brainstorm: The power and purpose of the teenage brain*. NY: Guilford Press.

Stone, J., & Schaefer, C. (Eds.). (2020). *Game Play Therapy: Therapeutic Use of Games with Children and Adolescents* (3rd ed.). John Wiley & Sons.

제6장

# 대화게임을 이용한 게임놀이치료

## 1. 대화게임의 이해

### 1) 대화게임의 정의

대화게임은 아동과 치료자 간의 대화를 통한 자기표현을 중요시하고, 쉽게 자신을 개방할 수 있도록 고안된 게임이다. 대화게임은 게임을 진행하면서 아동이 자신의 생각이나 감정 등을 언어로 표현하도록 격려하고 이를 치료적으로 활용하는 게임 유형이다(이영미, 2001).

놀이치료 회기에서 전통적인 게임을 치료에 활용하는 치료자들은 아동이 게임에만 몰입하여(주사위를 던지고, 카드를 뽑고, 말을 움직이기 등), 의미 있는 역동에 대해서 거의 관찰할 수 없다고 걱정하였다. 이에 게임을 치료적으로 활용하기 위해 치료목표에 맞춰서 특별히 만들어진 전문적 치료용 게임을 개발하게 되었다. 1970년대 이런 활동이 활발히 이루어졌는데, 말하고, 느끼고, 행동하기 게임(Talking, Feeling, Doing game: Gardner, 1973), 상호작용 분석게임(Interactional Analysis Game: Oden, 1976), 언게임(Ungame: Zalick, 1975) 등이 이 시기에 개발된 대표적 치료용 대화게임이다.

치료적으로 고안된 대화게임들은 치료실 밖에서의 아동에 대한 정보를 얻기 위해 구조화되어 있는 경우가 많다. 대화게임도 전형적인 게임의 형태를 취하고 있어, 게임 참여자가 순서대로 하고, 주사위를 던지거나 회전판을 돌리고, 카드를 뽑고, 칩을 많이 얻으면 이기게 된다. 게임을 하면서 아동은 자신의 생활이나 생각을 이야기하거나 행동으로 표현하고, 치료자는 이에 치료적으로 적절하게 반응하게 된다(Bellinson, 2008). 특히 자기 개방이 쉽지 않은 아동들이 대화게임을 통해 자신을 자유롭게 개방하고 치료적 관계를 맺도록 돕는 데 도움이 될 수 있다.

## 2) 대화게임의 특성

### (1) 비경쟁성

대화게임 카드의 질문에는 정답이 없다. 아동이 응답하는 내용은 아동의 경험과 생각, 감정을 반영하는 것이기 때문에 어떠한 대답도 허용이 된다. 치료자와 함께 응답한 내용에 대해 함께 상호작용하고 공유하는 것이 목적이기에 다른 게임들에 비하면 경쟁심이 덜 유발된다(유미숙, 1987). 물론 기본적 게임의 틀을 유지하고 있는 게임들도 많아 승패가 아예 없지는 않으나, 복잡한 게임 규칙이 있거나 승리를 목적으로 하는 게임은 아니어서 다른 게임에 비해 속임수나 규칙 어기기 등이 나타나지 않는다. 게임의 참여자들은 좀 더 게임 내용에 집중하게 되고, 원할 때까지 게임을 유지하는 것이 가능하다.

### (2) 투사

대화게임의 내용들은 아동이 '자아'를 투사하도록 고안되어 있다. 치료자는 게임의 내용을 통해 아동의 현재 문제뿐 아니라 드러나지 않았던 아동의 다양한 어려움, 생각 등에 대해 정보를 얻을 수 있다. 또한 매우 저항적이고 방어적인 아동들도 쉽게 게임에 몰입할 수 있도록 심도 깊은 카드 내용뿐 아니라 간단하고 재미있는 카드들도 함께 구성되어 있는 경우가 많다. 예를 들어, "한 발로 콩콩 뛰어 보세요." "가장 좋아하는 만화 주인공은 누구인가요?" 등이다. 단순하고 즐거운 대화를 통해 저항이 감소되고, 보다 쉽게 자기에 관한 질문에 자신의 마음을 개방할 수 있게 된다. 이를 통해 치료자는 관찰로는 알 수 없었던 아동의 마음속 깊은 곳의 생각과 느낌, 아동 스스로도 알아차리지 못하는 아동의 어려움에 대해서 알게 된다.

#### (3) 내용의 융통성

대화게임은 간략한 규칙이 있으나 정확하게 정해진 규칙을 지켜야 하는 것이 아니어서, 유연하게 활용하는 것이 가능하다. 아동의 특성, 아동이 현재 어려움을 겪고 있는 영역(인지 · 정서 · 행동 영역 등), 치료적 목적에 초점을 맞추어 게임을 융통성 있게 운용할 수 있다. 예를 들어, 아동의 불안한 마음을 다루는 것이 필요한 상황이라면, 불안과 관련한 인지적 왜곡, 이에 따르는 정서상태, 이에 반응하는 행동적 요소 등에 대해 특정하여 초점을 맞출 수 있다(카운피아 원격교육연수원, 2006).

또한 개별치료, 짝치료, 집단치료, 가족 치료에도 폭넓게 활용할 수 있다. 게임의 규칙이 단순하고 인지적 능력이 중요한 것은 아니어서 유아부터 성인까지 다양한 연령 모두에게 활용이 가능하다. 그러나 치료적 목적으로 활용할 때에는 반드시 치료자가 전문적 치료개입을 통해 활용하는 것이 중요하다. 즉, 배우기 쉬운 게임이기는 하나 치료 목적, 치료 방법 등에 대해서 치료자가 잘 알고 활용하는 것이 필요하다.

### 3) 치료적 요소

#### (1) 신속하고 친밀한 관계 형성

대화게임을 하면서 즐겁고 편안한 분위기에서 자연스럽게 자기 개방이 이루어지므로, 아동과 치료자가 더 친밀한 관계를 형성할 수 있게 된다. 아동에 대해서 치료자가 더 잘 이해하게 되어 공감적 반응을 하게 되고, 아동도 대화게임에서 알게 된 정보를 통해 치료자에 대해서 더 잘 알게 되어 관계가 더욱 깊어지게 된다. 저항이 심하고 자기 개방이 어려운 아동들도 대화게임의 구조와 유연성 때문에 쉽게 치료자와 관계를 맺게 되어 효과적으로 라포를 형성하는 데 도움이 된다.

### (2) 자아력 증진

치료자는 대화게임을 치료에 활용하면서 아동에게 긍정적인 피드백을 많이 하게 된다. 또한 게임 자체가 어렵지 않기 때문에 아동은 게임을 통해 숙달감을 경험하게 된다. 대화게임을 통해 아동은 다양한 생각과 문제해결 방법에 대해서 치료자와 이야기를 나누고 피드백을 받게 된다. 또한 단순한 규칙이나 순서 등을 지키는 경험을 하게 된다. 이를 통해 아동은 현실 감각을 갖게 되고, 치료실 외의 장소에서도 문제를 해결할 수 있는 자신감을 갖게 된다. 치료자 순서에서 치료자가 응답하는 내용을 통해서도 아동은 자신과 다른 관점이나 생각도 경험하게 되고, 자신의 순서에 대답을 하면서 자신의 행동에 대해서도 통찰을 하게 되기도 한다. 자기 인식이 증가하는 기회와 경험을 대화게임을 통해 얻게 된다.

### (3) 감정의 정화

감정을 억압하거나 적절하게 표현하기 어려운 아동들은 자신의 감정을 직접적으로 표현하기 어렵다. 대화게임은 심리역동을 표현하기 어려운 아동들이 분노, 좌절, 실망 등의 부정적인 감정도 카드 내용에 대답하면서 자연스럽게 표현할 수 있게 한다. 치료자의 수용이나 모델링을 통해서 감정의 표현이 격려되고, 창조적이고 즐거운 방식으로 무의식에 억압되어 금지된 충동이 발산될 수 있다. 즉, 아동의 공격성은 구조적인 놀이활동을 통해 건설적인 욕구로 승화될 수 있다.

### (4) 창조성 표출

아동의 창의성과 자신의 생각이 수용되는 방식으로 대화게임이 진행되기 때문에 창조적 에너지는 대화게임을 통해 아주 쉽게 표현된다. 아동은 새로운 상황에 직면하게 되었을 때 호기심을 가지고 다양하게 탐색하게 되는데, 대화게임에서는 이런 다양한 반응을 모두 수용할 수 있기 때문에, 아동의 창조성은 자유롭게 표출될 수 있다. 이처럼 자유롭게 표현할 수 있는 것은 아동에게 매우 가치가 있다.

#### (5) 집단놀이에서의 활용

대화게임은 집단치료에서도 쉽게 사용될 수 있다(카운피아 원격교육연수원, 2006). 다른 참여자의 이야기를 경청하면서 타인의 생각이나 감정을 이해하고 수용하는 과정을 통해 아동은 타인에 대한 조망을 넓히고 공감력을 증진시킨다. 함께하는 과정을 통해 아동의 협동하는 행동이 강화되고 사회적 기술이 발달될 수 있다. 짝치료, 사회성 기술 집단, 가족 치료, 형제 치료 등에서 다양하게 활용이 가능하다.

## 2. 대화게임의 치료과정

### 1) 대화게임의 치료자 태도

놀이치료자는 아동이 자신의 감정과 생각을 언어로 표현할 수 있도록 편안하고 허용적인 분위기를 만들어야 한다. 아동이 언어로 표현하는 내용에 치료자는 격려하고 적극적으로 지지를 해 주어야 하는데, 이를 통해 아동은 어떠한 내용을 말해도 괜찮다는 안심을 하게 되어 솔직하게 자신을 드러내게 된다.

또한 아동이 표현하는 직접적인 어려움이든, 직접적으로 표현하지 않는 어려움이든 간에 그것을 편안하게 드러낼 수 있도록 치료자는 적절한 순간에 치료적 반영이나 질문을 하여 아동이 스스로 자신의 어려움이나 문제를 볼 수 있도록 도와주어야 한다(이영미, 2001). 놀이치료자가 아동을 평가하거나 비난하지 않는 수용적 태도를 취하고 있음을 아동이 알아차린다면 아동은 안전한 상태에서 자신의 상황을 객관적으로 볼 수 있게 되고, 이러한 통찰을 할 수 있게 치료자가 도울 수 있다.

지나치게 억압적이거나 자신을 개방하는 데 어려움이 있는 아동에게 치료자는 적절하게 자신을 표현하는 것을 보여 주는 모델이 되어, 자극제 역할을 해야 한다. 치료자가 자기 자신을 노출시키는 데 부자연스럽거나 주저하게 되면 아동 역시 흥미를 느끼기가 어렵고 자기 노출을 꺼려 할 수 있다. 그러므로 치료자도 게임에 흥미를 가지고 자신을 솔직하게 개방할 수 있어야 한다. 즉, 치료자는 아동에게 표현하는 과정에 대한 모델이 되고 사고와 감정을 탐색하는 데 있어서 동반자로서의 역할을 하게 된다.

따라서 치료자의 대답은 치료적이어야 하므로 치료자는 아동 문제에 대한 사전 지식을 가져야 하며, 이 사전 지식이 치료자가 해야 할 반응의 지침이 될 수 있다. 치료자의 순서를 현명하게 활용해야 한다. 치료자는 아동의 최고 관심사를 잘 알고 반응할 수 있어야 한다. 치료자의 순서에서 치료자의 개인생활에 대한 응답을 해야 할 때도 있다. 치료자는 각 질문에 솔직하게 대답해야 하나 무분별해서는 안 된다(Schaefer & Reid, 2010). 치료자의 응답은 아동의 상황이나 어려움과 관련이 있어야 하며, 솔직하게 응답한다 하더라도 치료자 자신의 사생활이나 비밀을 드러낼 필요는 없다. 아동과 같은 연령 당시의 치료자의 과거 경험이나 아동과 관련이 있는 치료자의 경험을 이야기하는 것이 치료적으로 적절하다.

이때 치료자는 아동의 욕구에 반응을 맞추면서 문제에 대한 해결책은 지시하지 않는 것이 좋다(Bellinson, 2008). 문제를 해결하는 방법보다는 그 문제를 만났을 때 경험하는 사람의 다양한 감정들, 예를 들어 실패에 대한 두려움, 다른 사람에 대한 질투심, 해내었을 때의 성취감 등 다양한 감정을 치료자가 진솔하게 드러내고, 아동들이 이러한 자신의 감정을 수용하고 표현할 수 있게 한다. 이를 통해 아동이 직접 자신만의 효과적인 문제해결 방법을 만들어 갈 수 있도록 토론과 탐색의 단초가 될 수 있게 한다.

## 2) 대화게임의 치료과정

### (1) 초기 과정

대화게임을 활용한 놀이치료의 초기 과정에서 놀이치료자는 내담 아동의 행동양식, 능력, 갈등과 대처양식 등에 대한 진단적 정보를 얻게 된다(신숙재 외, 2000). 이 시기의 아동은 자신에 대한 인식과 통찰이 잘 이루어지지 않으며, 게임의 질문에 익숙하지 않아 미숙한 대답을 하거나 자기 노출을 편안하게 하지 못할 수 있다. 치료자는 아동의 상황과 어려움에 대한 사전 지식을 가지고 함께 게임에 임하는 것이 좋으며, 아동의 관심사나 흥미에 초점을 두고 반응하여 아동이 게임에 흥미를 가지게 해야 한다. 초기 과정에서 치료자는 아동이 부담스럽지 않게 자기 공개와 표현을 편안하고 즐겁게 하면서 아동의 관심과 흥미를 동기화시킬 수 있어야 한다.

(2) 중기 과정

대화게임을 활용한 놀이치료의 중기 과정에서 놀이치료자는 아동의 갈등과 심리역동적 상태를 탐색할 수 있는 게임이나 대화 카드를 선택하여 아동이 자신의 어려움과 무의식적 갈등을 드러내고 탐색할 수 있도록 한다. 초기 과정보다 좀 더 심도 깊게 자신의 문제를 개방하고 치료자와의 진솔한 상호작용을 통해 자신에 대해서 직면하게 된다. 저항이나 방어가 심한 아동일수록, 자아강도가 약할수록, 이러한 직면이나 깊이 있는 탐색을 어려워할 수 있다. 아동의 통찰 과정 동안 치료자는 통찰이 잘 이루어질 수 있도록 수용적이고 적절한 치료적 반응을 하는 것이 중요하다. 더불어 치료자가 아동의 어려움에 적절한 자기 경험을 개방하여 아동이 자신의 상황을 타인의 상황과 비교하거나 객관적으로 들여다볼 수 있게 기회를 주는 것이 중기 과정에서 이루어질 수 있다.

(3) 말기 과정

대화게임을 활용한 놀이치료의 말기 과정에서 아동은 자신의 감정과 행동을 보다 더 개방적으로 토의하기 시작한다. 스스로에 대한 성숙한 통찰 과정을 통해 자아 인식이 더욱 긍정적으로 변화되고 적절하게 자신의 생각과 감정을 표현할 수 있게 되며, 조망수용 능력도 향상되어 실제 생활에서 더욱 적응적인 모습을 보이게 된다.

## 3. 대화게임의 활용

### 1) 대화게임의 실제

#### (1) 말하고, 느끼고, 행동하기 게임

**① 게임 방법**

말하고, 느끼고, 행동하기 게임은 Gardner(1973)가 치료용으로 특별히 개발한 게임이다. 주사위를 던지고 말을 움직이며 칩을 얻는 전형적인 보드게임의 형식을 하고 있으나, 카드의 내용에 응답함으로써 치료적으로 활용할 수 있는 의사소통이 가능하게 고안되어 있다. 게임을 하면서 아동들은 자신의 생활 또는 상상한 것을 이야기하거나 행동으로 표현하고, 치료자는 적절한 반응을 할 수 있게 된다. 치료자는 아동이 게임을 통해서 이야기하고 있는 모든 것을 이해하고 공감할 수 있으며, 수용하고 재구조화하게 된다. 보다 깊이 있고 넓은 영역에서 토론하게 될수록 치료 가치의 가능성은 점점 커진다.

게임의 핵심은 각 카드에 따른 지시문에 있다. 말하기 카드는 인지적이고 지적인 범위에 기초하는 것들을, 감정카드는 아동의 정서문제에 관한 이슈를, 행동 카드는 신체활동이나 놀이행동을 포함한다.

**② 치료적 효과**

- **관계 형성:** 카드 내용에 응답하는 내용을 치료자에게 수용받고 공감받는 경

험을 통해 아동은 치료자를 깊이 신뢰하게 되고, 치료자가 응답하는 내용을 통해 아동은 치료자와의 공감대를 형성하게 된다. 이를 통해 아동과 치료자는 치료적 동맹을 견고히 맺게 된다.

- **의사소통 능력 향상:** 게임을 진행하면서 아동은 다른 사람이 이해할 수 있도록 자신의 생각이나 감정을 적절하게 표현하는 기회를 자주 가지게 된다. 또한 치료자 또는 다른 참여자의 응답을 주의 깊게 듣고 이에 반응하는 연습을 하게 되어 의사소통 능력이 증진될 수 있다.
- **감정 인식 및 표현:** 자신의 차례에서 감정과 관련한 응답을 하게 되면서 평소 생각하지 못했던 감정에 대해서 알아차리게 되고, 상황에서 경험할 수 있는 감정을 표현할 수 있는 기회를 갖게 된다. 치료자의 공감 반응을 통해서 자신의 감정에 대해서 확신하게 되고, 치료자나 다른 참여자가 표현하는 감정에 대해서 경청하면서 자연스럽게 학습하게 된다.
- **문제해결 능력 향상:** 다양한 상황에 대한 질문에 응답하게 되면서 사회적으로 적절한 문제해결 방법을 생각해 보게 되며, 이를 실제 생활에서 적용할 수 있게 된다.

### (2) 게임 속의 이야기

#### ① 게임 방법

게임 속의 이야기 게임은 Gardner(1971)가 만든 스토리텔링 게임이다. 아동의 환상이나 억압된 무의식에 더 건강한 방식으로 적응하고 이를 해결하도록 소개함으로써 다양한 아동의 심리적 문제를 다루도록 고안된 게임이다. 게임의 배경판들은 아동의 실제 생활이나 경험할 법

한 장면으로 구성되어 있고, 등장인물들은 다양한 연령과 직업군으로 구성되어 있다. 게임의 참여자는 회전판을 돌려 배경판을 선택하고, 주사위를 던져 나온 숫자 범위 내에서의 등장인물을 선택한다. 선택된 배경과 인물로 이야기를 자유롭게 만들어 내면 된다.

② **치료적 효과**

- **억압된 무의식의 건강한 표출:** 아동이 만든 이야기에는 아동의 무의식이나 환상이 투사될 수 있다. 평소에는 드러나지 않는 아동의 내면 이야기가 게임이라는 형식과 그림의 자극으로 편안하게 표현될 수 있다. 치료자나 다른 참여자의 이야기에도 촉진되어 자연스럽게 드러날 수도 있다.
- **문제해결 능력 향상:** 다양한 이야기 속의 사건들을 만들어 보고 어떻게 해결할지를 탐색하고 연습할 수 있는 기회가 제공된다.

### 2) 대화게임을 활용한 치료 사례

초등학교 5학년인 민아는 매사에 무기력하고 아침마다 학교 가기를 힘들어한다는 주호소 문제로 방문하였다. 아동의 종합심리검사 결과, 지능은 평균이었으나 시공간 영역이 현저히 낮은 불균형한 인지가 시사되었고, 정서적으로는 불안 수준이 매우 높은 것으로 나타났다. 내담 아동은 어릴 때부터 교육기관에서 규칙을 잘 지키고 모범적이어서 교사들에게 인정받는 편이었다. 학교에서의 모습과 가족들과 함께 있을 때의 모습은 달랐다. 가족들과 함께 있을 때에는 자신이 생각한 규칙을 강박적일 정도로 지키려 하고 가족들이 지키지 않으면 견디기 힘들어하고 화를 내는 편이었다. 학교에서는 다른 아이들이 규칙을 지키지 않는 것에 화를 내거나 뭐라고 하지는 않는 편이라고 하였다.

민아에게 치료자가 학교 생활이나 가족과 관련한 일, 친구 관련한 일 등에 대해서 궁금해하거나 주호소 문제와 관련한 사건들을 탐색하려고 하면 거의 대부분 “별일 아니에요." 또는 "그렇게 힘들지는 않아요."라고 하면서 자신에 관한 이야기하기에 저항하였다. 치료 회기 동안 주로 텀블링 몽키즈, 뱀사다리 게임 등 크게 어렵지 않게 해볼 수 있는 게임들을 선택하였고, 게임 자체는 즐겁게 진행하였으나 승패와 관련해서는 감정 표현을 거의 하지 않았다.

4회기에 게임 선반에서 [게임 속의 이야기]를 선택하고 치료자에게 게임 방법을 들은 후 "이 게임은 게임 같지가 않네요."라고 하였다. 아동의 순서에서 배경판을 한참 고민하더니 골목길 배경을 선택하였다. 주사위가 1이 나오자 또 신중하게 등장인물을 하나하나 살펴본 후 어린 남자 아이를 선택하였다. 아동이 만든 이야기는 "1학년 남자 아이인데 학교에서 집으로 가는 길을 잃어버렸어요. 너무 무서웠어요. 다행히 집을 찾아가기는 했는데 시간이 오래 걸렸대요. 이 이야기의 교훈은 '당황하지 않는 것이 중요하다'는 거예요."였다. 치료자는 "아동이 당황해서 더 헷갈려서 길 찾기가 어려웠구나. 그런데 누군가에게 도움을 청할 수는 없었는지 궁금하네." 라고 하자 아동은 "이 아이는 모르는 사람한테 말을 거는 것도 무서워하는 편이어서 그럴 수가 없었대요."라고 대답했다. 아동은 낯선 곳이나 낯선 상황에서 두려움을 느끼고 문제해결을 잘하지 못하는 자신의 상황을 이야기 속에서 드러내었다.

몇 회기가 지난 후 [감정카드]를 선택하고 '외롭다'라는 감정단어가 나오자 "요즘 학교에서 조금 외로울 때가 있어요. 한 명 같이 다니는 친구가 다른 친구 욕을 저한테 해요. 그런데 쉬는 시간이나 점심시간에 그 욕했던 친구가 있는 무리에 자주 가서 저 혼자 있게 될 때가 있어요."라며 실제로 자신의 어려운 학교 생활에 대해 솔직하게 이야기하였고, 치료자는 아동이 느끼는 감정에 대해서 공감해 주었다. 그 이후 아동은 학교나 가정 생활에서 자신이 경험하는 어려움들에 대해서 이전보다 훨씬 진솔하게 이야기하게 되었다. 치료자와 이야기를 나누는 과정에서 아동은 자신의 문제해결 능력을 확인하고 자신감을 가지고 학교 생활에 적응하기 시작하였다. 더불어 학교에서 처하는 불편한 상황에서 이전에는 대처하지 못하고 자기 주장을 하지 못해 참고만 있었으나 치료자와 이야기를 나누면서 직간접적으로 연습했던 '자기표현'을 적절하게 하게 되면서 학교 생활에서의 무기력감이 많이 감소되었다.

## 참고문헌


신숙재, 이영미, 한정원(2000). **아동중심놀이치료**. 서울: 동서문화원.

유미숙(1987). **놀이치료 이론과 실제**. 서울: 상조사.

이영미(2001). 게임놀이치료의 이론적 고찰과 적용사례. **놀이치료연구**, 4(1), pp. 71–82.

카운피아 원격교육연수원(2006). 놀이치료–놀이로 풀어보는 아이들의 마음.

Bellinson, J. (2008). **보드게임을 활용한 아동심리치료**(*Childrens Use of Board Games*). (유미숙, 이영애, 진미경 공역). 서울: 시그마프레스. (원저는 2002년에 출판).

Gardner, R. A. (1971). *Therapeutic communication with children: The mutual storytelling technique*. New York: Aronson.

Gardner, R. A. (1973). *The talking, feeling and doing game*. Cresskill, NJ: Creative Therapeutics.

Oden, T. (1976). *The transactional analysis game*. New York: Harper & Row.

Schaefer, C., & Reid, S. (Eds.). (2010). **게임놀이와 아동심리치료**(*Game Play: Therapeutic use of childhood games*, 2nd ed.). (박성옥, 이정숙, 김윤희, 백지은 공역). 서울: 창지사. (원저는 2001년에 출판).

Zalick, R. (1975). *The ungame*. Anaheim, CA: Ungame.

제7장

# 발달장애 아동을 위한 게임놀이치료

이 장은 발달장애와 자폐 스펙트럼 장애(Autism Spectrum Disorder: ASD)를 가진 아동들을 대상으로 한 게임놀이치료에 대해 이해하고, 임상 장면에서 보다 적절히 적용하기 위한 것이다. 일반적으로 자폐 스펙트럼 장애, 발달장애, 신경발달장애, 발달 이상 등의 용어가 같은 의미로 혼용되어 사용되고 있으므로 이 장에서도 이 용어들을 같은 의미로 사용하도록 하겠다. 발달장애 아동을 다루는 치료자들은 복합적 장애인 발달장애와 관련된 많은 양상에 대해 철저한 교육을 받아야 한다. 이는 발달장애에 대한 진단, 일반적 증상, 치료 접근법, 아동과 부모, 가족에게 미치는 영향까지 광범위하다. 각 발달장애에는 독특한 특성과 어려움이 포함되어 있으므로 특정 발달장애에 대해 잘 알고 치료적 개입을 시작하는 것이 필수적인 부분이다. 아울러 발달장애 아동의 특성과 기능은 아동마다 다르므로 게임놀이치료의 실제 적용은 이 장의 설명을 기본으로 하되, 치료자가 아동 개개인의 특성을 고려하여 각 아동에게 가장 적절한 방법이 되도록 발전시킬 수 있다.

## 1. 발달장애 아동을 위한 게임놀이치료의 이해

자폐 스펙트럼 장애(ASD)는 아동의 행동을 관찰하고 다양한 검사, 평가, 심리검사 이후『정신장애 진단 및 통계 매뉴얼(DSM-5)』에 근거하여 전문가가 진단을 내린다. 이 과정에서 간단한 선별 도구로서 부모가 작성하는 아동기 자폐증 평정 척도(CARS), 자폐증 진단 관찰 스케줄(ADOS-2), 자폐 행동 체크리스트(ABC), 사회적 의사소통 설문지(SCQ) 등도 보조적으로 활용한다. ASD는 신경발달장애로 다양한 환경에서 사회적 의사소통의 어려움과 사회적 상호작용의 결함이 나타난다. ASD 아동은 다양한 맥락에서 사회적 의사소통과 상호작용의 지속적인 결함을 보이며 관계의 발전 및 유지, 그리고 관계에 대한 이해에 있어 결함을 보인다. 또한 제한적이고 반복적인 행동, 관심, 활동을 보인다. ASD의 단일 원인은 알려진 바 없으나, 조기 진단과 개입이 예후에 큰 영향을 미친다는 사실은 잘 알려져 있다.

ASD는 그 증상의 강도가 심각한 것에서 매우 가벼운 것까지 다양하기 때문에 스펙트럼 장애로 간주된다. ASD 진단을 받게 되면 일상생활에서 얼마나 많은 지원이 필요한지에 따라 지원이 필요한 수준(1단계), 많은 지원을 필요로 하는 수준(2단계), 상당히 많은 지원을 필요로 하는 수준(3단계)으로 분류된다. ASD 아동들이 비슷한 문제 영역을 가지고 있을 가능성은 높지만, 장애의 심각성과 다른 특징(상동행동, 미숙한 소근육, 보통 지능, 과다 발화 혹은 과소 발화)의 존재 유무는 다양하게 나타난다(Coplan, 2010). 이와 같이 발달장애 아동은 대부분 다양한 증상을 나타낸다. 그러나 일반적으로 다른 사람과 의사소통하고 상호작용하는 것에 어려움이 있다. 아울러 언어 학습 및 발달 지연, 눈 맞춤 및 대화의 어려움, 추론 및 계획과 관련된 실행기능의 어려움, 편협하지만 강렬한 관심사, 낮은 운동 능력, 감각적 민감성 등의 특징이 나타날 수 있다.

발달장애 아동의 놀이 특성은 상징놀이를 하는 것이 어렵고, 혼자 노는 것을 선호하며, 감각 자극을 기반으로 한 장난감을 선호하는 경향을 보인다. 또한 놀이가 반복적이고 틀에 박힌 특성을 나타내며, 상호작용하는 것이 어려울 수 있다. 이는 공동 주의력(두 개인이 하나의 대상에 집중하는 것)과 마음 이론 기술(타인이 나와 다른 신념, 감정, 관점을 가질 수 있다는 이해)의 부족에서 기인하며, 성공적인 또래 상호작용을 방해하는 요인이 된다.

자폐 스펙트럼 장애(ASD) 아동은 일반적으로 가상놀이, 상상놀이 등 상상을 활용하는 놀이를 하는 것이 어렵고, 역할놀이 혹은 집단놀이 참여에 어려움을 겪는다. 이는 ASD 아동이 가상, 상징, 은유의 개념을 이해하는 신경학적인 과정이 부족한 것에서 기인한다(Grant, 2017b). 이들은 가지고 있는 상호작용 욕구에 비해 사회적 상호작용 기술이 부족하여 상호작용에 대한 대부분의 시도가 성공적이지 못하고, 오히려 대인관계의 어려움이 추가적으로 나타나기도 한다.

DSM-5에서 신경발달장애에 포함되는 지적장애는 인지기능 및 일상 적응기능에 심각한 제약이 있는 상태를 말한다. 지적장애는 지적 기능의 결함, 적응기능의 결함이 발날 기간 중 시작되며 개념적, 사회적, 실용적 세 가지 영역에서 결함의 심각도를 평가하여 진단한다. 따라서 지적장애 아동은 추론, 문제해결력 등의 인지기능부터 가정, 학교, 직장 등의 환경에서 의사소통, 사회적 참여, 독립적 생활 같은 일상을 영위하는 능력에 제약을 보이며, 규칙 준수하기, 사회적 역할 수행, 대인관계 능력, 자기 관리 기술 등의 적응기능에서 결함을 보인다. 이러한 결함들은 아동의 욕구, 관심과 흥미를 낮추고, 집단 및 놀이활동에 자발적으로 참여하려는 의욕을 낮추기 때문에 타인에 대한 의존성이 높고 사회적 기술 발달의 어려움에 영향을 미친다. 뿐만 아니라 또래관계에서 학습될 수 있는 언어 및 정서 발달영역에서 부적응을 나타내며 낮은 자존감의 어려움을 경험할 수 있다. 이와 같이 지적장애 아동은 지적 수준의 결함으로 인하여 사회적 기술을 습득 · 획득할 수 있는 능력과 경험이 부족하다. 이로 인해 사회적으로 상호작용하지 못하여 소외되고 혼자 노는 경우가 많아져 자아존중감 저하, 고립감 등의 정서적 · 심리적 어려움을 겪기 쉬우며 이에 따른 사회 적응의 어려움도 경험하게 된다.

이처럼 흔히 발달장애 아동에게 나타나는 어려움은 사회적 기술, 놀이 기술, 감정 조절 능력의 부족이라고 할 수 있다. 이에 따라 발달장애 아동에 대한 놀이치료의 영역은 크게 정서 조절, 사회적 기술과 기능, 관계 맺기와 관계 발달로 분류되고 이에 대한 목표를 갖고 개입하게 된다. 따라서 발달장애 아동을 위한 게임놀이치료 역시 발달장애 아동의 손상된 사회적 기술과 기능, 정서 조절, 그리고 적절한 관계 맺기에 초점을 두고 적용되어야 한다.

발달장애 아동을 위해 제시되는 놀이 기반 개입은 간단한 설명, 적은 수의 놀이 도구, 다양한 환경에서 쉽게 실시, 특정 기술의 습득을 목표로 하여 고안되었다(Grant, 2017b). 발달장애 아동들에게 게임놀이치료를 적용할 때도 이와 같은 개입 방법을 염두에 두고 시행되어야 한다. 발달장애 아동들은 설명이 길고 복잡하거나 개입을 끝내는 데 너무 많은 단계가 있다면 그 개입에 잘 집중하지 못하고 잘 참여하지 못할 수 있다. 또한 발달장애 아동은 장난감이나 재료들이 너무 많을 때 주의가 산만해지고 과잉각성이 될 수 있다. 한편, 다양한 환경, 즉 놀이치료실, 학교, 가정 내 환경 등에서 쉽게 실시할 수 있도록 하는 것이 필요하다. 그리고 특정 아동이 어려움을 겪고 있는 기술 결함이나 문제를 해결할 수 있도록 계획을 세워야 한다. 더불어 게임놀이를 시행할 때 가능하다면 사회성, 정서 조절, 불안 감소, 감각 처리, 관계 맺기 등의 요소를 하나 이상 결합하여 개입하는 것이 긍정적이다. 예를 들어, 픽업스틱(pick up sticks: 전통놀이 산가지 도구와 유사함)을 발달장애 아동에게 사용하는 경우 감정 픽업스틱으로 고안할 수 있는데, 일반적인 픽업스틱의 규칙에 따라 게임을 하면서 들어 올린 막대의 색깔에 따라 할당된 감정 목록 중 하나를 선택하여 이야기를 나눌 수 있다. 이 기법은 아동이 정서를 인식, 이해하고 표현하도록 하면서 언어적 상호작용뿐 아니라 소근육 기술에 대해 작업한다. 일반적으로 치료자는 심리교육 모델을 사용하며 아동에게 새로운 기술을 가르치는 것에 융통성을 가져야 한다.

발달장애 아동은 자연스러운 사회적 상황에 노출되는 것만으로는 연령에 맞는 놀이와 사회적 상호작용을 배울 가능성이 낮다. 따라서 적절한 놀이와 사회적 기술을 가르치기 위한 보다 구조화된 개입이 필요하다. 게임놀이치료는 ASD 아동에게 사회적 맥락을 제공할 수 있는 하나의 구조화된 개입이 될 수 있다(Baker et al., 1998; Koegel et al., 2012). ASD의 진단 기준 중 하나는 사회적 놀이나 게임에 적극적으로 참여하지 않는 등 사회적 상호성의 결여를 포함한 사회적 상호작용의 질적 손상이다. 구조화된 게임놀이는 아동들이 상호작용하고 우정을 쌓는 데 도움이 될 수 있는 일반적인 방법이기 때문에 ASD 아동이 구조화된 게임을 하도록 가르치는 것은 중요하다(Oppenheim-Leaf, Leaf, & Call, 2012). 게임놀이치료를 통해 순서 따르기, 승패에 대한 적절한 반응, 듣기, 규칙 따르기, 지시 따르기, 유연성 향상 등을 배울 수 있다. 또한 사고 능력, 실수에 대한 수용, 집중력과 주의력 강화, 소근육 능력 향상, 다양한 감정적·사회적 기술 등도 학습할 수 있다. 게임놀이 같은 구조화된 놀이는 놀이활동을 구성요소로 체계적으로 나눌 수 있으므로 아동이 언어, 사물, 행동을 조직화하는 과정이기도 하다(Moor, 2008). 게임놀이치료는 아동이 각 단계의 의미, 기대, 활동에 대해 해석하고 의미를 부여할 수 있는 능력을 가질 수 있도록 매우 간단한 단계로 구조를 제공해 준다.

사실, 발달장애 아동은 감각통합의 문제, 언어발달 문제, 미숙한 대소근육 협응 문제, 아동에게 과도한 사회적 구성요소 등으로 인해 게임놀이에서 제외되는 경우가 많다. 발달장애 아동은 게임놀이의 기술을 습득하기 위해 게임의 연습이 필요하며, 이를 통해 또래와 사회적 상호작용을 할 수 있다(Delaney, 2010). 또한 발달장애 아동은 사회적 놀이 기술을 발전시킬 수 있는 기회가 필요하다. 게임놀이를 통하여 아동이 혼자 놀이나 병행놀이보다 자신의 세계에서 타인을 받아들이고 타인과의 공동 활동에 적극적으로 참여할 수 있게 해 준다. 사회적 게임은 아동이 상호 관계를 형성하고 참여하는 데 도움이 되는 모방 기술과 순서 지키는 기술을 향상시키는 데 도움이 될 수 있다(MacDonald & Stoika, 2007). 학자들은 ASD 아동이 사회적 놀이를 어려워하기 때문에 사회적 거부로 이어지고 또래들에게 지속적으로 놀이 접근을 거부당하여 사회적·정서적·학업적 어려움을 겪을 수 있으며, 실용적인 사회적 기술의 부족으로 인하여 또래에게 거절당하고 따돌림을 당하게 될 수 있다고 하였다(Brady, Gonzalez, Zawadzki, & Presley, 2011; Cross, 2010). 게임놀이는 사회적·실용적 기술 결함을 연습하고 개선하는 기회를 제공한다. 게임놀이를 통해 교대로 대화에 참여하기, 질문과 대답할 시기 알기, 비언어적 단서에 적절히 반응하기, 유머 이해하기, 적절한 눈 맞춤 및 신체 자세 유지하기, 상황에 적절한 대화 기술 유지하기 등을 연습할 수 있다.

여러 연구에서 ASD 아동을 위해 다양한 놀이치료 접근법을 활용하는 것이 긍정적이라고 보고된다. 다양한 접근 방식에는 통합 모델, 아동 중심 놀이치료, 은유적 놀이, 인지행동 놀이치료, 게임 및 레고 놀이가 포함된다. 이를 통해 사회적 · 정서적 기능을 향상시키고, 행동 문제와 불안을 줄이고, 감정 조절 능력을 향상시킨다(Gallo-Lopez & Rubin, 2012). Grant(2015)는 치료놀이(Booth & Jernberg, 2010) 및 발달놀이치료(AutPlay Therapy: Grant, 2017a)처럼 가족과 함께 하는 접근법에도 종종 게임과 놀이가 포함된다고 하였다. 발달놀이치료는 구조화된 게임놀이를 포함한 놀이치료 방법론을 통합하는 방식으로 고안되었는데, 이 기법의 구조화된 개입 단계에서는 여러 가지 게임놀이 개입이 활용될 수 있다. 게임놀이 개입은 아동의 특별한 요구 사항을 해결하기 위해 개별화된 방법을 사용할 수 있으며, 일반적으로 아동의 발달과 기능에 관해 평가한 후 최선의 결과를 도출할 수 있도록 개입에 적용한다.

많은 연구에서 게임과 게임놀이를 통해 발달장애 아동의 어려움이 개선되었다는 것이 입증되었다(Barry et al., 2003; Barton et al., 2018; Betz, Higbee, & Reagon, 2008; Satsangi & Bofferding, 2017). 게임놀이 중재를 통하여 다양한 맥락에서 ASD 아동의 기술 결함을 개선할 수 있다고 보고된다. 게임놀이를 통해 사회적 기술을 개발하고 집단 상황에서 불안을 극복할 수 있도록 하며, 타인과 협력하는 방법을 학습하고, 놀이 기술을 향상시킬 뿐 아니라 또래와 협동하는 놀이를 증가시킨다고 하였다(Davis-Temple, Jung, & Sainato, 2014; Guivarch et al., 2017). 발달장애 아동의 기술 결함을 해결하기 위해 매력적인 게임놀이를 도입하는 것은 발달장애 아동과 가족의 삶을 변화시키는 데 무한한 가능성이 있는 방법이 될 것이다.

## 2. 게임의 치료적 활용

발달장애 아동들에게 게임놀이치료를 활용할 때 아동의 발달 수준과 능력에 맞는 게임을 선택하는 것이 중요하다. 혼자 할 수 있는 게임도 있지만, 대부분의 게임에는 두 명 이상이 필요하다. 또한 게임은 아동의 관심을 수용하거나 통합해야 하며 기술 향상이나 치료 목표를 다루어야 한다. 일부 ASD 아동은 이전에 해 본 경험이 없거나 다른 사람이 참여하는 게임을 할 때 압도되거나 조절 장애를 보일 수 있다. ASD 아동과의 게임놀이를 성공적으로 도입하고 구현하기 위한 12가지 전략은 다음과 같다(Stone & Schaefer, 2020).

① 아동의 발달 및 기능 수준에 맞는 게임을 찾는다.
② 아동의 관심 분야에 맞는 게임을 찾는다.
③ 아동에게 게임을 보여 주고 기본 아이디어를 설명하면서 게임을 소개한다. 게임의 재미와 흥미로운 부분을 강조한다.
④ 사용될 재료나 게임 도구를 아동에게 소개하고 게임에서 어떻게 사용될 것인지 설명한다.
⑤ 게임이 어떻게 진행되는지에 대한 간단한 예나 역할극을 완성한다.
⑥ 게임을 시작하기 전에 아동에게 궁금한 점이 있는지 물어본다.
⑦ 게임이 시작되면 아동이 경험할 수 있는 혼란이나 괴로움이 있는지 모니터링한다.
⑧ 아동이 게임에 적절하게 참여하는 방법을 모델로 삼는다.
⑨ 게임놀이를 통해 아동이 원하는 기술, 반응, 행동을 형성한다.
⑩ 게임의 각 단계 또는 과정에서 아동이 게임 기술을 배우고 게임을 계속 진행할 수 있도록 돕는다.
⑪ 아동을 격려하고 교정할 때에도 게임놀이를 긍정적이고 재미있게 유지한다.
⑫ 게임이 완료되면 치료 목표 달성의 효율성, 게임을 성공적으로 진행하는 아동의 능력, 게임에 대한 아동의 즐거움, 수정 또는 조정이 필요한 부분을 평가한다.

### 1) 보드게임

게임놀이치료에서 보드게임을 사용하는 경우는 빈번하다. 경쟁적 요소가 있는 보드게임과 의사소통 및 대화 등 언어적 상호작용을 위한 보드게임 등이 모두 활용되고 있다. 주로 대화를 위한 게임의 경우에도 아동의 흥미 유지를 위해 경쟁적 요소가 포함된 경우가 있다. 아동에게 규칙을 지키고 건강한 경쟁심과 협동심을 기르면서 질서의식을 높이고 집단원과 유대감, 일체감을 발달시킬 수 있게 된다. 보드게임의 치료적 요인으로는 즐거움, 치료적 동맹 맺기, 진단, 의사소통, 인지발달의 촉진, 정서적 성장, 사회화 요인 등이 있으며, 치료적 효과에 따라 의사소통 게임, 문제해결 게임, 사회화 게임, 자아강화 게임으로 분류하기도 한다(정윤하, 2008). 보드게임을 통해서 충분히 자기통제, 좌절, 인내, 자기 행동에 대한 제한 등을 받아들이고 게임의 규칙들을 현실적으로 수용하게 된다. 보드게임은 지속적 관심과 주의 유지, 집중력 등이 필요하고 규칙이 있기 때문에 정서적 통제와 지시 따르기, 사회적 기술 등을 습득할 수 있는 기회를 자연스럽게 제공해 주고(조붕환, 임경희, 2002), 감정이나 행동을 조절하고 통제할 기회를 갖는다(박성현, 2008).

보드게임을 활용하면 지적장애 학생에게 주의집중력과 공간 지각력에 도움을 준다는 연구 결과(이애리, 2014)와 사회성이 증진되었다는 결과(권영주, 1998)가 보고되었고, 발달장애 아동에게 사용하였을 때 언어적 의사소통 기술 빈도가 증가하였으며 일반화가 이루어졌다고 보고된다. 또한 보드게임을 이용한 놀이활동이 발달장애 및 지적장애 아동의 의사소통과 표현 능력 향상에 영향을 미치며, 사회성 발달이나 사회적 능력을 향상시킨다고 보고된다(임지연, 2004). 게임은 일반적 놀이보다 자아 기능을 좀 더 필요로 하기 때문에 게임 과정을 통해 자아의 발달이 촉진된다. 이에 발달장애 아동은 보드게임을 통해서 충분히 자기통제와 좌절 인내력을 기르고, 자신의 행동에 대한 제한을 받아들이며 게임의 규칙을 현실적으로 수용하게 된다. 이를 통해 자아, 정서 및 사회성 발달을 이루어 간다.

### 2) 전자게임

자폐 스펙트럼 장애(ASD) 아동은 언어적 · 비언어적 의사소통(대화 시 눈 맞춤, 얼굴 표정, 제스처)을 포함한 정서적 상호 교환성의 어려움이 있고 사람들과 발달연령에 맞는 적절한 관계를 맺지 못하는 사회적 상호작용의 결함을 보인다. 임상 장면에서 ASD 아동에게 시각적 자료를 사용하는 것이 효과적이라고 알려져 있다. 따라서 ASD 아동에게는 시각적 자료를 적극적으로 활용하여 아동에게 비언어적 의사소통 능력을 강화시킬 수 있는 보드게임을 활용하고 있으며, 웹 혹은 앱 기반의 기능성 게임을 개발하여 사용하고 있다.

전자게임(Electronic Game: EG)은 사용 가능한 모든 비디오 게임과 가상현실(VR) 플랫폼을 포괄하는 용어이다. 다양한 전자게임(EG)이 ASD 아동을 위해서 개발·적용되고 있다. 최근에는 ASD 진단, ASD가 있는 개인의 일상 지원, 실생활 적응훈련, 의사소통(언어적·비언어적), 신체·인지·정서·사회성 발달 등 다양한 목적을 가진 앱/웹 게임, 모바일 게임, 가상현실 게임 등이 개발되어 활용되는 추세이다. 현재 아동에게 활용되는 게임은 닌텐도 위(닌텐도), 플레이스테이션(소니), 엑스박스(마이크로소프트), 콘솔 게임, 컴퓨터 기반 게임 프로그램, 가상현실(Virtual Reality: VR) 및 증강현실(Augmented Reality: AR) 플랫폼 등을 기반으로 한다.

이전 발달장애 아동에 대한 치료는 아동이 특별히 몰두하는 관심사나 행동은 소거하고, 필수적인 기술(예: 쓰기 활동)의 경우 아동의 흥미나 관심사를 고려하지 않고 학습시켜야 하는 것으로 보았다. 따라서 이전의 치료는 이러한 관점에 따라 목표를 설정하여 치료를 진행해 왔다. 그러나 현재의 발달장애 아동에 대한 치료전략은 아동의 강점이나 특별한 관심을 활용하여 계획을 세우는 것으로 변화하고 있다. 이러한 관점 및 방식의 변화로 인하여 새로운 치료전략이 개발되었으며, ASD 아동에게 전자게임이 효과적인 놀이 기반 치료에 참여하도록 하는 잠재적 혁신적 치료 도구로 인식되고 사용되기 시작했다(Gallo-Lopez & Rubin, 2012; Hillman, 2018). Crouch 등(2023)은 실험연구 25편을 리뷰하였는데, 전자게임 사용이 ASD 아동의 '실행기능' '양육자, 보호자의 인식 및 태도' 등의 주제와 강한 관계가 있으며, '운동기술' 및 '사회적·정서적 건강' 등의 주제와 중간 정도의 관계가 나타났다. 그들은 결론적으로 전자게임이 실행기능, 운동 능력, 사회적·정서적 건강을 다룰 때 유익하다고 하였다.

ASD 아동에게 전자게임을 사용하는 것에 대해서는 여전히 많은 논쟁이 있기는 하지만, ASD 아동과 그들의 부모는 전자게임 사용에 대해 긍정적으로 보고하고 있다. ASD 부모는 일반적으로 전자게임 사용을 지지하고 비디오 게임놀이를 긍정적으로 인식한다고 하고, 전자게임을 활용하는 ASD 아동 또한 게임이 정서적·발달적으로 도움이 된다고 보고하였다(Finke et al., 2018). 물론 구매 및 유지 비용, 사용

공간의 제약, 치료자 훈련을 위한 시간 등의 단점과 ASD 아동의 전자게임 사용에 대한 통제력 손상 및 게임 중독 등의 위험 등도 보고되나, 부모의 지도 부족과 주의력 문제 등의 개별 요인에 따라 다른 양상을 보인다(Craig et al., 2021). 이로 인하여 치료용으로 구현되는 모든 게임은 먼저 치료자 혹은 양육자가 검토하고 적절한 콘텐츠인지를 확인하는 것이 필수적이다. 또한 치료자가 그 게임이 치료 목표를 달성할 수 있는지를 확인한 후에 선별되어야 하고, 치료자가 숙달할 수 있는 시간이 필요하다. 이와 같이 ASD 아동을 위한 전자게임을 시행할 때 치료자는 부지런히, 또 주의 깊게 게임을 선택하고 적용하는 것이 필수적이다(Crouch et al., 2023).

## 3. 게임의 치료적 활용의 예

발달장애 아동은 주로 손상된 사회적 기술과 기능, 정서 조절, 그리고 적절한 관계 맺기에 어려움이 있으므로 게임놀이치료 활용도 이것에 초점을 두고 적용하여야 한다. 다음은 발달장애 아동에게 게임놀이치료를 실제 활용할 때 목표별로 적용할 수 있는 치료적 활동의 예이다. 활용의 예는 유미숙 등이 번역한 자폐스펙트럼장애와 발달장애를 위한 놀이치료 가이드북 (2020)을 참고하여 작성하였다. 게임놀이의 실제 진행은 아동의 개인적 특성과 치료자의 임상 경험에 따라 유연하게 진행할 수 있다.

### 1) 사회적 기술

#### (1) 사회성 기술 퍼즐

- 치료자는 아동에게 사회성 기술 발달을 위해 퍼즐을 함께 만드는 게임을 할 것이라고 설명한다.
- 아동에게는 6조각, 청소년에게는 9조각의 작은 퍼즐을 사용하는데, 뒷면에는 연습해야 할 사회성 기술을 적어 두고 앞면은 원하는 대로 꾸민다.

- 퍼즐 조각을 맞출 때마다 적어 둔 사회성 기술을 연습한다.
- 사회성 기술을 연습할 때마다 작은 칩이나 구슬을 보상으로 받고 퍼즐을 맞추는 게임이 끝난 후 칩(구슬)의 개수가 많은 사람이 승리하는 것으로 한다.
- 아동이 자신이 익혀야 할 사회성 기술에 대해 명확히 알지 못하므로 치료자는 미리 연습할 사회성 기술을 정해 두어야 하며, 반복하여 여러 번 연습하는 것이 필요하다.

(2) 디딤돌

- 아동은 디딤돌 모양으로 폼 시트나 폼 블록을 6 8조각으로 자른 후, 출발점과 도착점을 정하고 길을 만들어 종이에 풀로 조각들을 붙인다.
- 치료자와 아동은 일반적으로 아동이 접하는 다양한 상황을 정하여 각 디딤돌에 그것을 적는다. 마지막 디딤돌엔 '상'이라고 적어 두고, 여백은 원하는 방법대로 꾸민다.
- 순서를 정하여 차례대로 디딤돌에 멈추어 그 상황에서 할 수 있는 적절한 행동, 부적절한 행동에 대해 이야기하고 행동으로 옮긴다. 게임의 흥미 유지를 위해 디딤돌마다 응답하는 순서를 정할 수 있는데, 가위바위보로 순서 정하기, 주사위를 굴려 큰 수가 나오는 사람부터 시작하기 등의 방법을 추가할 수 있다.
- 마지막 '상'에 도착하면 준비된 작은 장난감, 스티커, 비타민 등의 작은 상을 받고 전체 과정을 반복한다.
- 가정에 게임판을 가져가 양육자와 함께 해 볼 수도 있다.

(3) 주사위 굴리기

- 아동에게 향상되기 원하는 사회성 기술에 대해 함께 연습하는 게임이라고 설명한다.
- 연습하기 원하는 사회성 기술을 여섯 가지 정하고, 1 6까지 순서를 매긴다.
- 6개의 주사위를 굴린 후 나온 숫자 중 하나를 골라서 그 숫자가 적힌 사회성 기술을 연습한다.

- 그다음엔 주사위 하나를 뺀 5개를 굴리고 나온 숫자 중 하나를 선택해서 사회성 기술을 연습하고, 6개의 사회성 기술을 모두 선택해서 연습할 때까지 계속 진행한다.
- 6개의 사회성 기술을 모두 연습한 후 같은 내용을 반복하거나, 새로운 사회성 기술을 만들어서 다시 게임할 수 있다.
- 치료자는 아동이 흥미를 가지면서 이 게임을 하도록 노력해야 하며, 가면, 모자, 장난감 등의 소품을 함께 사용하거나 촬영 등의 방법을 활용하여 연습을 더 즐겁게 만들어야 한다.

(4) 동서남북

- 동서남북 종이접기를 이용한 사회성 기술 연습 방법이다.
- 바깥쪽에는 숫자를 적고 안쪽엔 색깔을 적는다. 색깔을 적은 뒷면에는 사회성 기술을 적는다.
- 동서남북 종이접기를 한 후 치료자와 아동은 교대로 게임을 한다.
- 치료자가 동서남북 종이접기에 손가락을 넣고, 아동이 숫자를 선택하면 치료자는 아동이 선택한 숫자만큼 가로세로 방향으로 움직인다.
- 치료자가 동서남북을 보여 주면 아동이 색깔을 고르고, 색깔이 적힌 면을 펼쳐서 나타난 사회성 기술을 연습한다. 총 8개의 사회성 기술을 적어 놓을 수 있다.
- 다른 사회성 기술이 적혀 있는 동서남북을 만들 수 있고, 집에 가져가서 가족들과 함께 할 수 있다.

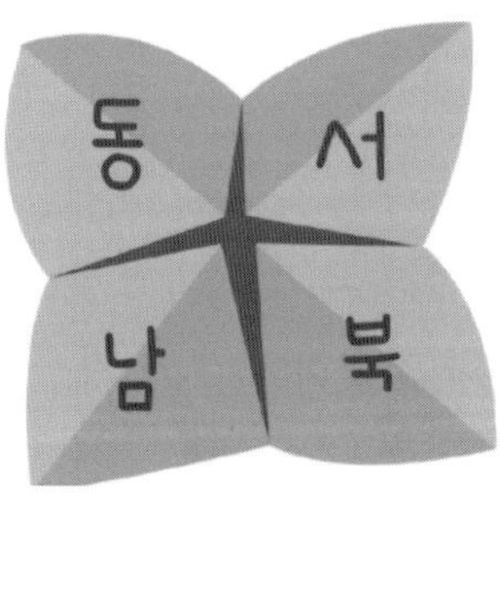

## 2) 정서 조절

### (1) 감정 픽업스틱

- 픽업스틱 게임을 사용하여 스틱의 색깔에 따라 여러 감정을 적은 종이를 만든다(예: 빨간색  행복한, 무서운, 자랑스러운 / 파란색  슬픈, 걱정되는, 사랑받는 / 초록색  화난, 차분한, 긴장되는 / 노란색  용감한, 좌절된, 친절한 / 검은색  평화로운, 불안한 등).
- 일반적인 픽업스틱 게임 규칙에 따라서 게임을 한다. 아동이나 치료자가 한 개의 색깔 막대를 들어 올리면, 종이에 적힌 색에 할당된 감정 중 하나를 선택하여 그 감정을 느꼈던 상황에 대한 이야기를 나누거나, 감정을 행동으로 나타내거나, 그 감정에 대한 정의를 내린다.
- 소근육 사용이 원활하지 않을 수 있으므로 게임 규칙을 느슨하게 적용해야 한다.
- 가정에서도 놀이할 수 있도록 권유하고, 반복적으로 게임하며 필요에 따라 새롭고 더 복잡한 감정들로 작업하기 위해 감정 용지를 바꿀 수 있다.

### (2) 콩주머니 던지기

- 신체 운동을 활용한 게임을 하면서 정서 조절 기술을 익히도록 하는 개입이다.
- 다양한 형태의 작은 콩주머니를 사용하면서 콩주머니마다 다른 감정단어를 적어 둔다.
- 방 안에 둔 바구니 안으로 콩주머니를 던지고, 바구니 안에 들어가면 콩주머니에 적힌 감정을 느끼게 한 일이나 그 감정에 대한 정의에 대해 이야기한다.
- 치료자로 순서를 바꾸어 진행하는데, 아동에게 모델링의 기회가 될 수 있도록 한다.
- 모든 감정을 이야기할 수 있을 때까지 진행한다.
- 운동 요소를 포함하므로 다양한 변형이 가능하다. 예를 들어, 자주 사용하지 않는 손을 사용하거나 뒤로 콩주머니 던지기 등의 방법으로 변형하여 개입할 수 있다.

(3) 얼음 깨지 마(Don't break the ice; 제조사_Hasbro Gaming)

- 잘 알려진 보드게임을 활용하는 방법이다. 아동과 게임을 하기 전에 미리 준비해 두어야 한다.
- 각 얼음 조각 안쪽에 별이나 하트 모양 등의 색깔 스티커를 붙인다. 네 가지 색깔의 스티커를 붙이고 몇 개의 얼음 조각은 스티커를 붙이지 않고 남겨 둔다.
- 네 가지 색 중 두 가지는 긍정적인 감정, 나머지 두 가지는 부정적인 감정으로 정한다.
- 일반적 게임 규칙에 다른 규칙을 추가하는데, 빼낸 얼음 조각에 스티커가 붙어 있다면 해당 색에 따라 긍정적 혹은 부정적 감정을 명명하고 그 감정을 느끼게 한 일에 대해 이야기한다.
- 젠가 게임을 활용하여 같은 방식으로 게임을 진행할 수 있고, 색깔별로 긍정/부정의 감정 목록을 정해 둘 수도 있다.

(4) 감정퀴즈

- 이 기법은 명료하게 감정을 알아차리고 감정에 연결하는 것이 어려운 아동을 돕는 방법이다. 퀴즈 형식은 재미있고 매력적 방법이 될 수 있으므로, 치료자는 활기차고 재미있게 감정 퀴즈를 내야 한다.
- 아동은 정해진 수만큼 감정을 말해야 하고, 아동의 연령과 발달 수준에 따라 숫자를 정한다. 치료자는 아직은 어렵지만 아동이 성취할 수 있는 정도의 숫자를 정해야 한다.
- 아동이 감정을 명명하기 시작하면 치료자는 아동이 무엇을 말했는지, 목표한 숫자에 도달했는지 알기 위해 감정들을 적어 둔다.
- 치료자는 아동이 감정을 맞힐 수 있도록 힌트를 줄 수 있다. 아동에게 특정 장소나 상황에서 어떤 감정을 느끼는지 생각해 보게 하는 방법으로 힌트를 줄 수 있다.
- 일단 아동이 정해진 숫자만큼 다 맞히면 사탕 등의 작은 보상을 줄 수 있다.

### (5) 감정목록에서 손가락 멈추기

- 이 게임은 단순하지만 감정에 대해 이야기하고 감정을 조절하기 위해 무엇을 할 수 있는지에 대해 이야기하는 데 효과적인 방법이다.
- 아동에게 12개의 감정 목록을 만들도록 한다.
- 아동은 1  12번까지 번호가 세로로 쓰여 있는 종이에 감정을 적는다.
- 아동이 목록을 완성하면, 치료자는 목록을 가져간다. 치료자는 그 목록을 보지 않고 손가락을 위아래로 움직이다가 아동이 '그만'이라고 말할 때 멈춘다.
- 손가락이 멈춘 곳에 있는 감정이 무엇이든지, 아동은 언제 그러한 감정을 느꼈는지 이야기하고, 그것이 부정적인 감정이라면 무엇을 해야 기분이 좋아질 수 있는지를 이야기한다.
- 새로운 감정으로 새로운 목록을 만들면서 반복할 수 있다.
- 감정을 행동으로 나타내거나 표정을 지어 보는 것 같은 활동을 추가할 수 있다.
- 돌림판 스피너를 활용하여 돌림판에 감정을 적고, 스피너를 돌려서 이와 유사한 방법으로 게임을 진행할 수 있다.

## 3) 관계 맺기

### (1) 모래게임

- 발달장애 아동은 관계 맺는 방법을 배울 때 도움이 필요하다. 발달장애 아동은 감각 기반 지시와 경험에 더 잘 반응하기도 하므로, 감각 기반 활동인 모래게임들은 관계 발달에 도움이 될 수 있다.
- 치료자와 아동은 차례로 각자 다른 사람의 손과 팔을 모래 속에 묻는다.
- 치료자와 아동은 손 안에 모래를 담아서 치료자의 손에서 아동의 손으로, 다시 치료자의 손으로 모래를 붓는다.
- 한 사람이 손을 그릇 모양으로 만들면 다른 사람은 그 안에 모래를 채운다.
- 치료자와 아동은 각각 모래 속에 한 손을 묻고 다른 사람의 손을 잡기 위해 모래 속에서 자신의 손을 움직인다.

- 치료자와 아동은 손을 잡고 그 잡은 손을 모래 위에 올려 둔다. 다른 손으로 치료자와 아동은 잡은 손을 모래 속에 함께 묻는다.

### (2) 얼굴 표정 바꾸기

- 치료자와 아동은 서로 등을 대고 선다.
- 치료자가 셋을 세면, 치료자와 아동은 함께 돌아서서 서로를 보고 얼굴을 찌푸린다.
- 각자 어떤 표정을 짓고 있었는지 말해야 한다.
- 이 활동을 여러 번 반복하고, 매번 각자 다른 표정을 지어야 한다.
- 치료자는 아동에게 서로 돌아서서 매번 우스꽝스러운 표정, 화난 표정, 행복한 표정, 겁먹은 표정 등 특정 표정을 지어야 한다고 설명할 수 있다.
- 이 기법은 관계 맺기, 관계 증진뿐 아니라 사회성 기술과 정서 조절을 익히도록 돕는 방법으로 사용할 수 있다. 치료자의 특정 지시에 따라 정서를 나타내는 다양한 표정 짓기 연습을 할 수 있고 사회적 인식을 나타내는 얼굴 표정을 짓는 연습 또한 가능하다. 또한 정서 표현 발달과 신체 언어를 인식하는 법을 배우도록 도울 수 있다.

### (3) 손 활용 게임

- 발달장애 아동은 신체 접촉에 대해 불편함을 느끼거나 자신이 없을 수 있다. 손 활용 게임들에 아동을 참여시킬 수 있고, 아동의 편안함 수준에 맞추어 쉽게 수정할 수 있다는 장점이 있다.
- 종이에 손을 대고 윤곽선을 그리게 한 후, 다른 사람과 함께 손을 사용해서 할 수 있는 긍정적인 일을 그림에 써 보라고 이야기한다.
- 치료자와 아동은 목록에 있는 모든 일을 하거나 해 보는 척한다.
- 어떻게 다른 사람과의 연결이 긍정적일 수 있고 기분 좋을 수 있는지에 대해 아동과 이야기 나눈다.
- 게임의 예: 엄지 손가락 씨름, 하이파이브, 손 · 머리 · 귀 · 어깨 마사지, 손뼉

치기 게임(〈아침 바람 찬 바람에〉 〈pat a cake, pat a cake, baker's man〉 등 마주 보고 손뼉치며 노래하기), 손 쌓기 게임, 동요 부르며 잡기 놀이(런던 브릿지 놀이 등)

#### (4) 풍선 치기 게임

- 함께 풍선 치기 게임은 관계 맺기, 함께 과제 완수하기, 눈 맞춤 하는 영역에 사회성 기술 발달을 결합시킬 수 있다.
- 치료자가 풍선을 불고 난 후, 아동에게 치료자와 함께 특별한 방법으로 풍선을 칠 것이라고 설명한다.
- 아동과 서로 얼굴을 마주 보고 선 다음, 손을 내밀어 양손을 잡는다.
- 치료자가 공중에서 풍선을 치면, 치료자와 아동은 풍선이 바닥에 닿지 않게 해야 한다. 치료자와 아동은 시간 내내 손을 잡고 있어야 하고, 풍선이 공중에서 떨어지지 않도록 계속 함께 움직여야 한다.
- 만약 풍선이 바닥으로 떨어지면 풍선을 집어 들어서 다시 시작한다. 게임은 여러 번 반복할 수 있다.
- 이 게임은 가족 놀이 활동과 집단 활동으로 할 때 잘 진행되며, 짝을 지어 진행할 수도 있고, 모두 손을 잡는 대집단으로도 진행할 수 있다.

### 4) 사례

8세 남아인 재일이는 사회적 관계 맺기와 감정 조절에 어려움을 보이고 감각통합적 어려움이 있는 아동으로 4세에 ASD 진단을 받은 후 언어치료, 사회성 집단, 감각통합치료, 인지학습치료, 작업치료 등의 다양한 치료를 병행해 왔다. 언어와 인지 측면에서는 호전된 부분이 있었으나, 여전히 사회성과 감정 조절에는 어려움을 나타냈다. 재일이는 공립초등학교 도움반에 다니는 중으로, 아동용 웩슬러 지능검사를 이용한 심리평가에서 86점을 받아 평균 '하' 수준의 지능으로 평가되었다. 아동은 언어적인 측면에서 강점이 있었으나, 감각통합문제와 사회적 상호작용, 감정 조절에는 어려움이 있었다. 다른 치료 장면과 학급에서 재일이의 감정 조절, 특히 부정적 감정 조절이 어려움으로 인하여 학교 적응이 더욱 어려워지는 것으로 보고되었다. 이에 아동의 감정을 조절하는 것과 사회적 상호작용 증진을 목표로 하여 발달놀이치료를 주 1회 실시하였다.

1~3회기에는 아동과의 상담관계 형성과 상호작용 정도를 평가하기 위해 치료자는 아동이 원하는 놀이를 따라가면서 주로 추적하기와 반영하기를 하면서 아동의 놀이활동에 참여하려고 하였다. 아동은 치료실 안에서 자신이 선택한 놀이를 할 때는 감정 조절의 어려움이 잘 드러나지 않았으나, 학교에서 감정 폭발이 있었던 날에는 치료실에서 좀 더 산만한 양상이 나타났다. 부모상담에서는 부모가 가정에서 아동과 상호작용을 증진하고 조절할 수 있도록 돕기 위해 아동의 주도를 따르고 추적하고 반영하는 등의 기술을 교육하였다.

4회기부터는 아동이 관심을 보였던 동물 피규어를 가지고 놀이하면서 추적반응을 하였고, 아동이 좋아하는 동물인 개구리 그림을 종이에 그려서 '나와 내 감정(me and my feeling)'(Grant, 2017b)을 실시하였다. 이것은 아동의 경험을 감정과 연결시키고 그 감정을 알아차리는 것을 돕는 기법이다. 크기가 다양한 종이에 자신이 경험한 여러 가지 감정단어를 써서 자신이 그린 그림(주로 자기 얼굴 그림)에 오려 붙이게 되는데, 큰 종이에 쓰는 감정은 아동이 자주 느끼는 감정이다. 이 기법을 부모상담 시간에 소개하여 가정에서도 수행할 수 있도록 하고 매일 자신의 감정을 인식할 수 있도록 하였다.

아동이 치료실과 가정에서 꾸준히 자신의 감정을 인식하는 작업을 하면서 12회기부터는 감정 빙고 게임을 실시하였다. 이 게임에서 이기려면 모든 카드의 짝을 찾아서 맞추어야 한다. 각 순서에 카드를 뽑은 사람은 그 카드에 나타난 감정이 무엇을 의미하는지 이야기하고, 그러한 감정을 느꼈던 상황에 대한 이야기를 다른 참여자에게 해 주어야 하며, 다른 참여자는 공감의 말을 하는 것을 연습한다. 회기에서 감정 빙고를 실시하면서 감정에 대한 설명, 그 감정을 느꼈던 상황에 대한 설명, 치료자에게 공감하는 반영 각각에 게임 칩이나 스티커 등을 지급하여 즐거움과 흥미를 유지하면서 감정 인식을 적절히 하고 있는 정도를 가시적으로 알아차릴 수 있도록 하였다. 승패에 집착하거나 칩의 개수가 적어서 감정 조절의 어려움이 드러나게 될 때도 있었다. 이와 관련하여 놀잇감이나 치료자에 대한 공격성이 나타날 때는 일관적으로 제한 설정하였다. 가정에서도 아동 자신의 감정을 인식하도록 하는 활동과 감정 빙고를 활용하여 감정 인식 및 공감 훈련을 병행할 수 있도록 하였다.

17회기부터는 픽업스틱 게임을 사용하여 사회적 기술을 연습하고 배울 수 있도록 하였다. 일반적인 픽업스틱의 게임 규칙대로 게임을 해야 하지만, 소근육 협응 문제로 다른 막대기를 건들지 않고 막대기를 집어내는 것을 아동이 어려워하여 약간 건드리게 되는 것은 허용하였다. 이때 막대기의 색깔에 따라 미리 사회적 기술 목록을 만들어서 대답할 수 있도록 하였다. 이 게임을 통하여 아동은 사회적 기술, 정서 조절뿐 아니라 주의집중력, 정교한 운동 기술도 발달할 수 있었다. 가정에서도 게임을 활용하여 사회적 기술을 배울 수 있도록 하는 동시에 잡지에서 사회적 행동을 하는 사람의 예시를 찾아 설명할 수 있도록 하는 활동을 제안하였다.

24회기 이후에는 아동이 스스로 선택하는 게임놀이 활동이 증가하였고, 점차 감정 조절 능력도 호전되는 것으로 보였다. 아동이 관심을 보인 젠가(Jenga)나 게스후(Guess who?) 보드게임을 일반적인 방법으로 진행하기도 하고, 젠가에 색깔 스티커를 붙여서 다양한 감정카드나 사회적 기술 목록을 활용하여 게임을 진행하기도 하였다. 이를 통해 아동은 치료자와 언어적으로 의사소통하고 상호작용하는 것이 증진되었고, 소근육 협응과 감정 조절 능력도 향상되었다. 가정과 학교에서도 감정 조절 이슈가 덜 나타나면서 다른 치료에도 진전이 나타나기 시작하였다.

## 참고문헌


권영주(1998). 구조화된 집단 놀이치료가 경계선 지능 아동의 적응행동에 미치는 영향. 대구대학교 대학원 석사학위논문.

박성현(2008). 보드게임을 이용한 놀이활동이 정신지체 학생의 적응행동에 미치는 영향. 대구대학교 대학원 석사학위논문.

이애리(2014). 보드게임 활동이 지적장애학생의 주의집중력과 공간 지각력에 미치는 영향. 한국교원대학교 대학원 석사학위논문.

임지연(2004). 보드게임을 이용한 통합놀이 활동이 발달장애 아동의 의사소통 기술 습득에 미치는 효과. 단국대학교 대학원 석사학위논문.

정윤하(2008). 구조화된 보드게임이 초등학교 1학년 ADHD 아동의 주의력에 미치는 영향. **특수교육논총, 20**, 53–94.

조붕환, 임경희(2002). 게임을 이용한 행동적 집단상담이 ADHD 아동의 행동변화에 미치는 효과. **아동학회지, 23**(5), 167–182.

최정희, 김지인(2020). 자폐 스펙트럼 장애 아동의 비언어적 의사소통 능력 강화를 위한 기능성 게임 개발. **정보과학회 컴퓨팅의 실제 논문지, 26**(5), 238–243. DOI: 10.5626/KTCP.2020.26.5.238

Baker, M. J., Koegel, R., & Koegel, L. (1998). Increasing the social behavior of young children with autism using their obsessive behaviors. *Journal of the Association of Persons with Severe Handicaps, 23*, 300–308.

Barry, T. D., Klinger, L. G., Lee, J. M., Palardy, N., Gilmore, T., & Bodin, S. D. (2003). Examining the effectiveness of an outpatient clinic–based social skills group for high functioning children with autism. *Journal of Autism and Developmental Disorders, 33*, 685–701.

Barton, E. E., Pokorski, E. A., Sweeney, E. M., Velez, M., Gossett, S., Qiu, J., …… Domingo, M. (2018). An empirical examination of effective practices for teaching board game play to young children. *Journal of Positive Behavior Interventions, 20*(3),

138–148. https://doi.org/10.1177/1098300717753833

Betz, A., Higbee, T. S., & Reagon, K. A. (2008). Using joint activity schedules to promote peer engagement in preschoolers with autism. *Journal of Applied Behavior Analysis, 41*, 237–241.

Booth, P. B., & Jernberg, A. M. (2010). *Theraplay*. San Francisco, CA: Jossey–Bass.

Brady, L. J., Gonzalez, A. X., Zawadzki, M., & Presley, C. (2011). *Speak, move, play and learn with children on the autism spectrum*. Philadelphia, PA: Jessica Kingsley Publishers.

Coplan, J. (2010). *Making sense of autistic spectrum disorders*. New York, NY: Bantam Books.

Craig, F., Tenuta, F., Giacomo, A. D., Trabacca, A., & Costabile, A. (2021). A systematic review of problematic video–game use in people with autism spectrum disorders. *Research in Autism Spectrum Disorders, 82*, Article 101726. https://doi.org/10.1016/j.rasd.2021.101726

Cross, A. (2010). *Come and play: Sensory integration strategies for children with play challenges*. St. Paul, MN: Redleaf Press.

Crouch, C., Smith, B., & Carsone, B. (2023). Therapeutic implications of electronic gaming for children with autism: A review. *International Journal of Motor Control and Learning, 5*(1), 16–30.

Davis–Temple, J., Jung, S., & Sainato, D. M. (2014). Teaching young children with special needs and their peers to play board games: Effects of a least to most prompting procedure to increase independent performance. *Association for Behavior Analysis International, 7*(1), 21–30.

Delaney, T. (2010). *101 games and activities for children with autism, aspergers, and sensory processing disorders*. New York, NY: McGraw Hill.

Finke, E., Hickerson, B., & Kremkow, J. (2018). "To be quite honest, if it wasn't for video games I wouldn't have a social life at all": Motivations of young adults with autism spectrum disorder for playing video games as leisure. *American Journal of Speech-Language Pathology, 27*(2), 672–689. https://doi.org/10.1044/2017_AJSLP –17–0073

Gallo–Lopez, L., & Rubin, L. C. (2012). *Play-based interventions for children and adolescents with autism spectrum disorders*. New York, NY: Routledge.

Grant, R. J. (2015). Family play counseling with children affected by autism. In E. J., Green, J. N., Baggerly, A. C. Myrick, (Eds.), *Counseling families: Play-based treatment* (pp. 109–125). Lanham, MD: Rowman & Little Field.

Grant, R. J. (2017a). *AutPlay therapy for children and adolescents on the autism spectrum: A behavioral play-based approach*. New York, NY: Routledge.

Grant, R. J. (2017b). *Play-based interventions for Autism spectrum disorders and other developmental disabilities*. New York, NY: Routledge.

Grant, R. J. (2018a). AutPlay therapy with preadolescents affected by autism. In E. J. Green, J. N. Baggerly, & A. C. Myrick (Eds.), *Play therapy with preteens* (pp. 123–139). Lanham, MD: Rowman & Littlefield.

Guivarch, J., Murdymootoo, V., Elissalde, S. N., Salle–Collmiche, X., Tardieu, S., Jouve, E., & Poinso, F. (2017). Impact of an implicit social skills training group in children with autism spectrum disorder without intellectual disability: A before and after study. *PLoS One, 12*(7).

Hillman, H. (2018). Child–centered play therapy as an intervention for children with autism: A literature review. *International Journal of Play Therapy, 27*(4), 198–204. https://doi.org/10.1037/pla0000083

Koegel, R., Fredeen, R., Kim, S., Danial, J., Rubinstein, D., & Kogel, L. (2012). Using perseverative interests to improve interactions between adolescents with autism and their typical peers in school settings. *Journal of Positive Behavior Interventions, 14*(3), 133–141.

MacDonald, J., & Stoika, P. (2007). *Play to talk: A practical guide to help your late talking child join the conversation*. Madison, WI: Kiddo Publishing.

Moor, J. (2008). *Playing, laughing and learning with children on the autism spectrum*. Philadelphia, PA: Jessica Kingsley Publishers.

Oppenheim–Leaf, M. L., Leaf, J. B., & Call, N. C. (2012). Teaching board games to two children with an autism spectrum disorder. *Journal of Developmental and Physical Disabilities, 24*(4), 347–358. https://doi.org/10.1007/s10882–012–9274–4.

Satsangi, R., & Bofferding, L. (2017). Improving the numerical knowledge of children with autism spectrum disorder: The benefits of linear board games. *Journal of Research in Special Educational Needs, 17*(3), 218–226.

Stone, J., & Schaefer, C. E. (2020). *Game play therapy*. John Wiley & Sons, Inc.

제8장

# 아동의 문제유형에 따른 게임놀이치료

## 1. 게임놀이 과정에서 아동이 보이는 어려움의 종류와 양상[1)]

게임놀이는 아동의 환경 적응에 의미 있는 역할을 해 온 것으로 알려졌다. 유아기 놀이가 대부분 자유롭고 형식이 적은 특성을 가진 것에 반해, 게임놀이는 뚜렷한 구조, 형식, 규칙이 있는 상태에서 참가자들이 승부를 위해 대결을 하게 된다. 대결 과정이 이루어지는 동안, 아동들의 마음속에서는 경쟁욕구와 공격성이 증가하곤 하는데, 보드게임에서는 이런 내적 욕구들을 적절히 구조화된 형식과 규칙의 범위에서 표출하고 해소하게 된다. Sutton-Smith(1971)는 '사회적으로 수용 가능한 공격성'과 '경쟁'을 야기하는 구조를 부여한다는 측면에서 게임을 '힘의 모델'이라고도 하였다.

간단한 보드게임조차도 자유놀이에 비해 인지적 능력이나 좌절 감내력을 더 필요로 한다. 치료적인 게임놀이는 아동의 성격 구조, 방어기제를 반영해 주는 창구가 된다. O'Connor(1991)는 치료 회기에서 정서적으로 어려움이 많은 아동의 놀이

1) Schaefer와 Reid(2001)를 토대로 재구성함.

는 종종 강박적이고, 충동적이고, 쉽게 흥분하고, 안절부절못하며, 즐길 만한 활동에서도 울어 버리곤 한다고 언급하였다. 강박적 경향이 강한 아동들은 게임의 아주 작은 부분이나 규칙에 과하게 얽매이게 되어 큰 목표를 잃어버리게 된다. 한편, 반사회적 경향이 있거나, 품행문제가 있는 아동들은 역경이나 불운의 순간에 직면할 때 자기 통제력을 순식간에 잃어버리곤 한다.

이렇듯 아동이 현재 겪고 있는 어려움의 종류에 따라, 게임놀이 과정에서 드러나는 아동들의 인지 · 정서 · 사회성 측면의 특징들과 행동 양상이 다양하다. 물론 게임놀이에서 같은 연령대의 아동들이 공통적으로 드러내는 특징들도 있지만, 이 장에서는 같은 발달단계이더라도, 아동이 겪는 주요 문제에 따라 게임놀이에서 드러나는 특징이 어떻게 다른지에 초점을 두고 살펴보겠다.

## 1) 게임놀이의 의미와 대상

게임놀이는 분명한 규칙과 형식을 포함하고 있는 구조화된 놀이로서, 아동들이 만 6~7세 무렵부터 관심을 가진다. 하지만 내면화된 혹은 외현화된 어려움을 가진 아동들은 심리치료 회기에서 '게임놀이'를 선택하고 시행하는 과정에서 자신이 가진 어려움의 종류와 정도에 따라 각기 다양한 특징을 드러낸다.

우선, 여기서는 게임놀이치료의 대상이 되는 아동들의 전반적인 분류를 살펴보겠다. 다음 분류에 포함되는 아동들은 상상놀이, 역할놀이, 미술적인 놀이, 다양한 신체활동 등만으로는 자기표현이 쉽지 않은 경우들이다. 이런 아동들을 위해 '게임놀이'가 마련되었을 때, 자기 개방을 좀 더 수월하게 할 수 있다.

### (1) 저항이 심한 아동

놀이치료는 '말'보다는 '놀이'로 더 안전하게 자기표현을 할 수 있는 심리치료의 방식이다. 하지만 그런 방식에서도 자기 개방 및 상담관계를 형성해 가기 어려운 아동들이 있다. '자기 개방을 하는 것'으로 자신의 약점과 부적절함이 들킬 것이라는 걱정과 불안감을 크게 가진 아동들이다. 대화게임이 그러한 불안감을 낮춰 주는 역할을 하고, 아동은 점차 자신을 개방할 수 있게 된다. 비경쟁게임으로 분류되는 대화게임뿐만 아니라, 경쟁게임에 포함되는 신체활동 게임, 우연게임들이 마련되어 있을 때, 아주 조금씩이라도 자기 개방을 할 순간들을 갖게 된다.

(2) 언어 표현이 매우 어려운 아동

상당수의 아동은 놀이치료 회기에서 놀이로 표현을 하다가도 말을 덧붙여 자기 마음을 표현하곤 한다. 하지만 일부 아동은 편안하고 흥미로운 놀이과정에서도 '말과 언어화'를 제대로 사용하지 못한다. 이런 아동들은 보통 정서상태에 대한 의사소통을 할 때 필요한 언어적 기법을 잘 모르거나 언어적 표현 능력이 부족한 경우들이다. 이런 아동들이 사용할 수 있는 어휘의 분량도 적어서, 감정에 대한 단어 표현도 '행복하다' '슬프다' '미치겠다' 등 딱 몇 가지로 한정되어 있기도 하다.

(3) 심리석 자각(인식)이 어려운 아동

어떤 아동은 자신이 어떻게 느끼는지, 무엇을 생각하는지, 무엇을 하고 있는지에 대해 거의 모른다. 자기 내부의 상태나 행동을 인식하지 못하는 아동들은 자신을 개방할 수가 없다. 또 어떤 아동은 사고, 감정, 행동의 관계에 대해 잘 인식하지 못한다. 하지만 '게임놀이'를 하다 보면, 아동들이 자신의 감정들을 자연스럽게 느끼고, 이를 인식하는 기회들이 차츰 늘어난다. 감정뿐만 아니라, 생각, 기억, 행동에 대한 인식이 점차 늘게 되고, 이를 비언어적 방식이나 대화로 나누려 한다.

다양한 보드게임을 선택하게 되면서 아동들은 비언어적으로도 자신의 내적인 감정과 욕구, 계획을 표현하게 되고, 점차 언어적 표현의 분량과 시점, 내용들이 보다 적절해져 간다.

(4) 부정하는 아동

종종 주변 어른들이 문제라고 생각하는 것을 아동 자신은 그것을 문제로 받아들이지 않는 경우가 있다. 예를 들면, 성적이 나쁜 것을 부모와 교사는 걱정하지만, 아동 자신은 그것을 문제라고 생각하지 않기 때문에 걱정하지도, 변화 노력을 하지도 않는다. 이러한 '부정'이 치료 장면에서도 나타날 수 있다. 예를 들면, 교실 등교시간이나 치료실에서 입실 시간을 1~2분 늦게 들어오고 나서도 자신은 마치 '난 시간을 어긴 적 없어.'라고 부정한다. 이 행동에 대해 아동은 직접적 대화를 피하려 한다.

그러나 대화게임을 하는 동안, 다양한 종류의 질문 카드를 보면서 대답할 내용들을 생각하다 보면, 아동은 이전에 부정하던 어떤 행동과 심리에 대해 점진적으로 언어화하고 적절히 대화할 순간들을 맞이하게 된다.

#### (5) 자기 개방적인 아동

전통적인 일대일 개별 치료나 집단 치료에서 자기 개방을 원활하고 익숙하게 해왔던 아동들도 대화게임을 하면서 이전보다 불안이 더 감소되고, 흥미로움과 자발적 표현이 더 늘어나기도 한다. 이를 통해 자기 내부의 욕구, 생각, 관점, 기억, 계획 등을 인식하고 언어화하는 능력이 더욱 명확해지고, 놀이치료자로부터 수용과 공감을 받는 기회들도 늘어난다.

#### (6) 억제된 아동

어떤 아동은 치료실 밖이나 안에서 완전히 억제되어 있는 것으로 보인다. 이런 아동들은 자신을 직접적으로 자유롭게 표현하는 데 상당한 어려움을 겪는다. 그러므로 이러한 심리가 많은 아동들은 좀 더 구조화되어 있고 기대되는 행동에 대해 아주 정확한 정의가 내려져 있는 대화게임을 하면, 자신을 개방하는 데 좀 더 성공하는 횟수가 늘어날 수 있다.

### 2) 내면화된 그리고 외현화된 어려움에 따른 양상

#### (1) 내면화된 어려움을 가진 아동

내면화된 어려움을 지닌 아동은 외부 사회에 존재하는 규칙과 기대를 지나치게 따르려는 모습을 보인다. 규칙을 알고 지키는 건 중요하지만, 내면화된 어려움이 있는 아동은 외부 세계에 존재하는 규칙에 과하게 순응하다 보니, 자신의 내적 욕구나 감정을 억압하는 경향을 많이 갖는다.

① 수동/의존적인 아동

수동/의존적인 아동은 상담자의 표정, 말투 등에 의해 영향을 많이 받는다. 이러한 아동은 게임하는 동안 줄곧 고분고분하며, 종종 도움이나 조언을 요청한다. 혹은 놀이치료자를 기쁘게 하려는 것처럼, 게임에서 일부러 지려 하거나, 놀이치료자의 결정에 따르려 한다. 놀이치료자의 제안이 무엇이든지 주의 깊게 경청하고 그 규칙을 지켜보려 한다. 하지만 놀이치료자가 게임 상대방이 되어 '경쟁적 구도'가 되는 상황에서 '자신이 상담자를 이기면 거절당하거나 보복당하지 않을까'를 두려워하기도 한다.

아동이 '하키게임'을 선택하여 진행하는데, 계속 아동만 슛 골인을 하여 5:0이 되고 있었음. 아동은 자신이 친 퍽(공)이 치료자 골대에 자꾸 들어가자 다소 놀라듯 눈을 반짝이며 상담자를 쳐다봄.

예문

| | |
|---|---|
| 아동 | 에, 안 되겠다! 선생님도 보너스로~ (말하면서 놀이치료자의 점수판을 올림) |
| **치료자** | 아, 선생님에게 보너스를 주네[1단계: 의사결정 존중]. 선생님에게도 점수를 주고 싶었구나[1단계: 감정 반영]. 하지만 이 게임에서는 슛 골인을 해야 점수가 올라가는 건 알지[2단계: 보편적 규칙 안내]. |
| 아동 | 그래도 줄래요. (나름 고집스럽게 말함) |
| **치료자** | 아~ 선생님이 공을 하나도 못 넣어서 마음이 쓰였구나. 그래서 선생님에게도 점수를 준 거지[1단계: 이해해 주기]. 하지만 게임은 규칙대로 할 수 있지. 이길 때도 있고 질 때도 있고 말야[2단계: 현실의 보편성을 안내하기]. 네가 하키게임을 계속하고 싶다면, 규칙대로 할 수 있어[3단계: 적절한 범위 내에서 대안을 제시하기]. |

이런 특징을 보이는 아동들은 '자신에게 중요한 어른을 내가 이겨 버리면, 그 어른이 나를 거절하지 않을까, 혹은 보복하지 않을까' 하는 두려움을 가질 수도 있다.

만약 어떤 아동이 '나 때문에 화난 엄마가 나를 무섭게 혼내고, 나는 엄마의 사랑을 잃을까 봐' 걱정하고 두려워지는 역동을 가졌다고 가정해 보자(Bellinson, 2008). 이런 가족 역동이 있는 아동들은 게임놀이 상황에서 자신이 상대방(놀이치료자)을 이기면, 놀이치료자로부터 긍정적인 관심과 애정을 받지 못하게 될까 봐 걱정이 생길 수 있다. 그래서 자신이 크게 이기지 않게 게임 상황을 조절하고, 게임 상대방을 조심스럽게 살피곤 한다.

② 불안한 아동

불안한 아동은 예측할 수 없는 다음 국면의 상황들에 대해서, 혹은 게임의 결과가 어떻게 될지 모를 때, 쉽게 불안해지고 걱정이 많아지며, 자신이 사용하는 전략과 해결책에 대해 확신을 갖기 어려워한다. 그래서 자신에게 안 좋은 자리(예: 뱀사다리 게임에서 뱀의 머리 칸)가 나올까 봐 걱정하거나, 좋은 자리(예: 뱀사다리 게임의 사다리 칸)가 나오지 않을까 봐, 자주 안절부절못한다.

어떤 경우에는 게임에 존재하는 규칙을 충분히 이해하고 준수할 수 있는 연령임에도 불안이 급증한다(Bellinson, 2008). 예를 들어, 상대방이 낸 문제를 맞혀야 하는 게임에서 "난 그 단어(또는 사람이름)를 못 맞힐 거 같아요."라고 자신감 없는 발언을 하거나, 게임 상대방(놀이치료자)이 심사숙고하는 시간을 기다리기 힘들어한다. 또 게임 상대방이 정답을 못 맞추면서 헤맬 때 힌트를 주고 싶어 하면서 도와주려는 모습을 자주 보인다.

이런 모습들이 언뜻 보면, '충동적인 행동'으로 보이지만, '자신이나 타인이 수행에 실패할 것에 대한 불안' 때문일 수 있다. 게임하는 과정에서 충분한 관찰과 주의집중, 적절한 생각을 하지 않는 충동적인 아동이나, 공격성을 표출하려다 충동적인 행동을 보이는 아동들과는 그 내적 상태가 다를 수 있다.

불안이 많은 아동은 자신이 처한 상황이 유리한지 불리한지 과하게 신경 쓰거나, 전략과 규칙을 자꾸 확인하려 한다. 우연게임(chance game)을 하는 경우, 주사위에서 원하는 숫자가 나오지 않을 때, 또는 엎어 놓은 카드 더미에서 원하는 숫자와 모양이 나오지 않을 때, 불편한 감정들을 갖는다. 불안이 많고 자아강도가 낮은 아동은 '이후에 어떤 결과나 상황이 올지' 모를 때, 불안 · 긴장 · 걱정이 급증할 수 있다.

### ③ 강박적인 아동

강박적인 아동은 게임의 규칙에 너무 압도되어 있어서 게임의 큰 목표를 염두에 두지 못한다. 또는 미세한 것들에 신경 쓰느라 전체의 흐름을 놓치곤 한다. 예를 들어, 체스할 때, 각 말(폰, 룩, 나이트 등)을 '지금 어디로 이동시키는 게 이로운 결과를 가져올 것인가'를 예상해서, 적절한 전략을 짜기보다는 각 말을 네모 칸 중앙에 반듯하게 세우는 데 더 세밀하고 정확하게 신경 쓰는 모습을 들 수 있다. 그러다 보니 체스라는 게임 과정의 진행 속도가 느려지거나, 각 말들이 이동하면서 전체의 흐름이 어떻게 되는지를 제대로 볼 수 없기도 한다.

또 다른 예로, 인생게임을 할 때에는 여러 단위의 종이 돈(일만 원, 오천 원, 이천 원, 일천 원, 오백 원 등)을 각 단위에 맞게 가지런히 배열하느라, 게임 상대방(놀이치료자)의 순서에 주의를 기울이지 못하거나, 게임의 전체 흐름을 적절히 관찰하고 조망하지 못하기도 한다.

'규칙'을 지키는 것이 게임놀이에서 중요하지만, 어느 정도의 융통성을 가질 수 없는 것도 그 아동의 자아강도가 낮거나 불안정함을 보여 주는 신호이다. McWilliams(1999)는 "훌륭한 심리치료의 주된 산물은 자아강도와 자기통합성의 향상"이라고 하였다. 또한 Epstein(1998)은 "아동들은 심리치료를 통해 무너지더라도 산산조각으로 흩어지지 않는 방법을 터득해 나갈 수 있게 될 것"이라고 하였다. 이영애(2017)도 심리치료에서 게임의 활용에 대해 강조하였는데, "임상 장면에서 게임을 통한 아동의 태도에는 아동의 자아강도에 대한 수많은 정보가 숨어 있다. 따라서 아동상담자가 이를 좀 더 적절하게 다룰 수 있다면, 아동의 주된 문제를 해결하는 데 도움이 될 수 있다."라고 하였다.

### ④ 우울한 아동

우울한 아동은 심리적 에너지 수준이 저하되어 무기력감을 자주 느끼거나, 자신에 대한 부정적 측면에 초점을 두는 경향이 있으며, 자기존중감도 낮아져 있다. 따라서 어떤 게임을 하고 싶은지 고르고 선택하는 과정에서도 기운이 없거나, 느리게 결정하면서 움직이는 경향을 보인다. 또한 게임놀이 과정에서 치료자의 긍정적 피드백에 무덤덤하거나 냉담한 모습을 보이기도 한다. 어느 기간 동안은 놀이치료자의 격려 반응을 아동이 잘 받아들이지 않는 모습을 보이곤 한다.

게임을 시작해서 종료할 때까지의 과정 동안 아동은 집중을 지속하는 게 필요하다. 하지만 주의 산만한 아동들뿐만 아니라, 불안하거나 우울한 아동들도 주의집중에 어려움을 가진다. 심신의 에너지 수준이 저하되어 있고, 무기력감이 많고, 활기와 희망적 사고를 적게 갖고 있다 보니, 한 가지 게임에 오래 주의를 집중하는 것이 어려워질 수 있다. 아동이 자신의 능력에 확신이 있을 때에야, 자신의 에너지를 투자해서 성취하고 발전하고자 하는 마음이 더 강화된다. 하지만 우울감과 무기력감이 내적으로 팽배해질 때에는 도전과 숙달에 대한 동기가 적고, 성취하고자 하는 의지와 목표가 뚜렷하지 않다.

### (2) 외현화된 어려움을 가진 아동

외현화 문제를 보이는 아동은 게임놀이 중 상대방에게 거친 반응들을 보이거나, 충분히 관찰하거나 생각하지 않고 충동적으로 게임을 하곤 한다. 예를 들어, 자신의 순서가 아닌데도 하려고 하고, 게임 상대방(놀이치료자)의 말을 대신 이동시키거나, 기본적인 규칙을 무시하거나 변경하려고 한다. 게임 상대방의 점수를 더하거나 없애려고 하면서 불공평한 상황을 만들어 자기만 이익을 얻으려 하곤 한다. 즉, 외현화 문제를 가진 아동은 게임하는 과정에서 기본적인 규칙을 지키려는 동기와 행동을 유지하기 어려워한다.

#### ① 공격적인 아동

게임놀이를 하는 동안, 경쟁욕구가 유독 강렬해지는 아동들이 있다. 지나치게 빠른 속도로 게임을 진행한다. 주사위를 던지자마자 빛과 같은 속도로 말을 움직인 후, 그런 속도를 상대방에게도 요구하고 재촉한다. 또한 공격적인 아동들은 체스나 체커처럼 상대방의 말을 제거하는 게임에서는 더욱 속도를 높이거나 물리적인 완력을 사용해서 상대방의 말을 쓰러뜨리면서 가져가는 방식으로 훨씬 더 공격적인 모습을 빈번히 보인다(Bellinson, 2008). 속도와 힘으로 밀어붙이듯이 게임놀이를 한다. '이런 아동의 일상은 어떠할까?' 만약 어떤 아동이 형제순위에서 막내인데, 아주 체격이 크고, 거칠고 공격적인 언행을 보이는 아버지로부터 일방적이고 강압적인 훈육을 받아 온 가족 역동이 있다고 가정해 보자. 독특한 가족 내 역동 속에서 영유아기 동안 존재감, 가치감, 유능감을 충분히 획득하지 못했을 때, 아동은 미약한 존재감과 가치감을 회복하고, 무능감을 줄여 가기 위해, 심리치료 상황에서 과하게 '파워'를 추구하는 모습을 보이곤 한다. 즉, '다른 사람보다 더 강력해지려 하거나 혹은 가장 강력한 사람이 되어서 성장과정에서 생겼던 무력감과 무능감을 극복하고자 하는 소망'을 무의식 속에 가졌을 수 있다. 따라서 놀이치료자는 아동이 외적으로 보이는 공격적 태도 자체를 멈추려고 하기보다는 공격적 태도 기저에 있는 내적 상태(소망, 지각 등)를 먼저 탐색하고 이해해 보면서, 그 아동에게 알맞은 치료적 반응을 할 수 있어야 한다.

공격적으로 보이는 아동들 중 품행장애로 진단받은 경우, 게임 상대방(놀이치료자)을 조종하려 하고, 자존심을 상하게 하는 언행을 하며, 자신이 이기는 과정과 결과에 대해 시시하다는 듯이 말하기도 한다. 품행장애를 가진 아동들은 종종 놀이치료자의 정보를 무시하고, 아동 자신이 이 게임의 규칙과 전략들에 대해 가장 잘 알고 있고, 가장 잘한다고 생각하며 표현하는 경향을 보인다. 이런 표현을 통해 상대방의 노력과 강점을 무시해 버리고 상대방의 능력을 깎아내리려 한다.

### ② 주의 산만한 아동

게임을 시작해서 종료될 때까지의 과정 동안 아동은 집중을 지속해야 한다. 하지만 주의 산만한 특성을 가진 아동들은 게임의 1회전을 시작한 지 얼마 되지 않았는데도 벌써 주의를 기울이지 못하는 모습을 종종 보인다. 게임을 할 때 자신이 흥미 있어 하는 것에는 어느 정도 주의를 집중하다가도 갑자기 주변의 다른 자극에 쉽게 주의가 분산된다. 한 가지 게임에 집중해서 지속하는 시간이 짧다 보니, 어떤 게임을 시작해서 마무리하지 못하기도 한다.

게임놀이에서 주의 산만한 태도는 ADHD로 진단받은 아동에게 자주 보이지만, 불안하거나 우울한 아동, 자신감이 매우 적은 아동들에게도 나타날 수 있다. 좀 더 자세한 내용은 다음의 충동적이고 과잉행동적인 아동 부분에서 더 살펴보기로 한다.

예시 트러블 게임

| 다소 진행 속도가 빠른 트러블 게임을 하면서 아동은 재미있어 했다. 주거니 받거니 번갈아 각자의 순서를 두세 번 한 상태에서, | |
|---|---|
| 아동 | (갑자기 창밖을 보며) 아, 저기 이마트다~ 선생님, 이마트 1층에 버거킹 가 봤어요? (마트와 간식 메뉴 주제로 화제를 급격히 전환함) |

③ 충동적이고 과잉행동적인 아동

충동성이 많거나 부주의한 특성을 가진 아동들이 과잉행동을 빈번히 보이는 경우들이 있다. 과잉행동이 학령기 아동에게 나타난다면, 'ADHD'로 진단된 경우들도 있는데, 그 원인에 대한 고려도 필요하겠다. 선천적이고 신경학적인 원인을 중요하게 보지만, 성장과정에서 환경의 적절한 개입을 통한 자기 충동 및 행동 조절, 만족의 지연을 연습하고 키워 올 기회가 부족했던 원인들이 공존하기도 한다.

ADHD 아동들은 '충동성' 때문에 자신이 하는 부적절한 행동에 대해 지각하지 못하는데, 게임놀이에서도 이런 면들이 드러난다. 또한 게임은 일정한 형식과 규칙을 갖고 있기 때문에, 게임을 하는 아동이 불안을 느낄 만한 상황들이 생기는데, ADHD 아동들이 평소에 또래로부터 수용되지 못해 불안을 느끼는 상태가 게임놀이에서도 드러나게 됨으로써 이런 불안을 직면하고 훈습할 기회를 갖는다.

게임을 하면서 아동들은 사회에서 수용되는 규준과 유사한 게임의 규칙을 다룰 기회를 갖는다. 더불어 게임놀이치료의 안전하고 허용적인 분위기 안에서 결과에 대해 위협받지 않으면서 충동성과 자기조절을 다루는 새로운 방법들을 시도하고 실험하고 보완하는 경험치를 늘려 가게 된다. 게임놀이의 이런 측면들로 인해 ADHD 아동들이 사회의 규칙을 점차 받아들이는 경험을 누적하고, 결국은 자기의 욕구나 충동을 조절해 보려는 동기를 갖게 되며, 충동과 감정을 조절해 가면서 사회적인 대처행동을 하나씩 터득해 간다.

## 2. 특정한 문제를 경험한 아동의 특징과 게임

내담 아동들이 겪는 주요 어려움이 무엇이냐, 그리고 그 원인이 무엇이냐는 다양하고 각기 다르지만, 게임놀이는 내면화 및 외현화 문제를 가진 학령기 및 청소년기 내담자들에게 매우 중요한 표현 매체이자, 성장을 위한 촉진적 과정이 되어 준다. 최근 놀이치료자들이 현장에서 종종 만나는 주의력 결핍 및 과잉행동 장애 진단을 받는 아동(이하 ADHD 아동)과 부모의 이혼을 경험한 아동들이 보인 특징과 그들에게 유용한 게임에 대해 살펴보겠다.

### 1) 주의력 결핍 및 과잉행동 장애 진단을 받은 아동의 특징과 필요한 게임[2)]

#### (1) ADHD 아동의 주요 특징

ADHD 아동들의 주요 특징은 부주의, 충동성, 과잉행동으로 드러난다. '부주의'로 인해 준비물이나 약속시간을 깜박하거나, 문제를 해결하거나 과제를 수행할 때 책임감이 낮은 모습을 보인다. '충동성'은 옆에 있는 또래들을 불편하게 만들고, 타인의 안전에 해를 끼치기도 한다. 학년이 올라갈수록 학업 집중도와 수행의 질이 저하되어 학업성취도나 학습부진의 어려움을 동반함으로써 큰 좌절과 스트레스를 유발하기도 한다.

---

2) Schaefer와 Reid(2001)를 토대로 재구성함.

관련 연구들에서도 ADHD 아동들은 일반적인 또래들에 비해 주의집중 유지시간, 활동성 수준, 충동조절의 정도에서 유의한 차이를 보였다(Ross & Ross, 1982). 다른 연구들에서도 ADHD 아동은 집단에서 규칙을 따르는 것을 상당히 어려워하고, 해야 할 과제를 쉽게 지루해하며, 그에 따르는 보상이 적을 때 학교 과제에 적응하고 지속하는 데 어려움을 보인다고 하였다(Barkley, 1988).

행동의 결과에 대해 충분한 생각 없이 충동적으로 결정을 하는 특징들은 이후 청소년기에 충동적인 행동으로 이어질 수 있다. 이러한 충동성은 위험한 행동과 결과를 초래하고, 잠재적으로 삶을 위태롭게 하는 특징이 될 수도 있어 학령기에 이를 조절하고 감소시키는 개입이 중요하다. ADHD 아동에 대한 약물치료가 필요하고, 이에 더해 심리치료적 접근(개별 치료와 집단 치료)과 부모교육이 병행되는 것을 권고한다.

Levine(1987)에 의하면, ADHD 아동의 부모들에게 적절한 내용의 정보를 교육함으로써 부모가 자녀에 대해 갖는 분노와 죄책감, 그리고 자녀에 대한 비난을 완화시킬 수 있다. 또한 아동들이 충동적으로 행동하는 것을 줄여 가는 데 도움 되는 과제들을 연습할 기회들을 마련해야 한다. 또 Barkley(1988)의 연구에서는 "좋은 언어능력을 가지고 지적으로 발달이 잘된 아동들이 자기조절 훈련에 가장 좋은 반응은 보인다."라고 하였다. 이는 ADHD 아동에 대한 치료적 접근에서 부모에 대한 적절한 정보제공을 위한 교육, 그리고 아동이 자기조절 및 감정 조절, 문제해결을 하는 훈련 기회와 연습의 중요성을 보여 준다.

이에 ADHD 아동에게 권장되는 문제해결 훈련에 대해서 다음에서 간단히 살펴보겠다.

#### (2) 문제해결 훈련

아동이 자신이 할 행동의 결과에 대해 생각하는 것을 지도하고, 그들의 행동이나 결정의 중요성을 알게 되는 것에 초점을 두는 연습이 필요하다. ADHD 아동들은 일반적으로 중요한 사회적 상황의 단서나 정보를 놓치기 쉽고, 이로 인해 학교와 또래관계에서 종종 좌절을 경험한다. 이러한 아동들은 자기 내부에 발생하는 감정에 대한 인식과 이를 적절하게 표현하는 방법을 습득할 필요가 있다. 또한 이완 활동과 문제해결 연습을 사용해서 효과를 얻을 수 있다. 다음에서와 같이, 멈추기 · 이완하기 · 생각하기 게임에서 소개하는 개념들인 '집중'과 '흥미'를 유지하도록 하는 특별한 기술을 습득하는 것은 매우 효과적이라고 알려져 있다(Schaefer & Reid, 2001).

### (3) 멈추기 · 이완하기 · 생각하기 게임

**게임의 기본 구성**

- 연령: 6~12세
- 인원 수: 2~6명
- 게임 도구: 게임 판, 감정카드 36장, 생각카드 33장, 움직이는 거북이 4개, 토큰 30개, 멈춤 카드 1개, 주사위 1개, 8면이 그려진 판

▷ 4개의 영역(감정 · 멈춤 · 이완 · 사고 영역)을 모두 지니시 미지막 신으로 나아가는 것
▷ 승자: 가장 많은 토큰을 받은 선수
▷ 보상: 결승라인에 첫 번째로 도착한 선수는 추가로 토큰을 받고 게임을 멈춤
▷ 변형: 게임 인원이 많거나 게임 시간이 짧은 경우, 2개의 주사위를 사용할 수 있음

**멈추기 · 이완하기 · 생각하기 게임 목표**

- 전반적 목적: 아이들이 자기조절 기술을 배우고, 그 기술들을 연습할 기회를 제공하는 것
- 치료적 목적: ① 감정의 인식과 표현 ② 동작 알아차리고 조절하기 ③ 간단한 이완 기술 연습하기 ④ 문제해결하기

#### ① 첫 번째 영역: 감정 영역(feeling section)

아이들이 그들의 감정과 스트레스의 첫 신호를 알아차리도록 아이들을 돕는 것은 자기조절에서 매우 중요하다. 4개의 주요 감정(흥분, 슬픔, 기쁨, 놀람)에 초점을 맞추지만 아동은 그들의 개인적 경험에 대해 생각하고, 다른 많은 감정단어를 생각하도록 격려 받게 된다(Center for Applied Psychology, 1991).

가. 감정 영역 규칙 1

- 카드를 뽑는 장소가 있고, 각 카드는 어떤 일이 일어나는 상황에서 어떻게 느끼는지에 대해 이야기할 수 있는 상황들이 적혀 있다.
- 감정 영역에는 크게 두 가지 유형의 카드가 있다.
  - 유형 1: 특정한 상황에서 아동들이 느낄 만한 감정이 무엇인지에 대해 생각하고 답하기(예: "네가 숙제를 열심히 집중해야 하는 시간에, 네 형제들이 너무 큰 소리로 시끄럽게 계속 떠들 때" "너의 팀이 야구에 졌을 때" "네가 수학문제 풀이에 꼭 필요한 연필을 잃어버렸을 때")
  - 유형 2: 자신이 느끼는 감정이 무엇인지 확인하는 방법에 대해 대답하기

    예 "네가 슬프다는 것을 다른 사람들에게 어떻게 보여 주니?" "네가 무서움을 느낄 때, 네 몸은 어떻게 달라지니?"

나. 감정 영역 규칙 2

- 토큰: 카드에 대답했을 때 토큰 1개씩 받을 수 있고, 그리고 다른 영역에서 성공적인 수행을 했을 때에도 토큰을 받을 수 있다.
- 기쁨, 슬픔, 흥분, 두려움의 네 가지 감정 범주가 게임 판에 묘사되어 있어 게임 참가자가 해당 칸에 도착하면, 그 범주의 카드를 뽑아야 한다.
- 나이가 어린 아동들에게는 네 가지 감정 범주에서 한 가지 감정을 고른 것을 격려해 준다. 좀 더 큰 아동들에게는 그들 자신의 감정을 더욱 세밀하게 알아차리고 그 감정들에 대해 더욱 적합한 새로운 감정단어를 알게 된 것을 격려해 준다.

② **두 번째 영역: 멈춤 영역**(stop section)

충동적 행동은 꽤 다양한 형태로 나타나곤 한다. 이 영역은 아동이 자동적이고 반사적으로 반응하기 전에 자발적으로 행동을 멈춰 보기를 연습하고, 그런 행동들을 스스로 인지하는 방법을 배우는 데 도움을 준다. 이런 멈춤 단계의 연습 없이, 이완 구간이나 사고의 영역으로 넘어가면 적절한 자기조절의 연습 기회를 충분히 갖

지 못한다.

가. 멈춤 영역 규칙

- 멈춤 신호는 토큰을 받을 수 있는 정도의 기술을 요구한다.
- 아동이 멈춤 신호 공간에 도착하면, 주사위를 굴려서 주사위에 나온 숫자만큼 가서 멈추어야 한다.
- 멈춤 카드에는 여덟 가지 행동이 있는데, 이 중 하나를 선택한 후 '가능한 한 빠르게' 되풀이하다가 '멈춤'이라고 말할 때, 아동은 하고 있던 행동을 곧바로 멈추어야만 토큰을 받을 수 있다.
- 다른 아동은 해당 아동의 멈춤 행동이 토큰을 받을 만큼 충분히 빨리 나타났는지를 평가해야 한다.

나. 멈춤 카드의 여덟 가지 행동

- 방을 뛰어 돌아다니기
- 되풀이하여 "예스"라고 말하기
- 머리를 가볍게 두드리고, 배를 문지르기
- "나는 신이 나."라고 되풀이해서 말하기
- 1 10까지 반복해서 세기
- 노래 부르기
- 손뼉 치고 발을 구르기
- "나는 할 수 있어."라고 반복해서 말하기

다. 멈춤 카드를 통해 배우게 되는 세 가지 기술

- 주어진 지시 내용을 그대로 따라야만 한다.
- 아동은 빨리 반복해서 같은 행동을 하다가 요구되는 지시에 초점을 맞추고, 집중하는 것을 막는 반복적인 행동에 대한 위험을 무릅써야만 한다.
- 아동은 토큰을 받기 위해 언어적인 지시에 즉각 반응해야 한다.

③ **세 번째 영역: 이완 구간**(relax trail)

이완 영역에서는 참가자들이 토큰을 받기 위해 다양한 이완 기술을 많이 연습할 기회를 갖는다. 이를 위해 참가자들은 다음에 제시되는 과제들을 듣고 수행해 본다.

가. 제시되는 과제

- **세 번 숨을 깊게 쉬기**(토큰 3개 받기): 깊게 숨을 들이마시고 내쉬는 것은 자기 조절 및 이완 훈련에 매우 중요하다. 아동은 천천히 숨을 최대한 깊게 들이마신 후, 부드럽게 숨을 내보내도록 격려받아야 한다.
- **조용하게 "나는 이완할 수 있어."라고 말하기**(토큰 1개 받기): 혼잣말을 긍정적으로 하도록 격려받는다.
- **재미있는 것을 말하거나 행동하기**(토큰 1개 받기): 유머는 긴장을 푸는 유용한 방법이다.
- **이완할 수 있는 장면에 대해 말하기**(토큰 1개 받기): 심상(마음속에 그림을 그리는 것)은 스트레스 상황에서 정신적으로 탈출하여 이완을 촉진할 수 있는 시각적 그림이다.
- **평온해지기 위해 10까지 큰 소리로 세기**(토큰 1개 받기): 무엇인가를 언어로 말한다는 것은 충동성을 가라앉히는 데 도움이 되며 더 잘 조절할 수 있게 한다. 아동을 화나게 하는 무엇인가를 떠오르게 하고, 화가 나고 있다는 것을 상상하게 하고, 화를 조절하기 위해 화에 대해 초점을 맞추지 않은 채 수를 10까지 세도록 한다.
- **흰 구름이 두둥실 떠가는 것에 대해 생각하기**(토큰 1개 받기): 이완 훈련을 위한 이미지 사용
  - 근육을 수축했다가 이완하기(토큰 1개 받기): 몸을 수축하고 이완하는 것은 스트레스를 감소시키고 순환을 촉진시킨다. 아동은 귀까지 어깨를 위로 끌어올리고 팔과 다리에 힘을 주고 주먹을 쥐고 발끝을 오므렸다가 모든 신체의 부분의 힘을 풀어 느슨하게 이완한다.
  - 간단한 운동을 하기(토큰 1개 받기): 스트레스에서 벗어나기 위해 근육을 움

직이는 것이 매우 중요하다.

나. 스트레스 도시

- 멈춤 영역에서 하나의 길과 이완 영역에서 두 개의 길을 통해 만날 수 있는 '함정 공간'이다.
- 아동이 다음 순서에서 보드 놀이로 돌아오기를 원하면 그들이 스트레스를 느꼈을 때에 대해 이야기하도록 요구한다.
- 아동이 이완 기술에 대해 이미 훈련을 해 왔다면, 이완 기술에 대한 연습의 기대가 더 많아진다. 그러므로 이완 훈련은 스트레스에 대한 인식을 더 증진시키고 그것에 대한 반응을 연습할 수 있도록 한다.

④ **네 번째 영역: 사고 영역**(thinking zone)

충동적인 아동들은 문제해결에 대한 훈련을 하는 것이 중요하다. 이 영역은 아동이 좀 더 나은 선택을 할 수 있도록 구조화된 체계적인 사고를 촉진한다. 사고 영역에서는 두 가지 길 중 하나를 선택하는 것으로 시작한다. 한쪽 길은 노란 전구가 그려진 칸에 도착했을 때, 문제해결 카드를 뽑을 기회를 갖게 된다. 다른 길은 참가자가 안전하고 공정하며 더 좋은 감정을 가질 수 있는 해결책들에 대해 생각해 볼 상황이 적힌 카드들이 있다. 이 영역에서는 문제해결에 있어서 신중하고 좋은 감정을 느끼는 데 초점을 둔다.

가. 사고 영역의 질문 예시

- 너는 엄마에게 화가 났어. 네가 화난 것을 표현할 수 있는 좋은 방법들로는 어떤 게 있을까?
- 누가 너를 밀고 있고, 넌 그가 제발 너를 미는 것을 멈추길 바라. 네가 다치지 않으면서, 다시 좋은 기분이 되려면, 너는 어떻게 하는 게 좋을까?
- 너는 오늘 학교에서 아주 힘들었지. 오늘 무슨 일들이 있었지? 기분은 어떨까? 무엇을 할 수 있을까?

나. 사고 영역은 다음과 같이 문제해결이 필요한 상황을 포함한다.

(계획은 '문제해결을 위한 계획'을 의미함)

- 다시 생각하기: 네 계획대로 되지 않았어. (참가자의 말이 4칸 뒤로 가기)
- 네 계획은 정당해. (1칸 앞으로 가기)
- 네 계획은 안전하지 않아(혹은 누군가 다칠 수 있어). (뒤로 1칸 가기)
- 네 계획은 기분을 좋아지게 만드네. (2칸 앞으로 가기)
- 좋은 계획을 계속 생각하기 (1회 휴식)

다. 혼란의 동굴

- '함정 공간'이고 사고 영역의 하나의 길과 연결되어 있다. 기회를 놓친(1회 휴식하는) 아동이나 혼란된 감정을 느끼는 아동은 함정 공간으로 가게 된다.
- 만약 아동이 그들의 혼란스러운 경험에 대해 '이야기 나누기'를 선택하면, 함정 공간으로 보내지 않고 다시 사고 영역의 길로 되돌아갈 수 있다.

라. 토니 거북

- 토니는 '거북이 기법(천천히 생각하기)'으로 행동을 조절하는 법을 배우게 된다.
- '거북이 기법'은 우선 외적 또는 내적 단서에 생각하도록 하는 인지행동기술로서 일상생활 기술 프로그램에서 지도하는 내용이다.
- 충동적인 아동의 모습인 '토니 거북'이 자신을 성공적으로 조절하는 것을 배우게 되어 학교와 집에서의 생활이 안정되어 가는 모습을 보여 준다.

**⑤ 개별 아동에게 적용할 때**

개별놀이치료에서 이 게임을 사용할 때는 규칙을 좀 더 간소화하고, 개별 아동에게 적합하게 경험과 보상을 조정하여 참여동기를 갖도록 한다. 집단놀이치료에서 또래와의 경쟁으로 나타날 수 있는 영향은 개별 회기에서는 다소 감소되곤 한다. 또 ADHD 아동은 대체로 움직임이 많다. 멈추기·이완하기·생각하기 게임은 운동성이 높은 아동이 새로운 기술을 연습하고 경험할 수 있는 다양한 기회를 제공한다. 깊이 숨 쉬고 뱉기, 유머 있게 말하기, 행동을 반복하다가 멈추기 그리고 몇 가지 행동을 연습해 보기는 목표 행동과 경험을 준비하도록 활성화한다.

한편, ADHD 아동에게는 집중을 유지하기 위한 다양한 강화가 필요하다. 게임하는 동안, [멈춤·이완·사고 영역]에서 다양한 기술을 사용해 보고, 흥미로운 상황이 다양하게 존재하는 형태는 ADHD 아동에게 강화로 작용한다. 토큰은 다양한 방법으로 얻을 수 있고, 늘 정확히 예상할 수는 없지만, 각자의 순서에서 1~3개의 토큰을 받게 되는 것도 흥미롭다. 따라서 이러한 게임은 ADHD 아동이 감정 인식, 자기조절, 이완, 문제해결 기술을 익히도록 하는 데 유용한 인지행동적 도구가 된다.

⑥ ADHD 아동의 부모가 사용할 때

이런 게임들을 일상생활에서 부모가 사용할 수 있도록 지도한다. 부모가 실제 상황에서 자기조절과 이완 기술을 사용함으로써 부모로서의 역할을 강화시킬 수 있다. '토큰이나 점수로 보상을 주는 방법들'은 부모가 가정에서 그런 기술들을 보다 시기적절하게 사용하도록 격려하게 되어, 부모가 자녀의 충동성을 관리하는 역량을 발전시켜 갈 수 있다.

부모는 사고 영역에서 개념을 잡을 수 있도록 의사소통 기술을 더 훈련받을 수 있고, 이를 통해 그들의 자녀들에게 문제해결력을 키우도록 관여할 수 있다. 예를 들어, 집에서 문제 상황이 발생되면 부모는 아동이 다음과 같은 네 가지 문제해결 단계의 질문을 하도록 지도할 수 있다.

- 나는 무엇을 해야 하지?
- 나는 어떻게 해야 하지?
- 계획대로 잘하고 있나?
  - 안전한가?/ 정당한가?/ 좋은 감정을 만드는가?/ 열심히 하도록 만드는가?
- 어떻게 했는가?

⑦ **집단에서 적용할 때**

집단과 게임을 할 때에는 규칙이 정해져 있고, 그 규칙에 따르며 게임하는 동안 아동들 사이에서 발생하는 감정이 치료과정에서 발생되는 치료적 요소가 된다. 집단에서 아동은 자기 순서에서는 자신의 게임 말을 움직이되, 다른 아동 차례에는 자신의 말을 움직이지 않는 규칙을 따르게 된다. 또한 아동들은 다른 아동이 [멈춤 영역]에서 빨리 멈추는지 아닌지를 관찰해야 할 때, 공정한 결정과 주장을 해 봐야 한다. 이런 과정에서는 게임놀이에서 자신도 공정했는지 아닌지를 토의할 시간을 갖기도 한다. 토큰을 얻을 수 없는 함정 공간에서 실망감을 느끼는 경험도 하고 이를 통해 좀 더 배울 수 있는 기회를 얻게 된다.

⑧ **대집단에서 사용할 때**

사용할 수 있는 여러 가지 게임들 중에서 4~5명 이상이 긍정적인 결과를 나타낼 수 있는 게임을 하려고 한다면, 멈추기·이완하기·생각하기 게임이 대집단에게 가장 좋다. 인원이 많을 때는 각 라운드마다 교대로 대답을 할 수 있도록 2명씩 한 팀을 지어 주거나 팀별로 토큰을 받는 작은 팀을 구성하면, 인원이 많은 큰 집단을 지도하는 데 더 효과적이고, 학급에서도 활동이 가능하다.

그러나 ADHD 아동만 인원이 많아지는 경우에는 이 방법은 주의를 유지하도록 하는 데 어려울 수 있으므로 이 게임의 구조가 적합하지 않다.

⑨ **이 게임의 효과**

- 첫째, 게임의 내용이 명백하다. '게임의 목적과 목표가 정해져 있다.' 멈추기·이완하기·생각하기 게임은 자기조절 단계에 대해서 아동과 부모, 다른 참여자들을 교육하는 목적에 적합하다.
- 둘째, 게임이 사회적 특성을 포함한다는 면에서 유용하다. 게임은 각 아동이 '힘을 사용하는 데' 있어서 치료자가 개입할 상황을 자연스럽게 만들어 준다. 게임은 아동에게 차례를 기다리며, 다른 사람의 경계를 존중하게 해 준다. 또 주어진 답을 잘 듣고, 문제해결을 하고 규칙을 따르도록 격려함으로써 게임

놀이 과정에서 정서적인 조절과 충동적인 행동에 개입할 기회를 제공한다.

- 셋째, '게임의 놀이로서의 가치'이다. 놀이로서의 가치는 게임에서 제시된 개념을 알고 그것을 배우는 데 참여할 수 있도록 흥미를 제공한다는 것이다. 멈추기·이완하기·생각하기 게임은 재미있고 빠르게 진행되며, 자연스럽고 다양한 방법으로 중요한 개념과 내용을 배워 가게 돕는다.

## 2) 이혼가정 아동의 특징과 게임놀이의 적용[3)]

### (1) 아동심리치료에서 게임을 활용하는 이유

아동은 종종 심리치료 회기에 참여하는 것에 저항감을 보인다. 치료를 위한 만남의 시간이 평소에 아동이 좋아하는 다른 활동과 다르기 때문에 더 저항감을 보일 수도 있다. 보통 심리치료 시간은 힘든 학교 수업을 마친 늦은 오후에 갖게 된다. 또한 심리치료를 받아야 하는 아동은 또래의 놀림이나 교사와 부모의 비난으로 고통받아 온 경우가 많다. 그러다 보니, 전체 치료과정의 초기 단계에 그들은 상당한 좌절과 분노가 내면에 쌓여 있기도 해서, 집단놀이치료에서는 집단구성원인 다른 아동에게 분노 감정을 발산하기도 한다. 그들은 다른 아동을 살짝 괴롭히거나, 거친 말을 하거나, 남 탓을 한다. 좌절감이 내면에 쌓여서 이 같은 행동으로 표출하는 것일 텐데, 문제는 이러한 행동에 대해 어떤 또래들은 맞장구치면서 한 아이를 괴롭히는 것을 즐거워한다. 괴롭힘을 당하는 아이는 즐겁지 않을지라도 말이다. 아동들이 너무 피곤한 일상을 보내거나 스트레스가 누적되었을 때, 학업에 집중하기 어려워지고, 바람직하지 않은 침범을 또래 간에 하는 경향이 있다.

심리치료 회기라 해도, 어떤 아동이 다른 아동을 침범하거나 괴롭힐 때, 그들의 감정을 논하거나 초점을 맞추는 것은 어려운 일이다. 말다툼이나 괴롭힘을 못하게 하기보다는 오히려 '치료적 반응'을 적용할 필요가 있다. '다른 또래를 괴롭힌다는 것'은 타인의 결점을 들춰내는 것이다. 이것은 타인에게 피드백을 주는 것 같지만 해

3) Schaefer와 Reid(2001)를 토대로 재구성함.

로운 의도가 있다. 아동들의 이러한 괴롭히기 욕구를 '아동의 피드백 게임'에 접목하여, 괴롭히기의 해로운 측면을 없앤 피드백 기술을 습득할 기회를 마련할 수 있다.

게임놀이 속에 경쟁요소가 포함되어 있으면서도 흥미롭다. 게임은 다른 편을 누르기 위해 적이 될 수도 있고, 또 같은 팀원 간에는 협동심을 가져 보게 한다. 치료자가 경쟁심과 보상체계 사이의 균형을 잘 조절해서 협동을 이끌어 내기도 한다. '이기고 싶은 욕구'로 인해 아동들은 기꺼이 주제를 의논하고 게임을 실행하려고 집중하게 된다. 또한 게임이라는 형식 안에서 아동은 '이건 단지 게임이야.'라는 생각 때문에, 평소 금지된 감정이나 신념을 언어로 표현하는 즐거움을 느끼게 되기도 한다. '일어날 수 있는 일' 게임은 이러한 근거에 기초한다.

이 장에서는 이혼을 경험한 아동을 돕기 위한 게임에 대해 생각해 본다. '부모의 이혼'을 겪은 아동은 이전 시기의 활기와 내적인 힘이 급격히 줄어들곤 한다. 부모와 함께 살고 싶다고 요청해도 아동의 소망이 이루어지기 어려운 현실을 직면하면서 아동은 급격히 무력감을 느끼게 된다.

부모의 이혼을 경험한 아동들이 그들의 무력감을 줄여 가는 데 있어서 놀이치료자들이 도움을 줄 부분이 어떤 것인지 그 일부를 여기에서 살펴볼 수 있다. '구조화된 게임'에는 가족과 관련된 이슈를 포함하기도 하고, 그런 주제를 끌어낼 수도 있다. 집단놀이치료에 참여하는 아동이 게임을 선택했을 때, 아동은 주도적으로 참여하고, 치료자는 관찰자 정도의 역할을 할 수 있다. 놀이치료자가 이렇게 역할해 줄 때, 아동은 자발성을 더 많이 갖게 되고, 자기 감정의 표현을 억제하던 것을 줄여 가며, 집단에서의 참여도도 증가하면서 궁극적으로는 자기존중감을 회복해 가는 방향을 잡아 갈 수 있다.

#### (2) 게임 활용의 배경

이러한 프로그램은 주 1회 1시간 30분씩 아동 집단과 부모 집단의 모임이 동시에 이루어지는데 프로그램 기간은 2~3개월 정도이다. 아동 집단의 활동은 이혼가족에 대한 몇 가지 가정을 기초로 한다. 그중 한 가지 가정(assumption)은 이혼을 결정하는 가족들의 경우 타인의 욕구는 간과하고 자신의 욕구를 만족시키는 개인주의 방식을 사용한다는 점이다. 아동의 공격적이고 경쟁적인 행동은 그들이 목격한 부모의 갈등을 모델링한 것일지도 모른다. 또한 아동은 부모가 자신의 사회적·정서적 욕구를 만족시키기 위해 시도한 행동을 모방할지 모른다. 그로 인해 가족 단위의 공동 목표에 대한 책임은 줄어들지 모른다. 이러한 개인주의적 자세로 인해 가족 구성원은 고립감을 경험하게 되고, 가족원 간의 사회적 지지가 감소하게 되니, 이혼으로 인한 스트레스를 견디기는 더욱 힘들어진다.[4)]

이혼 가정의 아동들을 돕기 위한 프로그램으로서 '협동심을 배울 수 있는 집단'이 구성되기도 한다. 협동적인 집단의 분위기를 만듦으로써, 구성원들은 다른 아동의 지지를 경험할 수 있다. 다행스럽게도, 집단에서 그들이 배운 협동 행동은 가정으로 이어질 수 있다. 물론 아동이 협동적으로 행동하기 위해 그들은 몇 가지 특별한 기술을 습득해야 한다. ① 타인의 역할을 고려하고, ② 서로 피드백을 주고받으며, ③ 서로 공유하고 역할을 나누는 것 등을 배워야 한다. 피드백 게임이 이러한 기술을 습득하는 과정이 된다.

또 다른 가정은 이러한 아동이 종종 이혼과 관련된 경험들로 혼란스러워하고 그들의 환상과 불안에 대해 토론하는 것을 꺼리며, 수치심과 죄책감을 경험한다는 점이다. 그래서 준비된 집단은 아동에게 이 같은 비밀스러운 생각을 표현하도록 용기를 줄 수 있다. 안전한 분위기에서의 표현을 통해 동질감, 보편성, 수용받는 느낌을 얻을 수 있다. 아동은 또래집단원과 '같은 배에 탔다'는 느낌을 가질 수 있다. '함께한다고 느끼기(we-feeling)'는 사회적 지지를 경험하게 하고 집단의 협동적인 분위기에 기여하는 것으로 보인다. '일어날 수 있는 일' 게임은 아동의 비밀주의를 줄이고 자신의 신념과 관심사에 대한 개방적인 토론을 이끌어 내는 데 활용된다. 거기에는 Yalom(1970)의 몇 가지 치료적 요인이 통합되어 있다. 그는 집단심리치료에서 '치료에 효과적인' 요인을 제시하였는데. 이러한 요인들은 아동 집단에서 게임놀이를 하는 과정에서 자연스럽게 발생하고 효과적으로 작용한다. 다음의 치료적 요인들은 아동을 위한 집단놀이치료에서도 유사하게 작용하는 것으로 확인되어 왔다

4) Yalom(1970)은 이혼 스트레스를 견디게 해 주는 요인 중 하나가 서로 간의 사회적 지지라고 하였다.

(Sweeny & Homeyer, 2009).

- 공유하기, 표현하기 그리고 카타르시스
- 부정적인 감정 표현을 정당한 것으로 인정하기
- 문제의 보편성을 경험하기(이 사례에서는, 이혼으로 인한 문제)
- 자신과 비슷한 또래의 도움을 받아들이기: 조언, 기술 훈련, 새로운 행동 경험하기, 직접적인 정서적 지지를 포함하여 돕기
- 유사한 상황에서 타인에게 도움을 주기: 타인을 도우며 스스로를 돕는 것도 배우기
- 희망을 심어 주기: 이것은 종종 문제를 다루는 새로운 대처법을 학습하며 무력감을 줄이기
- 비슷한 또래의 피드백을 수용하고 보다 책임감 있는 행동을 스스로 학습하기
- 유사한 또래를 모델로 두기

두 가지 게임을 병행하면 서로 상승 작용을 한다. 아동이 '피드백' 게임에서 습득한 피드백 주고받기 기술은, '일어날 수 있는 일' 게임에서 효과적인 대화를 향상시킨다. 마찬가지로 '일어날 수 있는 일' 게임의 결과로 나타나는 일상적인 경험의 발견은 '피드백' 게임에서 협동적인 경험을 더욱 촉진한다. 집단이 점점 응집력 있고 지지적으로 될수록, 아동이 초기 과정에 보였던 방어는 줄고, 특별한 게임 형식이 없는 순간에도, 불안을 유발하는 내용(anxiety-arousing material)을 공유하게 될 가능성은 증가한다.

### (3) '피드백' 게임과 '일어날 수 있는 일' 게임

#### ① 피드백 게임

Epstein과 Borduin(1984)이 개발한 '피드백' 게임은 아동 집단의 초기 과정에서 빈번하게 나타나는 분별없고 공격적인 행동을 줄이는 수단으로 활용한다. 잠복기 아동의 집단에서 파괴적인 행동은 흔히 나타난다. 많은 임상가(Ginott, 1961; Sweeny & Homeyer, 2009)는 집단에서 무질서하고 파괴적인 행동을 보이는 아동에게 '제한 설정'이 중요함을 언급하고 실천해 왔는데, 그러한 아동의 행동을 변화시키고, 제한

설정하는 과정에서 성인이나 집단치료자가 했던 것보다 또래들의 제한 설정이 더 효과적인 순간들이 있음을 보고하였다.

'피드백' 게임은 아동 집단원과 관련된 에피소드들로 구성되어 있다. 이 게임은 아동이 그들 자신의 행동이나 타인의 행동에 주의를 기울이도록 동기부여를 하는 데 활용된다. 집단치료자는 아동이 이 같은 사건을 기억하도록 요약된 정보를 제공한다. 즉, 그들은 집단 활동을 녹화하고 녹음하며, 이렇게 기록된 자료에 근거하여 요약본을 준비한다. 컴퓨터로 뽑은 이전 회기 요약본은 각 회기의 초반에 아동에게 나눠 준다. 요약본에는 전체 집단에서 일어난 일을 요약한 단락과 더불어, 각 집단원에게 일어난 일을 요약한 단락도 포함되어 있다. 각 집단원의 단락은 '(아동의 이름)에게 일어난 일은'이라는 제목으로 시작한다.

기록된 정보를 재검토하는 것은 (매우 가치 있는 일임에도 불구하고) 시간을 소모하는 것이며, 다른 절차로 대체할 수 있다. 회기에 대한 기록을 듣는 것보다는 리더가 회기 동안 각 아동에게 두드러진 사건에 대해 '짧은 보고서'를 만들 수 있는데, 이 보고서는 종이에 적어서 집단 전체에게 보여 줄 수도 있다.

요약된 정보의 활용은 아동의 성공 가능성을 최대화하는 목표와 일치한다. 초기에 아이들은 서로에 대한 정보의 부족으로 다른 아동에게 피드백을 제공할 수 없다. 그러므로 우리는 아동에게 피드백의 기초가 되는 자료를 제공한다. 하지만 아동은 충분한 정보를 가졌다 해도 어떤 정보가 공유하기에 가치가 있으며, 건설적으로 의사소통을 할 수 있는 방법이 무엇인지 모른다. 따라서 '피드백' 게임은 아동이 요약본을 읽고 피드백을 제공하는 방법을 배우게 하는 동기를 부여한다. '요약'은 피드백 과정의 한 모델로서 정보와 그것을 받아들이는 방법을 제공하면서 아동이 집단원에게 피드백 주는 것에 성공할 가능성을 높여 준다.

아동의 게임에 대한 참여도를 높여서 집단원 간의 상호 관심을 촉진하기 위해 '보상 체계'를 활용한다. 활동을 시작하기 전 점수 체계(point system)를 소개하는데, 다양한 활동에 참여하여 모은 점수는 마지막 집단 회기에서 열리는 파티에서 아동이 좋아하는 물건을 얻는 데 활용할 수 있게 한다. 점수 목록은 누적되는 점수를 아동이 볼 수 있도록 방 안의 잘 보이는 곳에 게시한다. 사다리처럼 보이는 이 차트는 다수의 세부 목표도 포함한다. 각 세부 목표는 파티에서 얻게 될 보상물(예를 들어, 아이스크림, 풍선)에 대응하는 것이다. 집단은 다양한 경기에서 점수를 얻기 위해 경쟁할 두 팀으로 나뉜다. 경쟁은 흥미와 참여동기를 유발하면서 각 팀 내의 단결력을 높인다. 각 팀이 모은 점수가 합해지며 이는 집단 파티의 공동 목표에 적용되기 때문이다.

집단은 두 팀으로 나눠서 게임을 시작한다. 치료자는 이전 모임에서 일어났던 사건의 요약 기록을 읽는다. 사건에 관련된 아동의 이름이나 성별과 같은 단서는 언급하지 않는 방식으로 다음과 같이 읽는다. "이 아이는 집단의 다른 친구를 놀렸고, A게임에 참여하지 않았어." 아동들이 해야 할 일은 '요약문에 언급된 아이가 누구인지' 추리하는 것이다. 아동은 일반적으로 '목표 대상 아동'이 누구인지 열심히 찾는다. 각 팀이 팀원들끼리 의논한 후 일치된 의견을 결정하도록 격려한다. 그렇게 함으로써, 각 아동은 자신들의 충동적인 경향성을 살펴보고 다른 아동의 생각을 받아들이는 것을 배우게 된다.

몇 차례의 라운드가 진행된다. 매 라운드에서, 각 팀은 '추측하는 팀'이 될 기회를 갖는다. '추측 팀'의 대표가 팀 내 추측 의견을 발표하면, 집단치료자는 다른 팀에게도 '도전'할 기회를 준다. 만일 추측 팀이 맞추면 1점을 얻지만, 도전 팀이 맞추면 2점을 얻고 추측 팀은 1점을 잃는 규칙으로 해 본다. 각 팀은 상대편의 승리에도 즐거울 수 있다. 여기서 중요한 목표는 협동이고, 집단 활동의 가치와도 일치한다.

아동은 다양한 보너스 점수를 얻을 기회도 갖는다. 보너스를 얻을 수 있는 중요한 규칙 네 가지를 소개하면 다음과 같다.

- '목표 대상 아동'이 요약문에서처럼 행동했을 때, 다른 집단원들이 어떻게 느꼈는지를 대답하거나 의논하면, '감정'에 대한 보너스 점수를 얻는다.
- '대상 아동'이 자신의 충동적 행동에 대한 또래들의 피드백을 인정하고, 다른 팀원이 이 행동에 어떻게 반응했는지를 맞추는 경우, 그 대상 아동은 '인정'에 대한 보너스 점수를 얻는다.
- '대상 아동'이 미래의 상황에서 자신의 행동을 변화시킬 방안을 제시하면, '변

화'에 대한 보너스 점수를 얻는다.

- 집단원이 대상 아동에게 다른 새로운 행동방식을 제안하면 '충고'에 대한 보너스 점수를 얻는다.

이러한 보너스 점수 제도는 집단에서 Yalom(1970)의 치료적 요인들이 더 작동하게 기여한다.

점수는 칠판에 기록한다. 이 게임을 하는 동안, 한 아동에게 '점수 기록자'의 역할을 주는데, 아동들은 이런 역할을 선호한다. 또한 그에 못지 않게 아동들이 하고 싶어 하는 역할이 '파티 차트 기록자'이다. 이 임무를 하는 아동은 '사다리' 파티 차트의 '사다리 사이'에 매직으로 집단 목표의 진행 상황을 표시한다. '점수 기록자'와 '차트 기록자' 역할도 강화물로 활용된다. 아동들은 이 같은 역할을 교대로 맡으면서 책임감과 협동심을 배운다. 역할을 맡게 된 아동은 그 임무에 선택되지 않은 아동의 박탈감을 표현할 기회를 제공한다. 또한 다른 역할들도 만들어질 수 있다. 예를 들어, 팀에 팀장을 둘 수 있다. 역할을 추가하는 결정은 그들의 강점과 약점, 그들의 명백한 가족 문제 그리고 집단원의 특징적인 상호작용 패턴을 평가한 후에 이루어질 수 있다. 게임은 치료적 목표를 이루는 데 적절한 수단이며, 게임을 하는 과정에서 각자가 독특한 역할을 맡아 필요한 존재가 되었을 때, 가장 효과적으로 동기를 가질 수 있다.

치료자는 가능한 토론을 격려하고 확장시키기 위해 효과적인 게임을 활용한다. 모든 아동이 토론에 골고루 참여하도록 격려하며, 가끔은 어떤 집단원이 '대상 아동'처럼 행동했던 일화를 공유하도록 요청할 수도 있다. 이러한 절차는 타인의 시선으로 그들 자신을 볼 수 있게 도우며, 그들의 행동에 타인이 어떻게 반응하는지를 알아 가게 한다.

### ② '일어날 수 있는 일' 게임

'일어날 수 있는 일' 게임은 피드백 게임을 한 후에 소개된다. 피드백 게임은 아동에게 감정 표현하는 방법을 배우게 하며, 그러한 표현 기술은 '일어날 수 있는 일' 게임에서 더욱 연마하게 된다.

이혼가정 아동은 '이혼과 관련된 가족 문제'에 대한 그들의 감정을 이야기하기를 꺼려 한다. 대부분의 이혼가정 아동은 그들의 두려움과 걱정을 결코 말하지 않는다. 이들의 걱정은 '돈 없는 무능한 부모'처럼 현실적인 문제들이다. 그 외에 몰래 엿들은 짧은 대화로 인한 잘못된 정보, 이해할 수 없는 정보, 그리고 어른이 감시하고 있어서 자유를 느낄 수 없다는 점과 관련된 것들도 있다. 이러한 경험을 한 아동들은 불필요한 죄책감에 사로잡히기도 한다. Epstein과 Borduin(1985)이 개발한 '일어날 수 있는 일' 게임은 이 같은 문제와 불안에 대해 이야기하는 것을 촉진하기 위해 고안되었다.

이 게임은 집단을 두 팀으로 나눠서 시작한다. 각 팀은 '팀의 이름'을 정한다. 각 아동에게는 연필과 색인 카드를 나눠 준다. 치료자는 다음과 같은 4개의 문항이 인쇄된 차트를 벽에 붙인다.

- 이 일은 일어날 수 있다고 확신한다.
- 이 일은 일어날 수 있지만 확실하지 않다.
- 이 일은 일어날 수 없지만 확실하지 않다.
- 이 일이 일어날 수 없다고 확신한다.

집단치료자는 아동이 이 네 가지 문항들에 기초한 상황에 대해 말하고, 그것이 실제 일어날 것인지 아닌지 추측하여 대답하도록 한다. 각 아동은 색인 카드에 그들의 이름과 차트에 있는 4개의 번호 중의 하나를 쓴다. 치료자는 아동들의 카드를 모아서 각 아동의 선택을 읽는다. 아동이 선택한 문항의 의미를 이해했는지와 그들의 신념을 표현한 것인지 확인하기 위해 아동에게 질문을 한다. 치료자는 많은 아동이 네 가지 문항에 어떻게 투표했으며 그중 가장 많이 나온 문항이 어떤 것인지 알려준다.

팀 대표들을 선출하여, 방 앞에 서서 팀 동료들과는 다르게, 질문에 대답하지 않도록 한다. 대신에, 각 팀 대표의 임무는 네 가지 문항들 중에서 가장 많은 표를 얻을 것을 추측하는 것이다. 각 대표가 생각한 문항이 가장 인기가 있는 문항으로 정해지면 가장 인기 있는 문항에 투표를 한 사람들에게 각각 1점을 준다.

예를 들어, 다음과 같은 질문을 했다고 하자. "두 명의 형제가 방을 함께 사용하고 서로 싸우지 않는다. 이것은 일어날 수 있는 일인가?"라는 질문을 했는데, 이에 대해 3명의 아동이 앞의 네 가지 문항 중 세 번째 문항(이 일은 일어날 수 없지만 확실하지 않다)을 선택하고 1명의 아동이 네 번째 문항(이 일이 일어날 수 없다고 확신한다)을 선택했다. 그리고 A팀 대표는 가장 인기 있는 대답이 세 번째 문항이라고 추측하면, 3명의 아동이 그 대안에 투표했기 때문에 그들의 팀은 3점을 얻는다. 그러나 만일 B팀 대표가 가장 인기 있는 대답이 네 번째 문항일 것이라고 추측했다면, 1명의 아동만 네 번째 문항에 투표했기 때문에 그들은 1점을 얻는다. 두 대표가 같은 문항을 선택하는 것도 가능하다.

대표가 얻은 점수에 추가하여, 다른 팀원이 보너스 점수를 얻을 수도 있다. 보너스 점수의 한 가지 유형은 증거 점수(evidence point)이다. 한 아동이 그들이 선택한 대안을 지지할 '증거'를 제시하면 증거 점수를 얻는다. 앞의 예에서, 한 아동은 '형제가 사이좋게 방을 사용할 수 없다'는 증거로 '밤에 불을 끄고도 싸울 수 있는 방법'을 지속적으로 말할지도 모른다. 이 아이는 점수를 얻으려는 욕심에 자기 형제들 사이에 있었던 감춰진 정보를 다른 아이들에게 정확히 공개한다.

아동 피드백 게임에서 획득한 기술을 활용하여, 아동에게 '감정' 보너스 점수를 얻는 기회를 줄 수 있다. 종종 이혼과 관련하여 드러난 '증거'는 강렬한 감정을 갖게 한다. '감정' 보너스 점수는 이 같은 감정을 드러내길 꺼리던 마음을 효과적으로 없애 주기도 한다. 아동이 그들의 감정을 표현할 때, 집단치료자는 그 아동들에게 긍정적 피드백을 하고, 보다 더 진전된 감정을 표현하도록 격려한다. 이 아동들이 감정을 표현하는 것을 보는 다른 아동들도 자신의 감정을 확인함으로써 안도감이 생기고 집단 단결력이 증가한다.

이처럼 '일어날 수 있는 일' 게임은 어떠한 주제라도 조사하여 활용할 수 있다. 초기 과정의 질문 목록은 몇몇 집단 아동이 말하는 관심사, 아동이 이혼의 원인이었을 것이라고 감지하는 내용들, 아동의 무력감, 그리고 부모에 대한 실망감 등에서 내용을 뽑아 만들 수 있다. 이러한 질문들에 아동이 대답하는 반응들을 기록해 두면 이후 가치 있는 연구의 기초 자료가 될 수도 있다.

게임을 시작할 때, 다양한 '워밍업' 목록을 활용할 수 있는데, 이 목록은 보통 이혼과 관련되지 않은 것들이다. 임상가들이 활용한 워밍업 목록 중의 하나는 다음과 같다. "8세 아이가 대학교 체육과 학생들과 달리기 경기를 하였다. 8세 아이가 그 경기에서 이겼다. 이것은 가능한 일인가?" 이 워밍업 목록을 선택한 데는 몇 가지 이유가 있다. 가장 큰 이유는 내용이 위협적이지 않아서 아동들이 빠르게 대답할 수 있다는 것이다. 있음 직하지 않은 결과는 아동에게 그럴듯한 질문을 고려하도록 격려한다. 또한 그들의 대답을 지지할 증거를 상기시켜 아동에게 도전하게 한다. 집단의 불안 수준에 관심을 가져 보고 불안이 높은 것처럼 보이면 워밍업 시간을 늘린다.

두 번째 워밍업 목록은 이혼과 관련되지 않은 목록과 이혼과 관련되더라도 다소 변형된 목록들을 제공하도록 구성되었다. "한 여성이 미국 대통령에 당선되었다. 이 일은 일어날 수 있는가?" 남성과 여성의 관계, 여성의 지위와 상대적 힘의 정도 등을 이혼과 관련하여 토론할 수도 있기 때문에 이 변형 목록은 유용하다. 이런 목록에 대해 아동이 그럴듯하게 자기 견해를 표현하면, 치료자는 부모가 '여성에 대한 기회'에 대해 말했던 것을 고려하여 토론하도록 안내한다. 다음 토론은 여성에 대한 남성의 관점, 보다 명확하게 엄마에 대한 아빠의 관점을 고려한 것으로 변형된 목록을 제시할 수 있다.

이제까지 살펴본 바와 같이, 놀이치료실을 찾아오는 내담 아동들은 각자 겪어 온 어려움의 종류가 다양하다. 물론 어떤 아동은 유사한 어려움을 가질 수 있지만, 타고난 성향, 연령적 특성, 가정환경, 사회적 환경이 다르기 때문에, 각 아동이 겪는 경험과 어려움도 다를 수밖에 없다. 그중 만 6세가 지난 아동들은 놀이치료실에서 보드게임이라는 놀이 매체들을 선호하곤 한다.

규칙과 구조가 존재하는 게임놀이를 하는 동안, 아동들은 규칙을 수용하고 지키려는 의지, 경쟁 상황에서 드러나는 욕구와 감정들, 새로운 것에 도전하고 숙달하려는 동기 정도를 드러낸다. 또한 경쟁과 갈등, 서로 간에 생각이 다른 상황이 지속될 때, 아동이 어떻게 자기표현을 하고, 어떻게 문제해결의 대안들을 찾고, 어떻게 상대방과 의논하거나 협상하는지를 관찰해 볼 수 있다. 놀이치료자는 그러한 모습들 속에 내재된 아동의 심리상태를 파악하고, 이에 적합한 치료적 반응을 함으로써 내담 아동이 게임놀이를 통해 현실의 규칙들에 적응하고, 자기 안의 만족을 지연해 보며, 상호 호혜적인 문제해결을 해 볼 기회들을 점차 갖게 된다. 아동은 사회적으로 수용 가능한 범위 내에서 적절히 자기조절을 하고, 더 나은 해결책을 찾고, 새로운 행동을 선택한다. 더불어 자신의 역량을 실험하고 연마하고 발전시키는 경험을 누적해 가고, 서로 간 상충되는 생각들에 대해 점차 건강한 의논과 협의를 할 수 있게 된다. 결과적으로, 아동은 자기 내부에 확신감, 역량감을 갖고, 이전보다 건강한 대인관계 패턴을 만들어 감으로써, 예전에 내재되었던 부정적 자아상이 감소되고, 긍정적 자아상을 늘려 가게 된다.

**사례 예시** **철규(초등 4, 남)** – ADHD로 오해받았던 아동

- 초등학교 3학년 때까지 똘똘하고 밝아 보이던 철규가 4학년이 된 지 얼마 안 된 3월 중순부터 다소 풀 죽은 모습으로 등교하곤 했다. 엄마 눈에는 살짝 귀찮아 보이는 정도여서 그냥 별일 아니겠지 넘어갔다. 하지만 3월 말부터 담임 선생님에게서 연락이 오기 시작했다. 수업 중에 자주 심드렁한 표정을 지으며, 앞 좌석 친구의 등을 콕콕 찌르고, 연필과 지우개를 자주 만지면서 손장난을 하는 경우들이 빈번해 근처에 앉은 친구들이 불편해한다는 말씀이었다. 또한 수업 중 심드렁한 표정으로 마지못해 쓰기활동을 했고, 줄곧 담임선생님과 눈 맞춤을 피하곤 했다.
- 부랴부랴 집 가까운 기관에서 종합심리검사를 받았지만, 아쉽게도 결과보고서가 너무 간단하고, 핵심 문제가 충분히 요약되지 않았으며, 주의력에 대한 언급만 반복되었던 터라, 부모는 철규의 심리나 중요한 어려움이 뭔지를 속 시원히 알기 어려웠다. 그러던 차에 엄마는 두 번째 기관을 찾아 놀이치료를 신청하였다.

**초기 과정**

- **1회기 초반**, 철규는 학교에서도 집에서도 "아무것도 할 게 없어요."라며 재미있는 일정들이 하나도 없다고 투덜대듯 말했고, '지루한 기분'이 줄어드는 게 소망이라고 하였다. 또한 '화'가 자주 나

는데, 이유는 모르겠다며 "그냥 자꾸 화가 나요"라고 털어놓았다. 앞으로 늘리고 싶은 기분은 '편안함'이라고 하였고, 편안함이 늘어나기 위해 핸드폰게임이나 보드게임을 해 본 적이 있다고 하였다. 이에 놀이치료자가 "이 방에도 보드게임이 많이 있는데, 네가 원하는 걸 골라 볼 수 있어."라고 하자, '우봉고' '덤블링 몽키' '루핑루이 게임'은 재미있게 해 본 적이 있다고 하였다. 아동은 전략게임, 우연게임, 신체활동 게임들에 고루 흥미를 보였다.

- **1회기 중반**, 철규는 '하키게임'과 '까마귀 열매 따기'를 선택하였다. 철규는 처음 보는 게임들의 규칙을 시지각적으로도 금세 알아채고, 인지적으로도 금세 이해하고 집중을 유지하며, 적절한 전략으로 익혀 가는 강점을 보였다. 회기 초반의 대화시간에 다소 어색하고 심드렁했던 표정은 즐거운 표정으로 바뀌었고, 놀이치료자가 감정반영이나 짧은 격려 반응을 한 직후에는 혀 짧은 소리로 자신의 긍정적 기분과 생각을 짧게 말했다. 초기 과정 동안 아동은 무표정하거나, 감정의 언어화를 매우 어색해하는 모습을 보였다.
- 철규는 처음 해 보는 '하키게임'을 아주 잘하고 싶어 했다. 하지만 도전하고 성취하려는 욕구에 비해, 기대대로 안 되는 순간이 오면, 쉽게 의욕이 꺾이는 표정을 지었다.
- **2회기**, 집과 학교에서 해 봤던 보드게임이 몇 개 안 되었던 철규는 놀이실 안에 비치된 몇십 개의 보드게임을 나름 유심히 차근차근 바라보았고, "선생님이 소개해 주세요."라고 부탁하였다. 놀이치료자는 아동이 좋아할 만한 것들이 있는 선반을 가리키며 "이 중에서 네가 재미있을 만한 것을 고를 수 있지."라고 선호하는 게임을 선택할 책임감을 되돌려 주었다. 철규는 신체활동 게임에 해당되는 '스카이샷건'과 '컬링 게임'을 선택했다. 2~3회기에서 철규는 충동적이기보다는 신중해 보였고, 흥분하기보다는 차분해 보였다. 또한 규칙을 신속 정확히 파악한 후, 빠른 스피드와 방향 조절을 적절히 해 가면서, 해당 게임에 고도로 집중하며 기술을 익혀 갔다. 공격성 방출이 한껏 되는 '스카이샷건'을 하면서 철규는 특히 즐거워하였다.

초기 과정의 회기들에서 아동이 보인 특징들은 학교에서 보고되던 모습과 다른 점들이 몇 가지 있었다. 이는 아동의 내부에 정체되었던 잠재력의 신호로 여겨졌다.

▲ 스카이샷건 게임

첫째, 아동이 규칙을 정확히 익히고, 지키려고 하였다. 예를 들어, '컬링게임'에서 놀이치료자가 1점과 2점을 구분하기에 헷갈려 하자, 자신이 불리해질 수 있음에도 "이건 2점이네요. 여기 밖으로 나간 부분이 절반이 안 돼요."라며 자신이 관찰한 모양새를 정확히 손으로 짚으면서 솔직하게 말해 주었다. 간혹 힘 조절이 안 되어 목표를 맞추지 못할 때엔 다시 동작을 가다듬어 목표에 근접하는 방식으로 해결과 향상의 노력을 하였다. 또한 아쉽게 질 경우, 패배를 받아들이며, 다시 다음 판에 차분히 집중하는데, 이런 모습들은 아동의 좌절 인내력의 잠재력 신호로 보았다.

둘째, 새로운 게임 규칙에 대해 놀이치료자에게 설명해 달라고 부탁한 후에는 경청하거나 수긍하는 태도를 보였다. 이에 대해 아동의 청각적 집중력과 언어적 이해력이 양호함을 보여 주는 신호로 보았다.

셋째, 말을 떨어뜨리는 등 실수를 했을 때는 금세 인정하고 해결하려는 태도를 보였다. 또한 자신이 열심히 해낸 것에 치료자가 작은 격려를 한 후에는 자신감과 안도감 있는 표정으로 더욱 즐겁게 지속하였다.

넷째, 아동은 "화가 날 때, 어떻게 참아야 하는지 알고 싶어요."라면서 자신의 내적 감정에 대한 인식과 해결동기를 보이기도 했다.

- 아동의 감정 인식 능력이라는 잠재력 덕분에, 3회기 '코코넛 넣기' 게임에서 놀이치료자는 상황과 감정에 따른 감정반영을 다양하게 시도할 수 있었다. "네가 코코넛을 컵에 넣지 못할 때는 당황스럽지. 하지만 컵에 넣을 때는 뭔가 해낸 뿌듯함이 느껴지지." 철규는 감정을 이해받은 후에는 더욱 열심히 게임의 상황들을 해결하면서 코코넛 점핑 기술을 발전시켜 갔다. '복싱게임'을 수차례, 힘껏 반복한 후에는 "재밌어요."라고 확실한 감정을 언어화하였고, '할리갈리'와 '개구리 테니스'에서 민첩성, 정확성 등을 한껏 드러냈다.
- 초기 과정의 놀이 회기들을 지나면서, 치료자는 '철규가 주의력 결핍 및 과잉행동 장애는 아닐 것이다.'라는 생각을 더 하게 되었고, 아동의 내적 잠재력의 신호들에 더 많이 초점을 두게 되었다. 아동은 다양한 강점을 더 드러내었다. 일상생활에서 철규는 분명 화를 잘 내고, 어른의 말에 집중하지 않는 태도를 보였지만, 이런 모습으로 인해 아동을 섣불리 ADHD로 보는 것을 경계할 필요가 있었다. 오히려 아동이 화를 내는 선행맥락이나 반복되는 지각(perception)을 살펴볼 필요가 있었다.
- 모의 보고, 그리고 중기 과정에서 아동이 자주 했던 말은 "왜 나만 와이파이가 안 돼?"

▲ 개구리 테니스 게임

"왜 나만 맨날 져?" "왜 나만 안 좋은 게 자꾸 나와?" 등의 투덜거리는 혼잣말들이었는데, 이는 '나에겐 불행(bad luck)이 자주 온다.'는 지각을 투영한 말들로 보였다. 또한 아동이 가벼운 짜증을 낼 때마다 엄마는 "짜증 내지 마, 화내지 마, 그건 나쁜 거야."라고 대응하면서, 아동이 어떤 상황에서 자연스럽게 느끼는 불편감, 서운함, 답답함을 인정해 주지 않았다. 이에 아동은 짜증과 화를 자주 내는 자신을 '나쁜 아이'로 인식했고, 아동의 감정 표현들은 주변 어른들로부터 뚜렷한 공감을 받은 적이 거의 없었다. 이런 경험 속에서 철규는 '나에겐 나쁜 일만 일어난다.'라고 믿어 왔던 것으로 보였다. 이런 인식과 생각이 늘어날 때면, 기분이 불쾌해지고, 다 귀찮아서, 앞 사람 등을 괜히 연필로 찔러도 보고, 선생님이 보라는 교과서는 대충 읽고, 대충 문제를 풀게 되었던 것으로 보였다.

**초기 과정에서 파악한 아동의 내적 특징과 치료 목표**

아동의 강점 하나는 매 회기 초마다 자신이 지난주를 어떻게 보냈는지, 화가 얼마나 났었는지를 점검해 보고, 화를 표현하는 방법을 찾으려는 자발적 태도였다. 화가 나는 이유를 모르는 경우에도, 아동은 '자신이 화가 자주 난다'는 것을 인식하였고, 그 감정 상태를 놀이치료자와 공유하려 했다. 놀이치료자는 다음과 같이 치료 목표를 세웠다.

**목표 1** 아동의 작은 감정 신호에 대해서라도, 놀이치료자는 감정의 종류와 정도, 그리고 그 감정들이 어떻게 변해 가는지를 반영해 줌으로써 철규가 자신의 감정을 인식하고 언어화할 기회를 늘려 가도록 촉진해 보기

최초의 주호소를 보면, 철규는 수업시간에 정성을 기울이지 않고, 자신의 작은 짜증을 주변 친구들을 집적대면서 푸는 아이처럼 보였다. 마치, 무례하고 교실의 규칙 등을 간과하는 것처럼 보였다. 하지만 놀이 회기에서 본 철규는 새로 도전한 게임들마다 그 해당 규칙을 정확하게 알아 가려 하고, 규칙을 지키려는 태도가 꽤 뚜렷하고 빈번했다. 이에 놀이치료자는 다음과 같은 두 번째 목표를 세웠다.

**목표 2** 아동이 규칙을 알고 정확히 익히며, 규칙을 준수하려는 노력을 치료자가 격려해 줌으로써 철규가 자신의 세밀한 노력과 작은 역량들을 명확히 인식하고 긍정적인 자기개념을 형성해 갈 수 있도록 촉진하기

사실, 철규는 뭐든 잘 익히고 잘해 보려는 마음, 그리고 성취하고 싶고, 그런 노력과 역량을 인정받고 싶은 욕구가 많은 아동이었다. 하지만 그동안 맞벌이로 바쁘게 지내 왔던 부와 모는 그런 아이의 내적 특성을 잘 알아차리지 못했고, 아이가 애쓴 것들에 대해 격려와 응원을 보낸다는 생각을 거의 하지 못했다.

**중기 과정에서 드러난 추가적인 특징과 치료 목표**

철규가 '잘하고 싶은 마음'이 많다는 것이 더욱 명백해졌다. 라포가 형성되고, 시도하는 보드게임의 종류가 늘어나면서, 아동의 주호소였던 '부주의한 태도들'이 더 드러났다. 예를 들어, '덤블링 몽키'의 세팅을 치료자와 함께 해 보았지만, 치료자가 세팅 과정을 모델링할 때, 치료자의 동작이나 독백에 아동은 주의를 기울이지 않았다. 그래서 2회전을 시작하기 전, 세팅을 할 때 막대를 한꺼번에 넣으려고 하거나 원숭이를 수관에 얹는 대신, 일일이 나무에 걸려고 하였다.

이런 부주의한 태도 기저에는 '나에게 좋은 결과가 일어나지 않을 거야.'라는 아동의 부정적인 예측이 깔려 있다고 보았다. 즉, 막대를 얼른 꽂아 좋은 기회를 얼른 얻고 싶고, 원숭이가 떨어지지 않을 방법을 찾아 얼른 이기고 싶은 아동의 소망이 강력하지만, 마음 한편으로는 '좋은 기회가 나에게 오지 않을 거라는' 부정적 예측이 발생함으로써 불안과 걱정이 일어나고, 그럴 때마다 아동은 쉽게 부주의해지고, 엉뚱한 세팅이나 시행착오 행동을 보였다.

▲ 덤블링 몽키 게임

시지각적으로 정확한 관찰학습이 필요한 보드게임의 세팅에서 아동은 시각적으로 집중하지 않는 모습을 자주 보였다. 또한 아동은 '난 이 규칙을 다 알아'라고 생각하는 순간, 더 이상 상대방의 모델링에 시각적으로 주의를 기울이지 않고, 규칙에 대한 준비가 덜 된 상태에서 게임을 진행하는 패턴을 보였다. 이런 태도는 학교 수업시간 담임교사의 설명에, 그리고 가정 내 숙제시간에 모의 시각적 설명에 집중하지 않는 방식으로도 드러났다.

따라서 아동에 대해 다음과 같은 치료 목표를 추가하였다.

**목표 3** 철규가 시행착오를 통해 스스로 행동교정을 할 때, 놀이치료자는 새로운 의사결정을 존중하고 격려해 줌으로써 아동은 보드게임의 원래 규칙대로 진행해도 '나에게 좋은 기회가 생기네.'라는 긍정적 결과에 대한 경험을 가져 보도록 촉진하였다.

이런 계기는 자신이 잘 모르는 게임을 시작하더라도 반드시 '불행한 결과가 오지 않을 수도 있다'는 긍정적인 예측을 늘리는 기회가 되었다. 그리고 규칙대로 하더라도 '자신이 열심히 게임해서 좋은 결과들이 생길 수 있다'는 긍정적 예측을 늘려 가게 되었다.

아동은 뭔가를 잘하고 싶었고, 능력을 인정받고 싶은 욕구가 강하였다. 하지만 처음 해 보는 게임에서는 세팅 규칙과 진행 규칙을 모두 알아야 하니, 아동은 자주 조급해졌다. 내가 능력 있다는 걸 느끼기 위해 아동은 세팅 과정에서 섣불리 '난 다 알아'라는 말을 했다. '신체활동 게임'으로 활에다 화살을 꽂을 때에도, 구멍을 주의 깊게 보지 않고, 당겨야 하는 줄도 주의 깊게 보지 않음으로써 활을 당겨서 화살을 쏘는 활동에서 어이없는 동작 실수들을 하였다. 이에 치료자는 다음과 같은 목표를 세웠다.

**목표 4** 놀이치료자가 시기적절하게 제한 설정 대화법을 사용함으로써 아동이 시각적으로 부주의한 상태에서 어떤 행동을 시도함으로써 원하지 않는 결과(시행착오)가 올 수도 있음을 스스로 깨닫고, 목표 행동을 위해 시각적으로 주의를 기울인 후에 행동하는 쪽으로 스스로 교정할 수 있도록 촉진한다.

아동은 잘하고는 싶은데, '나에게만 안 좋은 일이 생길 것'이라는 말을 자주 했기 때문에, 놀이치료자는 '상대 게임자도 어떤 상황에서 걱정이 생겼음'을 표현하는 모델링과 '위기에 대처하는 새로운 전략을 찾는' 모델링을 해 주었다. 또한 아동이 뜻대로 되지 않는 상황에서 실망감이 생겼음에도, 그 감정을 조절하면서 게임을 지속하여 원하는 결과를 얻었을 때, 힘든 감정을 견딘 것에 대해서는 격려를 해 주었고, 실망감이 기쁨으로 바뀐 것에 대한 감정의 변화를 반영해 주었다. 아동은 위기를 넘길 때마다 안도감과 뿌듯함을 느꼈고, 점차 협조하고 배려하는 행동들도 발생하기 시작했다.

6~7회기 즈음부터 아동은 지난 주일을 '잘' 지냈다는 표현을 사용하기 시작했고, 위기가 자주 발생할 수 있는 우연게임 중 트러블 게임을 고르기 시작했다. 아동이 '트러블 게임'을 선택하여 긴 시간 할 수 있었던 것은, 철규의 내면에 '위기가 와도 내가 대처할 수 있다'는 자신감이 싹트기 시작했기에 가능하다고 보았다. 진행속도가 빠른 트러블 게임을 하면서 아동은 앞서고 싶은 경쟁욕구와 상대의 말을 잡는 공격욕구를 드러냈으나, 기본규칙을 매우 정확히 지키면서 임하였다. 이러한 게임 과정에서 아동은 놀이치료자와 긍정적인 정서를 공유하는 눈 맞춤이 가능해졌고, 게임의 상황에 따라 긴장하고 좌절했다가도, 다시 평온한 기분과 표정을 되찾는 게 가능해지기 시작했다. '트러블 게임'의 특성상, 시작 숫자인 '6'이 계속 나오지 않는 위기 상황에서도 좌절감과 짜증을 적절히 제어하면서, '다음 기회'를 기다려 보는 인내심을 보였다. 이런 시간을 견디면서 다시 행운의 기회가 온다는 확신도 갖게 되었다.

이후 몇 주간, 아동은 '트러블 게임'을 신나게 반복하면서, 특히 잡기 규칙을 활용하는 경우가 많았다. 아동은 자신의 말로 놀이치료자의 말을 잡았고, 반대로 자신의 말이 잡히지 않을 만한 전략을 사용하였다. 아동은 자신이 잡기 규칙에 성공해서 유리해질 때에는 즐거워서, 그리고 상대방이 유리해질 때에는 조급해지면서 주사위 누르기나 말 이동하기 동작을 실수하였다.

즉, 아동은 자신의 노력이 성과를 얻는 상황에서는 자부심을 표현하기 시작했지만 조급해지는 경향을 뚜렷이 보였고, 자신의 노력에도 불구하고 원치 않는 결과가 올 때에는 쉽게 좌절하면서 조급해졌다. 또한 자신의 계획을 순조롭게 해 줄 좋은 운이 펼쳐질 때는 인도하고 용기를 가져 보다가도, 조금이라도 좋지 않은 숫자가 나올 때에는 마치 세상의 불행은 나에게만 온다는 식으로 반응했다. 이에 놀이치료자는 다음과 같은 목표를 세웠다.

**목표 5** 놀이치료자도 게임자로서 좋지 않은 상황에 처할 수 있다는 것, 아동이 게임 상대자(T)보다 더 많은 말을 이동시키거나 도착점에 넣고 있음을 반영해 줌으로써, '아동이 좋지 않은 일은 나에게만 일어나지 않음을, 그리고 다른 이들에게도 일어날 수 있음'을 인식하도록 촉진한다.

**목표 6** 불확실한 결과가 예측되는 상황에서 느끼는 아슬아슬함, 걱정, 불안을 놀이치료자가 세심하게 감정을 반영해 줌으로써, 아동이 해당 감정들을 인식하고 견디며, 스스로 진정시켜 보는 경험을 누적해 본다.

**중기 과정의 또 다른 특징과 변화: 사회성 측면**

아동은 꽤 관계 지향적이었고, 상호작용 욕구가 많았다. 놀이치료를 다니는 동안, 부모에게도 적지 않은 변화들이 있었고, 가족들이 함께 보드게임을 하는 시간도 생겼다. 4명 모두 모이기 어려울 때, 모는 아동과 둘이서도 즐겁게 보드게임 시간을 가졌고, 아동은 "엄마가 추천한 게임이 너무 재미있었다."며 만족감을 드러냈다. 가정놀이시간이 생기면서 모자간 신뢰와 만족감이 증가된 건 긍정적이지만, 이 기회에 아동은 자기 욕구를 인식하고, 의사결정을 해 보는 경험이 더 필요했다. '내가 좋아하는 건지, 엄마가 좋아하는 건지, 둘 다 좋아하는 건지'를 구별하는 것은 아동들이 자기 욕구 인식 및 적절한 의사결정 능력을 키워 가는 데 중요한 경험이 될 수 있다.

놀이치료자는 "엄마가 추천해 주었던 보드게임들이 너에게 아주 재미있었구나."라고 반영해 준 후, "네가 지금 하고 싶은 게임이 어떤 건지 골라 볼 수 있지."라고 책임감을 되돌려 주었다. 아동은 잠시 생각하는 눈빛이다가, 이내 집에는 없었던 '막부사 게임'을 골랐고, 상대방 말이 전진하지 못하도록 자기 말로 상대말을 고정시키는 규칙을 자주 사용하면서 경쟁욕구와 공격성을 드러내었다. 아빠가 권했던 '탈출형 게임'을 하고 싶다던 철규는 막부사 게임을 1회전 하면서 자신의 원하던 게임놀이를 한 것에 크

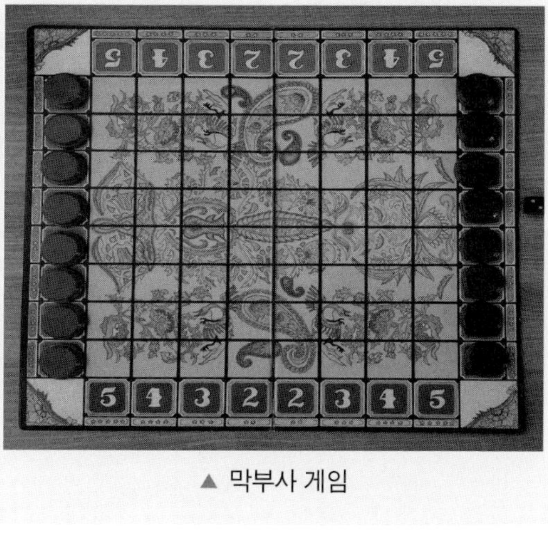

▲ 막부사 게임

게 즐거워하고 만족했다. 이어 2회전을 하면서 아동은 규칙을 수정하고 싶을 땐 사전에 의논하여 2회전 게임에 수정된 규칙을 포함시켰고, 합의한 규칙들을 정확하게 지켰다. 게임 과정에서도 규칙에 맞는 적절한 전략을 사용해서 최상의 점수를 얻어 내곤 하였다.

이후로 아동은 자신이 '도전해 보고 싶고, 해 보고 싶은' 게임을 이전보다 훨씬 명확하게 선택하고 만족했다. '트러블 게임'을 몇 주간 계속 하면서 즐거워했고, 위기가 와도 짜증과 조급함을 잘 견디어 내면서 지속함으로써, 불운한 상황이 행운의 상황으로 바뀌는 경험들을 더 많이 하게 되었다. '카드마술' 세트를 가져와 엄마 앞에서 보여 줄 마술기술을 배우고 연습했다. 초기 과정 몇 주간 놀이치료자와 눈 맞춤을 피했던 아동은 중기 과정에 접어들어 행운감, 성취감, 그리고 놀이치료자로부터 수용과 공감받은 느낌을 늘려 가면서, 일대일의 눈 맞춤을 하는 빈도와 지속시간이 더욱 늘었다. 집에서는 오히려 뭔가에 짜증 난 엄마를 진정시키는 공감적 대화까지 할 수 있게 되었다. "엄마 일단 진정하고 내 말 좀 들어 봐요."

보드게임 상황에서 상대방의 내적 상태에 대한 공감노력과 적절한 대화도 가능해졌다. 10회기 이후부터 아동은 전략이 더 필요한 보드게임들을 고르기 시작했는데, '쿼리도' '쏘리 게임'을 하면서 새로운 규칙을 익히기 위해, 또는 놀이치료자의 모델링 순간에 시각적으로도 집중하고, 경청하는 태도가 함께 증가하면서 어떤 전략과 해결책을 쓰는 이유에 대한 자연스러운 대화가 늘어나기 시작했다. 대화하는 과정에서 눈 맞춤도 늘고, 상대방을 이해하고 배려하는 친사회적 소통도 늘어 갔다. 특히 '쏘리 게임'의 슬라이드 자리를 차지할 때, '미안합니다'란 말을 자연스럽게 해 보았는데, 이 시기 담임교사의 보고에 의하면, 철규가 수업에 집중하는 태도가 많아졌고, 이유를 모르게 친구에게 집적대는 행동이 거의 없어졌으며, 친구들과 적절한 대화를 유지하는 일이 늘어나고 있었다.

철규가 10회기 이후 시도하는 게임들은 주로 전략게임이거나, 전략이 상당히 들어가는 우연게임들이었다. '쿼리도' '쏘리 게임' '라비린스' 등이었는데, 이 게임들은 보드와 말의 움직임을 시각적으로 찬찬히 스캔하고, 예측하며 진행해야 하는 게임이었다. 아동은 예전에 비해 보드게임들을 꼼꼼하고 정확하게 들여다보며 게임할 수 있었다. 다양한 감정을 적절히 언어화하면서 집중했고, 시각적으로 복잡한 게임은 시뮬레이션하거나, 연습게임을 하면서 다양한 문제해결 전략을 실험하거나 구사하였다. 이를 통해 숙달감, 역량감을 더욱 늘려 갔고, 자기 역량과 강점에 대한 인식 및 긍정적 자기진술도 늘어 갔다.

▲ 쿼리도 게임

## 참고문헌

이영애(2017). 게임놀이의 치료적 활용. **제144차 학술대회 및 사례연구회 자료집** (3-29). 한국놀이치료학회.

이영애(2018). 게임놀이치료 시 학령기 초기 내담 아동들의 게임놀이행동에 대한 내용분석. **한국놀이치료학회지**, 21(2), 245-271.

Barkley, R. A. (1988). Attention deficit disorder with hyperactivity. In E. J. Mash & L. G. Terdal (Eds.), *Behavioral assessment of childhood disorders* (2nd ed., pp. 69-104). New York: Guilford Press.

Bellinson, J. (2008). **보드게임을 활용한 아동심리치료**(*Childrens Use of Board Games*). (유미숙, 이영애, 진미경 공역). 서울: 시그마프레스. (원저는 2002년에 출판).

Center for Applied Psychology. (1991). *Stop, relax and think game instructions*. King of Prussia, PA: Author.

Epstein, M. (1998). *Going to pieces without falling apart: A Buddhist perspective on wholeness (Lessons from mediation and psychotherapy)*. New York: Broadway Books.

Epstein, Y., & Borduin, C. (1984). The Children's feedback game. *American Journal of Psychotherapy, 38*, 63-71.

Epstein, Y., & Borduin, C. (1985). Could this happen? A game for children of divorce. *Psychotherapy: Theory, Research, Practice, Training, 22*(4), 770-773.

Ginott, H. (1961). *Group psychotherapy with children: The theory and practice of play therapy*. New york: McGraw-Hill.

Levine, M. D. (1987). Attention deficits: The diverse effects of weak control systems in childhood. *Pediatric Annals, 16*(2), 117-130.

McWilliams, N. (1999). *Psychoanalytic case formulation*. The Guilford Press.

O'Connor, K. J. (1991). *The play therapy primer: An integration of theories and techniques*.

New York: Wiley.

Ross, D. M., & Ross, S. A. (1982). *Hyperacticity: Current issues, research and theory* (2nd ed.). New York: Wiley.

Schaefer, C. E., & Reid, S. E. (2001). *Game play: Therapeutic use of childhood games*. John Wiley & Sons.

Sutton–Smith, B. (1971). Play, games and controls. In J. P. Scott (Ed.), *Social Control* (pp. 84–100). Chicago: University of Chicago Press.

Sweeny. D. S., & Homeyer, L. E. (2009). **집단놀이치료 핸드북**. (유미숙, 유재령, 우주영 공역). 서울: 시그마프레스. (원저는 1999년에 출판).

제9장

# 사회기술훈련을 위한 게임놀이치료

인간은 사회적인 존재로 자신과 타인에 대한 인식과 이해를 바탕으로 관계를 맺으며 살아간다. 이를 위해서 아동은 부모와의 애착을 바탕으로 또래 및 기타 사회적 상호자용의 능력을 발달시켜 나간다. 아동의 건강한 사회적 발달은 아동발달의 중요한 부분으로서 인식되어 왔다. 실제로 Elias와 Clabby(1992)는 아동의 개인적·사회적·정서적·인지적 발달 간에 연결된 끊어지지 않는 고리를 강조하였다. 사회기술훈련을 통해 아동의 공격적이고 위축된 행동을 더 적절한 반응으로 대체할 수 있는 사회적 기술을 배울 수 있고, 또래나 부모와의 의사소통을 강화할 수 있다. 일반적으로 사회적 기술은 한 개인이 다른 사람과 효과적으로 상호작용할 수 있도록 돕고 타인에게 수용 가능한 방식으로 소통할 수 있는 방법을 가르치는 것이다. 이 장에서는 사회기술훈련 집단에서 활용할 수 있는 다양한 치료적 보드게임을 소개하고 상담자 역할 및 프로그램 예시를 통해 구체적인 실천방법을 안내하고자 한다.

## 1. 사회성 향상을 위한 게임놀이치료의 기초

### 1) 사회성과 사회기술의 개념

사회성의 사전적 의미는 사회생활을 하려고 하는 인간의 근본 성질, 인격 혹은 성격 분류에 나타나는 특성의 하나로, 사회에 적응하는 개인의 소질이나 능력, 대인관계의 원만성 따위로 정의된다. 사회기술이란 원만한 대인관계 형성에 필요한 대인관계 기술을 말하는데 많은 학자들은 다음과 같이 사회기술의 구성요소들을 설명하고 있다.

Gresham과 Elliott(1990)은 효과적인 사회적 행동 기술로 협동, 주장, 반응성, 공감, 자기통제를 제시하였다. Guevremont(1990)는 사회적 개입 기술, 의사소통 기술, 갈등해결과 문제해결 기술, 분노 통제 기술로 사회기술을 설명하였다. LeCroy(1983)는 발전된 사회기술훈련 프로그램이 11개의 특별한 기술을 포함해야 한다고 주장하였다. 그 요소들은 긍정적인 의사소통 형성하기, 대화를 시작하기, 요구하기, 감정을 직접적으로 표현하기, 거절하기, 권리를 주장하기, 공감하기, 권위를 가진 것에 대처하기, 합리적인 의사결정하기, 협상과 갈등해결 그리고 도움을 요청하기 등이다.

관련 연구에서 사회적 기술의 결핍이 낮은 친구 수용(LeCroy, 1983; Pepler, Craig, & Roberts, 1995), 데이트를 하지 못하는 것, 권위와의 갈등, 공격성, 비행 그리고 건강하지 못한 정서상태(Gresham & Elliott, 1993; LeCroy, 1983; Morrison & Sandowicz, 1994)와 같은 부정적인 결과를 가져올 것임을 보여 준다. 자신의 분노나 좌절을 사회적으로 수용되는 방식으로 표현하지 못하는 아동은 공격적인 폭발과 파괴적인 행동을 보이는 경향이 있다(Morrison & Sandowicz, 1994). 이것은 보통 또래관계 능력이 부족하여 그러한 부정적인 결과와 연합되거나, 친구들로부터 거절되거나 공격받을 가능성이 증가한다. 또한 낮은 자아존중감, 사회적 불안의 증가, 우울, 외로움, 학교를 중단할 위험의 증가, 낮은 친구 수용을 이끈다(Asher & Rose, 1997). 따라서 적절한 사회적 기술의 발달이 긍정적인 사회적, 감정적, 학업적 성취를 높이는 데 효과적임을 알 수 있다.

## 2) 게임놀이치료와 사회성 향상

게임놀이는 놀이의 한 형태이나 자발적인 자유놀이가 갖고 있는 특성과는 차이가 있다. 게임놀이는 규칙과 경쟁이라는 요소를 내포하고 있기 때문에 아동의 사회성 발달과 밀접하게 연관된다. 사회성 발달은 아동의 인지 · 언어 · 정서 발달과 밀접히 연관되어 있으며 아동의 기질 및 양육 환경과도 연관된다. 무엇보다도 아동의 사회성 발달은 또래관계에 영향을 미치게 되는데 또래관계에 어려움이 있는 아동은 또래집단에서 중요한 대처기술을 학습할 수 있는 기회가 부족하게 된다. 또래관계에서 발생할 수 있는 다양한 상황대처 능력의 결핍은 또래들과의 친밀한 관계 형성에 방해를 받게 되는 악순환이 발생될 수 있다는 점에서 이에 대한 개입이 필요하다.

Mead(1934)는 사회화 과정에서, 특히 개인이 속한 사회에 대한 인식이 시작될 때 게임에 참여함으로써 아동은 자신과 타인의 차이점을 배우게 된다고 했다. 아동들은 게임에서 요구되는 행동 규칙을 따름으로써 '일반화된 타인들'로서의 사회적 힘과 사회적 행동의 중요성을 배우게 된다. 또한 많은 사회학자가 사회화 과정에서 게임의 중요성을 강조했다. Serok과 Blum(1983)은 규칙에 복종하고 그룹의 기준을 수용하고 공격성을 통제하는 사회화의 기본 요소가 있는 게임이 놀이과정의 필수적인 구성요소라고 주장하였다. 게임놀이치료는 아동의 사회성 발달과 관련해 다음의 이점들을 가진다.

- 게임놀이는 목적 지향적인 특징을 가진다. 이는 사회화 과정에서 요구되는 능력의 발달을 촉진한다. 대부분의 게임은 게임 참여자들의 역할을 정하는 규칙이 있고 가능한 행동과 제한이 있다. 또한 게임을 해 나가는 방법이 기술되는데 이는 아동의 사회적 상황에서 자신의 역할을 인지하고 사회가 요구하는 규범이나 상황에 대한 인식 능력을 발달과 연관된다. 대부분의 보드게임이 이러한 형식을 가지므로 아동들은 게임을 통해 사회화 과정에서 필요한

능력을 습득할 수 있다. 예를 들어, 카드게임, 대·소근육을 활용하는 게임, 인지 능력을 필요로 하는 전략게임들이 이에 해당한다.

- 게임놀이는 경쟁적 요소를 가진다. 게임놀이에서 각자 상대와 경쟁하게 되며 이때 게임에 참여하는 자들에게는 경쟁하고 이기는 것 자체가 중요하다. Sutton Smith(1971)는 게임을 사회적으로 수용될 수 있는 공격과 경쟁을 제공하는"힘의 모델"이라고 말했다. Schlenker와 Bonoma(1978)는 게임에서의 경쟁은 일, 정치적인 것, 대인 간 대립을 통한 상호작용의 의미를 유추해 볼 수 있게 한다. 아동은 유치원, 학교 등의 사회적 상황에서 또래들과의 경쟁적 상황에 놓이는 경우가 많다. 아동은 또래들과의 경쟁에서 이기고 싶어 하고 이를 위해 갈등을 겪기도 하고 다양한 정서적 경험을 하기도 한다. 이는 게임에서 경험하는 상황과 유사하며 게임놀이가 아동의 사회적 상황에서 경험할 수 있는 다양한 정서적·행동적인 조절 능력을 향상시키는 데 도움을 줄 수 있다.
- 게임놀이는 아동의 자아 기능의 향상을 돕는다. 게임놀이는 가장 간단한 게임이라도 비구조화된 자유놀이에 비해서 인지 능력이 요구된다. 게임놀이를 통해 아동은 좌절을 이겨 내고 자신의 행동에 제한이 가해지는 것을 수용해야 한다. 또한 순서를 정하고 규칙을 따라야 하며 게임에서 지는 것을 수용해야 한다. 또 게임이 끝날 때까지 어느 정도 집중력과 인내력이 필요하다. 또한 게임놀이는 이기기 위해 자신의 능력을 발휘해야 하는 개인적 도전과도 연관이 있다. 이러한 요소들이 아동의 자아 기능을 강화시키며, 게임에서 자아 기능이 강화된 아동은 일상생활에서 규칙을 지키고 좌절을 견뎌 내고 새롭게 도전하며 인내할 수 있는 능력을 향상시킬 수 있다.
- 게임놀이는 상호작용을 유발하며 이를 통해 아동의 사회성을 향상시킬 수 있다. 게임놀이의 역사를 보면 게임은 둘 또는 그 이상의 사람들이 약속하는 사회적 활동으로 발전되어 왔다. 대부분의 게임에서 참여자들의 행동은 상호의존적이고 게임의 결과는 한 사람의 행동에만 달려 있는 것이 아니라 게임하는 사람들의 상호작용에 달려 있다. 예를 들어, 두 사람이 게임을 하다가 한 사람이 게임을 중단하게 되면 상대방은 자신의 의사와 상관없이 게임을

더 이상 할 수 없게 된다. 게임을 하는 동안에 자신의 감정이나 의사대로만 행동할 수 없다는 점에서 게임과 아동의 사회생활은 유사점을 가진다. 학교에서 모둠활동을 할 때 아동은 자신이 마음에 들지 않은 역할을 담당하게 되더라도 이를 인내하고 자신의 감정을 조율하며 모둠활동에 참여해야 하는 경우가 있다. 이때 아동이 자신의 마음대로 행동하게 되면 다른 아동에게 피해를 줄 수 있고 이러한 행동이 반복될 경우 또래수용에 부정적인 결과를 낳게 된다. 게임놀이는 아동의 또래 간 의사소통 및 협동 능력의 증진에 도움이 될 수 있다는 점에서 유용하다.

## 2. 사회기술 향상을 돕는 게임

앞서 기술한 바와 같이 게임이 갖고 있는 특성들로 인해 아동의 사회기술을 향상하는 데 도움을 줄 수 있다. 일반적인 보드게임을 활용하는 부분은 10장 '집단에서 활용 가능한 게임놀이치료'에서 소개하도록 하겠다. 이 장에서는 사회기술훈련 보드게임을 중심으로 살펴보도록 하겠다. 사회기술에는 감정 인식과 표현, 대인 간 발생할 수 있는 다양한 상황에 대한 대처법과 이러한 기술들을 일상생활에서 적용할 수 있는 역할 놀이 등이 포함된다.

- **감정을 인식하고 표현하기, 공감하기:** 나와 타인의 감정 인식과 표현, 공감적 표현방법
- **대인 간 다양한 상황에 대처하기**(문제해결): 인사, 초대, 자기소개, 대화법, 갈등해결기술, 자기주장 및 거절 수용
- **역할 놀이:** 실제 훈련을 통한 사회기술 습득

이러한 목표를 가지고 상담 현장에서 활용할 수 있는 몇 가지의 게임을 다음과 같이 제시하였다.

## 1) 감정단어 게임

감정단어 게임은 아동으로 하여금 다양한 감정에 대한 인식을 돕기 위한 게임이다. 시중에 판매되는 감정카드를 활용할 수도 있고 아동들과 같이 감정단어를 카드로 만들어 직접 감정게임에 활용할 수도 있다. 예를 들어, 감정단어 카드를 집단원들과 함께 만들어 사용할 경우에는 최소한 두 번의 회기가 필요하다. 첫 번째 회기에서는 A4 용지에 각 아동들로 하여금 자신이 알고 있는 감정단어들을 모두 쓰게 한 후 상담자가 이를 모아서 감정단어 카드 모음을 만들고, 두 번째 회기에서 이 카드를 활용하여 게임을 진행할 수도 있고 감정막대기로 만들어 느낌 나누기 시간에 활용할 수 있다. 자신들이 작성한 감정단어로 게임을 진행하거나 감정 나눔을 할 경우 집단원들의 참여가 증진되는 효과를 볼 수 있다.

▲ 감정빙고 게임(감정빙고 워크지, 스트레스컴퍼니)

◀ 감정카드(옥이샘의 감정툰 카드, 아이스크림미디어)

## 2) 감정빙고 게임

감정빙고 게임은 집단 참가아동의 감정 인식과 표현을 돕기 위해 고안된 게임으로 32개의 감정얼굴이 그려진 빙고판을 활용한다. 가운데 하트 모양의 빈 공간이 있고 가로, 세로 5줄씩 25칸으로 구성되어 있다. 감정빙고판은 각 아동이 모두 다른 배열로 구성된 판을 배정받아야 하며 25개의 감정카드 더미를 쌓아 두고 시작한다. 아동들이 돌아가며 카드를 뽑아 해당 감정을 언제 느꼈는지를 이야기하며 모든 아동이 해당 감정을 지울 수 있다. 아동들은 5개로 된 1줄을 모두 지우게 되면 빙고를 외치게 되며 가장 먼저 빙고를 완성한 아동이 승리자가 된다.

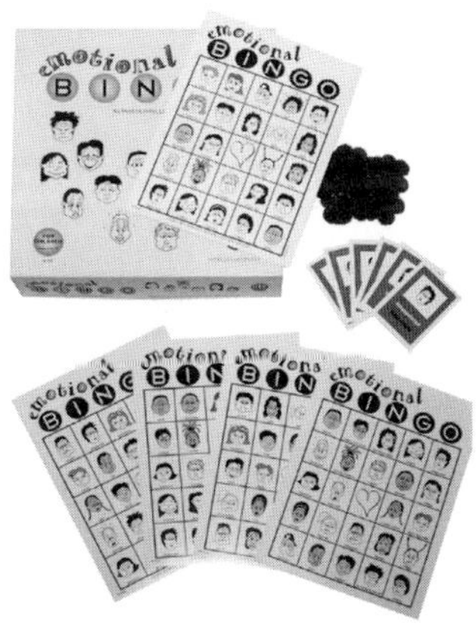


▲ 감정빙고게임(The Feeling Bingo Game, childswork.com)

감정빙고 게임은 아동이 자신의 인생에서 특별한 감정을 느꼈던 때를 이야기하는 것과 다른 사람의 이야기를 듣고 공감하는 것에 대한 중요성을 아동들이 알 수 있도록 하는 것이다. 한 아동의 이야기가 지나치게 단순하거나 길어지지 않도록 치료자가 개입하고 아동들이 지루해지지 않도록 게임을 운영하는 것이 중요하다. 감정을 표현하는 것이 어색하거나 거부적인 아동들, 타인의 감정에 대해 관심이 부족한 아동들에게 효과적이다.

▲ 감정빙고(feeling bingo, playtherapysupply.com)

## 3) 바운더리 게임

바운더리 게임(Boundary game)은 사회기술 향상을 위한 게임으로 유용하다. 이 게임은 아동이 건강한 대인관계를 구축해 나갈 수 있는 대인 간 경계에 관한 개념과 이를 실행할 수 있는 구체적 방법들을 배울 수 있도록 돕는다. 이 게임은 네 가지 종류의 경계에 대해서 배울 수 있도록 하는데 물리적 · 감정적 · 관계적 경계 및 자신과 타인의 경계를 존중하는 기술 등이 포함된다. 사회기술이 부족한 아동들은 경계에 대한 개념과 이를 지킬 수 있는 방법들을 배움으로써 또래나 다른 사람들과 긍정적 관계를 만들어 갈 수 있다.

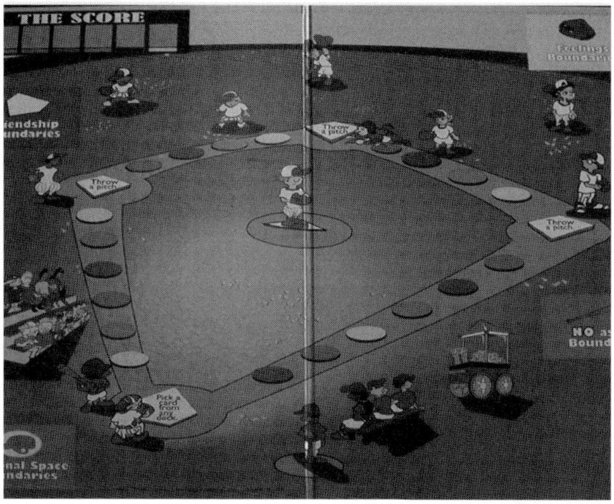


▲ 경계야구게임 (boundaries baseball game, childswork.com)

바운더리 게임 예시

| 구분 | 카드 예시 | |
|---|---|---|
| 물리적 경계 | • 경서는 친구의 연필을 가져가서 사용하고 돌려주었어요. 이것은 경계를 지킨 것일까요? | |
| 감정적 경계 | • 경서는 친구와 달리기 시합에서 이기자 친구에게 "너는 너무 느림보야."라고 말했어요. 이것은 경계를 지킨 것일까요? | |
| 관계적 경계 | • 경서는 친구와 만나서 놀기로 약속한 시간에 깜빡 잊고 나가지 못했어요. 이것은 경계를 지킨 것일까요? | |
| 나와 너의 경계 존중하기 | • "안 돼."라고 말하는 것은 왜 중요할까요?<br>• "경서야! 우리 쉬는 시간에 학교 밖에 있는 편의점에 다녀오자."라고 친구가 말했어요. 이때 당신은 어떻게 대답할 것인지 모두에게 보여주세요. | |

바운더리 게임을 시작하기 전이나 실시한 이후에 다음 질문들을 활용하여 아동들에게 바운더리의 개념을 이해할 수 있도록 도울 수 있다.

- 경계선을 가지고 있는 보드게임이나 컴퓨터 게임 중에 가장 좋아하는 것을 말해보세요. 이러한 게임을 할 때 경계를 지키는 것은 무엇이며 왜 중요할까요?
- 일상에서도 경계선은 중요합니다. 예를 들어, 주차장에 있는 하얀 선들은 왜 중요할까요? 만약 그 하얀 선들이 없으면 어떤 일이 일어날까요?
- '안 돼.'라는 말이 경계선으로 느껴질 때가 언제인지 말해 보세요. 이 경계를 지키는 것은 얼마나 어려운 일인가요? 이럴 때 좀 더 잘 경계를 지키기 위해 자기 자신에게 뭐라고 말할 수 있을까요?
- 경계선의 뜻으로 '안 돼.'라고 말한 적이 있다면 언제인가요? '안 돼.'라고 했을 때 상대방은 그 경계를 존중해 주었나요?
- 경계선들 중에서 예전에는 지키는 데 어려움을 겪었지만 지금은 잘 지킬 수 있는 것들이 있다면 말해 주세요.
- 경계를 지키는 것에 어려움을 겪는 친구가 있다면 그 친구에게 어떤 조언을 해줄 수 있을까요?
- 이 게임을 하면서 배운 점은 무엇인가요?

### 4) **이런 일이 일어날 수 있을까?**(The could this happen)

이런 일이 일어날 수 있을까? 게임은 Epstein과 Borduin(1984, 1985)이 'Children Helping Children Program'에서 이혼가정의 아동들을 돕기 위해 개발하였다. 이 게임에 참가하는 아동들은 두 팀으로 나뉘어 서로 경쟁하게 되는데 처음에는 간단한 주제로 시작하여 점점 이혼과 관련된 상황이나 사건 그리고 갈등들을 다루며 이혼이 아동들에게 미치는 영향에 관해 접근한다. 참가자들은 제시되는 상황카드에 대해 현실적인 경험을 말하거나 그 이야기와 관련된 감정들을 표현할 때 점수를 얻는다. 이 게임은 이혼가정의 아동뿐만 아니라 사회기술훈련이 필요한 아동들에게도

▲ 이런 일이 일어날 수 있을까?
(researchgate.net)

유용하게 활용될 수 있다. 게임의 핵심적인 구조가 자신의 생각과 타인의 생각을 구분할 수 있는 능력의 향상을 목표로 구성되어 있다. 또한 집단 내에서 자신의 경험을 공유하고 이를 통해 공감과 지지를 경험할 수 있기 때문에 아동들의 사회성 향상과 자아존중감을 키우는 데 도움이 될 수 있다.

### 예시

**주제 카드** **'내가 우리 반에서 인기가 많은 아이에게 앞으로 친하게 지내자고 했더니 그 아이가 좋다고 하였다. 이런 일이 일어날 수 있을까?'**

이때 리더로 선정된 아동이 다음의 번호 중 하나를 선택하는데 자신의 의견이 아닌 다른 집단원들이 가장 많이 선택했을 것이라고 짐작되는 번호를 골라야 한다. 이 과정이 앞에서 이야기한 바와 같이 자신과 타인의 생각을 분별하고 이를 존중할 수 있는 능력을 키워 주는 데 도움이 된다.

① 이 일은 반드시 일어난다.
② 이 일은 일어날 수 있으나 확실하지 않다.
③ 이 일은 일어나지 않으나 확실하지 않다.
④ 이 일은 절대로 일어나지 않는다.

만약 리더가 ②번이 가장 많을 거라고 예상했을 때 ②번을 선택한 집단원의 수만큼 리더는 점수를 획득한다. 그리고 집단원들은 주제 카드와 관련된 경험이나 감정을 이야기할 경우 1점을 획득할 수 있다. 집단원들이 모두 리더 역할을 한 번씩 수행하고 나서 각자 획득한 점수를 비교하여 승리자를 결정할 수 있다.

### 5) 사회기술훈련 보드게임

사회기술훈련은 병리적인 반응을 제거하기보다 아동의 기술 목록을 구축하는 데 초점을 둔 강점 기반 접근법이라고 할 수 있다(LeCroy, 1994). 사회기술훈련의 기본 가정은 아동이 사회적 기술의 결핍으로 인해 사회로부터 거부된다고 보고 모델링, 코치, 시연, 역할 놀이, 피드백을 활용해 아동들의 사회기술 능력을 높이고자 한다. LeCory(1994)가 개발한 사회기술게임은 11개의 사회적 기술을 포함하고 있다. 보통 주 1~2회, 30~45분 모임을 가지고 집단의 요구에 따라 8~14주 정도 소요된다.

게임을 구성하는 카드는 상황카드, 감정카드, 역할놀이 카드, 재미있는 카드로 구성되어 있다. 상황카드는 학교나 집, 친구들을 만나는 상황의 시나리오를 주고 그 상황에서 아동이 어떻게 할 것인지 질문할 때 사용된다. 감정카드는 전형적으로 불안정한 감정을 이끌어 내는 상황을 제시하고 그런 상황에서 집단원이 어떻게 느끼는지를 설명하도록 하는 데 사용된다. 역할놀이 카드는 단정적인 반응을 요구하는 상황을 제시하고 아동들이 어떻게 반응하는지 집단원과 함께 역할놀이를 통해 행동하도록 하는 데 사용된다. 재미있는 카드는 아동들이 게임에 흥미를 가질 수 있도록 재미있는 행동이나 말을 할 수 있도록 요구하는 카드로 구성되어 있다.

사회기술훈련 게임을 수행할 때 집단원들의 지지와 승인은 중요한 요소이며 치료자는 각 아동의 개인적 목표를 달성할 수 있도록 도와야 한다. 다음은 각 영역의 카드 내용의 예시이다.

- 상황카드(문제해결 카드)

사회기술이 요구되는 상황은 가정에서보다 학교와 같이 또래들이 많고 다양한 이해관계를 바탕으로 관계역동이 일어나는 곳이라고 할 수 있다. 상황카드의 내용은 대부분 다양한 또래관계에서 일어날 수 있는 갈등 상황을 다루기 위해 고안되어 있다. 이 카드들의 정답은 제시되어 있지 않다. 다만, 집단원들의 인증을 통해 대다수가 동의하는 해결방법을 찾아가는 것이 목표이며, 상담자는 보편적인 방법으로 이 문제들의 해결방안을 아동이 찾아갈 수 있도록 도와야 한다.

☑ 학교친구가 생일파티를 열었다. 너는 초대받지 못했다. 이때 너의 느낌은 어떤지 말해 줘.

☑ 반의 누군가가 네 친구를 놀려서 네 친구의 기분이 나쁘다. 너는 어떻게 친구를 도와줄 거니? 친구의 기분을 좋아지게 하려면 네가 뭐라고 하면 좋을까?

☑ 누군가와 친해질 수 있는 방법은 무엇일까?

- 감정카드

감정카드는 다양하게 활용할 수 있다. 감정단어를 제시하고 '언제 네가 이런 감정을 느꼈는지?'를 이야기할 수 있도록 하거나 다른 사람이 '○○한' 감정을 표현하는 모습을 언제 보았는지를 묻는 형태로 진행할 수 있다.

예시

- 네가 배구를 못한다고 가정하자. 네가 서브를 넣을 때마다 같은 팀의 친구가 "네가 서브를 넣으면 안 돼."라고 한다. 이때 너는 어떤 느낌일까?
- 네가 가장 최근에 화가 났을 때가 언제인지 말해 줘.
- 네가 짜증이 날 때가 언제인지 말해 줘.
- '화가 난': 최근에 네가 이 감정을 표현하는 사람을 보았니? 그 사람이 화가 났다는 것을 어떻게 알 수 있었니?

- 역할놀이 카드(실습카드)

카드에서 제시되는 상황을 아동들이 역할을 맡아 실제 상황처럼 연습을 해 볼 수 있도록 하는 것이 이 카드의 목표이다. 여기에서 중요한 점은 카드를 선택한 아동의 역할연기를 보며 다른 집단원들이 주는 인증이다. 다른 사람들의 인증을 받음으로써 사회적으로 수용 가능한 방식으로 문제를 해결할 수 있는 능력을 향상시킬 수 있다. 카드를 뽑은 아동의 우측이나 좌측에 앉은 친구가 카드 상황에 맞는 친구 역할을 하도록 한다. 역할놀이는 실제와 가장 유사한 형태로 사회기술훈련 프로그램에서 배운 내용을 연습해 볼 수 있는 기회가 된다. 이는 아동들이 실제 상황에서 대처할 수 있는 능력을 촉진하는 데 도움이 될 수 있다.

**예시**

- 학교에서 시험을 보고 있다. 옆의 친구가 "네 답 좀 보여 줘."라고 한다. 너는 어떻게 행동하고 말할 거니?
- 반의 친구가 숙제 노트를 빌려 달라고 한다. 너는 친구에게 무엇이라고 말할래?
- 동생이 네 책상을 허락 없이 사용한다. 동생이 책상 위를 엉망으로 만들었고 너는 기분이 나쁘다. 어떻게 할래?

- 재미있는 카드

이 카드의 목표는 사회기술훈련 프로그램을 어렵고 힘들게 느끼지 않고 흥미를 유지하도록 돕는 것이다. 항목은 아동들의 연령이나 성향에 따라 추가하거나 삭제할 수 있다.

**예시**

- 네가 좋아하는 동물 흉내 내기
- 일어나서 세 번 점프하기
- 가장 웃긴 표정 보여 주기

◀ 사회성 향상 게임

◀ 사회기술훈련게임(social skills, didax.com)

## 3. 사회기술훈련 집단 구성 시 고려할 점

### 1) 대상

사회기술훈련 집단에 참여할 아동을 선별하는 과정에서 첫 번째 고려 사항은 아동이 집단에 참여할 준비가 되어 있는지를 검토하는 것이다. 아동의 신체적·인지적·심리적 요소들과 함께 아동이 또래 친구에 대한 관심과 그들 안에 소속되기를 희망하는지 여부를 살펴보아야 한다. Erford(2011)는 집단구성원을 선별하고 선정하는 데 있어 다음과 같은 질문을 제시하였다.

- 집단구성원의 잠재적인 욕구는 무엇인가? 계획된 집단에서 제공되는 경험, 개입방식과 집단구성원의 욕구는 부합하는가?

- 집단구성원의 능력은 어떠한가? 집단을 진행하는 동안 개인적·대인관계적 노전에서 성공하는 데 필요한 전제조건인 지식, 기술 그리고 태도를 가지고 있는가?
- 개인적 그리고 대인관계적 측면에서 집단구성원의 제한점은 무엇인가? 지원자는 다른 사람을 방해하고 어려움을 야기할 수 있는 개인적·관계적 성향이 있는가?

이러한 사항들을 검토하기 위해서는 초기면접을 통해 아동과 부모에 대한 정보 수집이 요구된다. 내담 아동의 사회성과 관련한 주호소 문제와 관련한 부모나 교사로부터의 보고, 놀이평가, 심리평가, 아동면담 등이 필요하다. 이 부분은 사회기술훈련 집단의 실제 과정에서 좀 더 기술하고자 한다. 또한 아동이 집단 참가를 결정하였다 하더라도 집단참여의 어려움이 관찰되면 참여를 중단할 수 있다. 이러한 사항은 사전에 부모 및 아동과 논의하는 것이 필요하다.

### 2) 집단의 크기 및 연령기준

아동이 어릴수록 집단은 좀 더 소규모여야 한다. 그러나 너무 적은 인원은 사회기술훈련의 목표달성에 필요한 집단원 간의 다양한 역동의 경험이나 또래집단의 보편적인 수용기준들을 경험하기에 어려움이 있다. 따라서 초등학교 저학년은 4~6명, 고학년 이상은 6~8명 정도의 인원이 적절하다. 또한 아동의 연령 범위는 일반적으로 12개월을 넘어서지 않도록 한다. 만약에 12개월 미만의 연령차라 하더라도 7세의 유치원생과 초등학교 1학년의 아동을 같은 집단에 배치하는 것은 적절하지 않다. 사회기술 향상을 위한 집단을 구성할 때 아동들의 성별, 연령, 발달 수준 등에서의 균형은 중요하다.

### 3) 프로그램 회기 길이 및 빈도

아동 구성원의 연령을 고려하여 사회기술훈련 집단 회기를 결정하는 것이 필요하다. 일반적으로 나이가 어린 아동 집단구성원의 회기는 좀 더 짧아진다. 생활연령을 넘어서 심리적인 연령까지 염두에 두고 상담자는 반드시 아동의 주의 지속시간을 고려해야 한다. 취학 전 아동과 초등학교 저학년 아동의 경우, 집단은 20~40분 정도의 길이로 진행될 수 있다. 5학년 이상의 고학년이거나 중학생의 경우에는 60~90분 정도의 시간 동안에도 집단이 잘 진행될 수 있다.

사회기술훈련 집단의 빈도는 집단의 목적과 아동의 현재 문제의 심각도와 관련이 있다. 일주일에 2~5회 만나는 집중적인 짧은 기간의 집단은 매우 효과적일 수 있다. 그러나 이것은 현실적으로 어려움이 있으므로 주 1회의 빈도로 진행되는 경우가 일반적이다. 사회기술훈련의 경우에는 반복적인 훈련을 통해 아동들이 충분하게 기술을 습득할 수 있도록 해야 하므로 6개월 이상의 기간이 소요될 수 있다.

## 4. 사회기술훈련 집단의 실제 과정

### 1) 접수상담

사회기술훈련 집단참여를 위해 접수상담을 실시하는 것이 첫 번째 과정이다. 접수상담은 개별놀이치료를 위한 접수상담과 크게 다르지 않다. 다만, 아동의 전반적인 정서·행동 문제에 대한 주호소 문제와 함께 사회성 발달과 관련한 어려움에 대해 구체적으로 파악해야 한다. 이는 아동이 사회기술훈련을 통해 성취해야 할 목표를 설정하는 데 필요하다. 아동과의 첫 면담에서 놀이를 활용할 수 있는데 상담자가 주로 검토해야 할 사항은 아동의 관계 양상, 인지적·정서적 역량 및 특성 등이다. 부모와의 상담에서 아동의 발달력과 양육력, 가족관계 및 또래관계 양상에 관한 정보를 수집한다.

이러한 접수상담 이후 가능하다면 심리검사 등의 평가과정을 거쳐 사회기술훈련 집단참여 여부를 결정하는 것이 바람직하다. 집단참여가 결정되면 치료자는 다음의 사항들을 내담자에게 고지해야 한다. Erford(2011)는 집단을 시작할 때 해야 하는 전문적 고지 진술항목을 다음과 같이 제시하였다. 이는 집단에 참여하는 내담자에 대한 권리 존중의 의미와 함께 집단의 효율적인 운영을 위한 집단상담자의 실제적인 역할과도 관련된다.

- 집단상담자의 전문적인 정도
- 제공되는 집단상담(혹은 프로그램)의 성격
- 집단상담자와 구성원의 책임과 역할, 집단 내에서 구성원들에게 기대되는 행동
- 집단구성원의 건강정보에 대한 비밀보장의 한계와 예외사항, 제3자에 의해 집단참여를 강요받은 개인에 대한 고지
- 향정신성 약물과 관련한 방침
- 집단 외부에서 집단구성원 간의 개인적 만남, 접촉에 대한 방침
- 서류 요청 및 타인에게 공개하도록 요구되는 정보
- 집단상담자와 구성원 간의 상담절차
- 비용정보
- 집단의 소요시간 및 시간 변수
- 집단참여로 인한 잠재적인 영향

### 2) 사회기술훈련 집단의 단계

일반적으로 사회기술훈련 집단의 단계는 목표달성과 관련된다. 각 아동의 사회기술 향상을 위한 목표를 달성하기 위해서는 집단상담의 단계에 대한 고려가 필요하다. 집단상담의 과정은 치료적 구조와 이론적 입장에 따라 차이가 있다. Corey(2012)는 집단의 단계를 6단계로 제시하였다.

- **첫 번째 단계:** 집단구성 전 단계로 집단을 공지해서 집단구성원을 모집한 후에 집단구성원을 선별하고 결정하는 것이다. 앞에 기술한 접수상담의 과정이

이에 해당된다.

- **두 번째 단계:** 초기 단계로 집단구조를 결정하고 난 후에 집단구성원들이 서로 알아 가고 서로의 기대가 무엇인지 탐색하는 시기이다. 접수상담 및 평가과정을 거쳐 집단참여가 결정되고 나서 사회기술훈련 프로그램의 오리엔테이션이나 1 2회기 등이 이 단계에 해당된다. 참여 아동 및 부모에게 집단의 목표 및 진행과정에 대한 사항을 안내함으로써 프로그램 참여의 동기를 높일 수 있다. 이 단계에서는 집단참여에 필요한 구조화, 그리고 아동 및 부모와의 신뢰관계를 형성하는 것이 중요하다.
- **세 번째 단계:** 변화 단계로 불안, 방어, 통제욕구를 포함하여 집단구성원 사이의 저항과 양가감정 등을 다룬다. 사회기술 향상을 목표로 하는 집단의 경우 구조화된 형태로 진행되는 경우가 많다. 그러나 단순한 프로그램의 시행보다는 참여 아동들 개개인의 심리적·관계적 이슈들을 다루어 나가는 것이 아동 변화를 위해 중요하게 고려할 점이다. 그렇기 때문에 참여하는 아동들 간의 관계역동이 원활하게 이루어지고 갈등과 해결이 반복되는 시기이다.
- **네 번째 단계:** 훈습 단계로 집단응집력과 활발한 의사소통과 피드백이 증가하는 시기이다. 초기의 관계 양상에 긍정적 변화가 나타나고 아동들 개개인의 주호소 문제에도 변화가 나타난다.
- **다섯 번째 단계:** 집단구성원들이 집단참여의 목표가 달성됨으로써 종결과정을 준비하는 시기이다. 이 단계에서는 집단구성원들 각자가 집단에서 어떤 점들을 배우고 변화되었는지를 인식하게 되고 이를 일상에서 적용할 수 있게 된다.
- **여섯 번째 단계:** 추수 단계로 종결 이후에 아동들의 사회적응도를 점검하고 재발 여부를 체크하여 사회기술훈련 집단의 효과가 유지되고 있는지를 점검하는 것이다.

사회기술훈련 집단에 의뢰된 아동들은 대부분 또래관계의 어려움을 호소하고 있으므로 이 부분에 대한 진보를 구체적으로 평가하는 것이 중요하다. 상담자는 집단참여자들의 주호소 문제 변화를 평가하는 동시에 사회기술훈련 집단의 목표 달성

측면에서도 검토가 필요하다. 예를 들어, 아동들의 감정 인식과 표현 기술, 의사소통 기술, 대인 간 문제해결 기술 등을 습득하고 실천할 수 있는 능력의 증진 등이 이에 해당된다. 이러한 기술과 능력이 증진됨으로써 아동들의 건강한 발달을 촉진하고 학교와 지역사회 적응에도 도움이 될 수 있다.

## 5. 사회기술 향상을 위한 집단에서 상담자 역할

아동은 집단상담에서 자신에 대한 인식을 확장해 나간다. 아동은 놀이로 의사소통하고 자신에 대한 상담자와 다른 아동들의 지각을 듣고 관찰함으로써 자신에 대한 인식과 통찰을 촉진할 수 있다. 사회기술훈련 집단에서 상담자의 전문적인 역할은 개인상담과 유사하다. 그러나 집단에서는 아동 간의 역동으로 인해 개인상담에서 나타나지 않았던 행동들이 드러날 수 있다. 상담자는 아동 간에 발생할 수 있는 다양한 역동에 대한 이해와 대처능력이 필요하다. 또한 상담자는 집단구성원들에게 균형을 유지하여 반응하는 것이 매우 중요하다. 예를 들어, 상담자가 집단 내에서 지나치게 활동적이거나 소극적인 아동들에게 초점을 더 두지 않아야 한다는 것이다. 이것은 대부분 상담자의 성격적 특성과 연관되어 있을 수 있고 역전이나 집단상담 운영에서 덜 숙련된 측면에 기인될 수 있다. 그러므로 상담자는 자신의 감정이나 행동에 대해 인식하는 것이 무엇보다 중요하며 슈퍼비전을 통해 이러한 태도를 수정해 나가는 것이 상담자의 성장에 필수적인 요소라고 할 수 있다. 물론 이러한 측면은 개인상담자의 역할과 유사하나 집단상담에서는 다양한 성격 및 행동 특성을 가진 아동들을 만나므로 상담자는 그 역동 안에서 높은 수준의 집중과 자기인식, 자기통제, 감정 조절 및 공감 능력을 요구받는다는 점에서 차이가 있다.

놀이치료학자인 Ray(2011)는 집단놀이치료자의 경우 전문성을 갖추고 촉진자의 역할과 함께 다른 사람과의 상호작용에서 수용에 대한 안전감이 있어야 한다고 하였다. 개별놀이치료에서와 달리, 활동 수준이 증가되고 아동 간의 긍정적이거나 부정적인 상호작용의 발생에 대한 평정심을 유지할 수 있어야 한다. 집단에서 상담자는 자신의 통제감의 상실이나 치료적 반응을 줄 수 없는 무능력감, 친밀함의 감소됨을 느끼는 등 다양한 도전을 받게 된다. 이를 극복하기 위해서는 집단이라는 도구의 가치를 수용하고 어떤 아동에게는 집단의 접근이 매우 효과적임을 인식할 수 있어야 한다. 집단상담자는 개인상담의 충분한 경험을 통해 내담자의 정서적·행동적·언어적 표현의 다양한 의미들을 이해할 수 있어야 한다. 이를 바탕으로 관계 안에서 나타날 수 있는 다양한 집단역동을 이해하고 다룰 수 있는 역량을 갖추어야 한다.

아동 집단의 운영과 치료의 목적을 달성하기 위해 부모의 협력을 요청하고, 비밀보장의 중요성에 대해 인식하고 실천할 수 있어야 한다. 집단에서 활용할 기법의 선택, 대상 선정, 집단놀이치료 과정의 기록 등도 상담자의 역할이다. 또한 집단 과정에서 참여자들에 대한 반영, 공감, 직면, 이해 등을 전달하는 치료적 반응기술의 실천도 집단상담자의 전문적인 역할이다. 집단구성원 선정과 초기상담 및 평가, 집단 안에서 피드백을 주고받는 기술, 집단과정이나 목표달성에 관한 평가, 집단을 계획하고 관찰하고 참여하는 과정에서의 윤리적 실천 등도 상담자 역할에서 중요한 사항이다. 사회기술훈련도 집단의 형태로 운영되므로 상담자는 사회기술훈련의 구성요소뿐만 아니라 집단놀이치료, 집단상담 및 집단의 운영 원리에 대한 이해가 필요하다. 아동 및 청소년들을 대상으로 하는 사회기술훈련 집단의 경우 놀이나 게임 등의 활용이 필수적이고 2명 이상의 집단으로 운영되므로 이를 위해 상담자는 집단상담의 기본 원리 및 집단놀이치료에 대한 이해와 경험을 쌓아 나가는 것이 필요하다.

## 6. 게임을 활용한 사회기술 향상 집단 예시

### 사회기술 향상 집단

사회성에 관한 관심은 아동이 학령기에 들어가면서부터 본격화되는 경향이 있다. 학교에 입학하게 되면서 아동의 사회적 관계 및 사회적 역할과 기능에 대한 확장과 도전이 이루어지기 때문이다. 따라서 사회기술훈련 집단도 학령기 아동의 발달 수준에 맞추어 개발되는 경향이 있다. 게임에서 사용되는 사회적 기술은 역할놀이, 모델링, 리허설, 피드백의 방법을 통해 학습하고 실제를 익힐 수 있도록 구성된다. 무엇보다 사회기술 향상 프로그램에 참여하는 아동들을 선정하는 과정에서 의뢰 목적에 부합하며 사전 평가를 통해 적합성을 검토해야 한다. 목적에 적합한 아동들인지 알아보기 위해서 예비 모임과 접수상담이나 사전 인터뷰를 하는 것이 좋다. 이는 아동들의 사회적 능력을 평가하고 집단참여의 목적을 설명할 수 있는 기회이기도 하다. 대개 주 1~2회, 1회기 40~50분, 8~14회기의 구성으로 진행되는 경우가 많다. 그러나 집단의 목적이나 대상에 따라 그 이상의 회기가 진행되는 경우도 있다. 집단구성원은 최소 4명에서 최대 8명 정도의 인원으로 구성하는 것이 바람직하다. 그 이상의 인원은 상담자가 아동들에게 섬세한 피드백을 제공하는 데 어려움이 있다.

집단의 구성은 전술한 바와 같이 다양하기 때문에 상황에 맞는 구성이 요구되나 1~2회는 집단원 간의 친밀감 형성에 초점을 두고 회기를 진행해야 한다. 이후 과정은 감정 인식과 표현, 문제해결을 위한 사회기술훈련, 모델링과 역할놀이를 통한 훈련, 사회기술 향상 보드게임을 통해 아동들의 사회기술 증진을 위한 개입을 시행해야 한다. 다음은 집단구성의 예시이다.

### ■ 집단상담 구성의 예시 1: 예비 초등학생을 위한 사회기술 향상 집단

#### • 집단소개 및 목적

본 집단은 초등학교 입학을 앞둔 아동들이 인지행동치료 기법을 활용한 집단놀이 활동을 기반으로 한다. 집단참여를 통해 아동들의 자기표현 향상 및 문제해결 기술을 배우고 대안적 행동을 연습해 보면서 학교 생활에 필요한 긍정적인 상호작용 기술을 증진시키는 데에 있다.

- **프로그램 목표**
  - ☑ 놀이활동을 통해 내적 감정을 자연스럽게 표현하고 내 마음을 다른 사람에게 전달할 수 있는 방법을 배운다.
  - ☑ 놀이를 통해 문제 상황 해결을 위한 적응적인 전략을 배우고 역할연기를 통해 실제적이고 대안적인 행동을 연습해 본다.
  - ☑ 모델링, 역할연기, 긍정적 강화(토큰 제공 및 격려)를 통해 아동의 목표 행동을 증진한다.

- **집단 구조**
  - ☑ **대상**: 초등학교 입학을 앞둔 예비 초등생

**본 집단상담이 효과적인 아동**
① 자신의 의견이나 요구를 표현하지 못하는 아동
② 사회적인 상호작용을 원하고 참여를 시도하지만 필요한 행동이나 기술이 부족한 아동

- ☑ **인원**: 4~6명

| 회기 | |
|---|---|
| 접수상담/예비 모임 | 면담을 통해 주호소 문제 확인 및 정보수집. 아동에게 적합한 그룹을 배정하기 위한 작업 |
| 1회 | 집단 오리엔테이션 / 자기소개와 집단 규칙 합의 |
| 2~3회 | 감정 인식과 표현 훈련 |
| 4~5회 | 역할놀이와 리허설 |
| 6~7회 | 문제해결 기술훈련 |
| 8~9회 | 사회기술 향상 보드게임 |

## ☑ 프로그램 구성 예시

<table>
<tr><th>회기</th><th>목적</th><th>주제</th><th>활동내용</th></tr>
<tr><td>1</td><td>• 프로그램의 목적을 이해한다.<br>• 집단원 간의 응집력을 높인다.<br>• 프로그램 참여동기를 강화한다.</td><td>만나서 반가워!</td><td>[오리엔테이션 및 규칙 합의]<br>• 활동소개<br>– 프로그램 및 집단 리더 소개<br>– 우리들의 약속(규칙 만들기)<br>• 자기소개<br>– 별칭 명찰 만들기<br>– 이 친구는 누구일까요?<br>• 프로그램 마무리<br>– 감정 나누기(감정스티커, 감정카드 등 활용)</td></tr>
<tr><td>2</td><td rowspan="2">• 감정과 관련된 행동이나 표현을 알아차리고 이름 붙일 수 있도록 한다.<br>• 감정이 자연스럽게 표현될 수 있도록 한다.</td><td rowspan="2">감정 인식과 표현</td><td>[감정 인식과 표현 1]<br>• warm up: '내 친구는~'<br>(인원수−1)로 의자를 준비해 두고 술래가 말하는 특성을 가진 친구는 앉았던 자리에서 일어나 자리를 바꾸어야 한다. 의자를 차지하지 못하는 아동이 다음 술래가 되어 게임을 진행한다.<br>• 감정스피드 게임<br>리더가 읽어 주는 상황을 듣고 자신이 가진 감정카드 중 상황에 적절한 카드를 제시하며 연기를 한다.</td></tr>
<tr><td>3</td><td>[감정 인식과 표현 2]<br>• warm up: 몸으로 말해요<br>제시어를 주면 술래는 몸으로 표현하고, 남은 사람들은 정답을 맞춘다. (동물/감정)<br>• 감정 메모리 카드<br>같은 감정단어나 감정표정 카드를 뒤집어 카드가 나오면 어떤 상황에서 이런 감정을 느끼는지 말하는 게임이다.</td></tr>
</table>

| 회기 | 목적 | 주제 | 활동내용 |
|---|---|---|---|
| 4 | • 역할연기를 통해 다른 사람에게 표현하는 방법을 익힌다. | 의사표현<br>(자기표현) | [친사회적 표현 기술 1]<br>• **친구관계 상황카드**<br>– 친구에게 거절하기<br>– 친구에게 친절하게 이야기하기<br>– 친구에게 화가 나도 행동이 아닌 말로 표현하기<br>– 물건 빌리거나 돌려받기 |
| 5 | | | [친사회적 표현 기술 2]<br>• **지시 따르기 상황카드**<br>– 선생님 지시에 따라 종이접기<br>– 그림 그리기 활동을 하다가 멈춤 신호를 주면 멈추기<br>• **수업시간 상황카드**<br>– 수업시간에 적절하게 발표하기<br>– 선생님께 요청하기<br>– 화장실 가고 싶을 때 의사 표현하기 |
| 6 | • 문제해결을 위한 적응적인 전략을 배우고 역할연기를 통해 실제적이고 대안적인 행동을 연습해 본다. | 문제해결 | [대인 간 문제해결 1]<br>• **학교에서 벌어질 수 있는 상황을 적은 카드를 읽고 대처 방법에 대해 이야기하기**<br>– 수업시간에 화장실에 가고 싶어요.<br>– 친구랑 장난하고 싶으면 어떻게 하죠?<br>– 모둠 과제를 할 때 잘 모르는 게 있는데 어떻해야 할까요? |
| 7 | | | [대인 간 문제해결 2]<br>• **또래관계에서 일어날 수 있는 상황카드를 읽고 대처 방법에 대해 이야기하기**<br>– 짝이 내 연필을 아무 말없이 가져가서 써요. 이럴 때 어떻게 해야 할까요?<br>– 친구가 "너는 왜 공차기를 그렇게 못하니?" 라고 해요. 이럴 때 친구에게 뭐라고 하면 좋을까요? |

| 회기 | 목적 | 주제 | 활동내용 |
|---|---|---|---|
| 8 | • 대인관계에서 발생할 수 있는 다양한 상황에서 대처할 수 있도록 돕는다. | 사회기술 | [사회기술 복습]<br>• **사회기술 향상을 위한 보드게임**<br>감정 인식과 표현, 문제해결, 대처기술 등을 다루는 보드게임을 통해 지금까지 배운 사회기술을 일상생활에서 적용할 수 있도록 돕기 |
| 9 | • 그동안 배운 기술들을 적용해 보기(보드게임 활용)<br>• 종결파티 | 마무리 | [사회기술 적용]<br>• **윷놀이/다트 던지기/기타 보드게임 중 선택**<br>• **정적 보상: 선물가게**<br>– 회기 동안 모은 토큰을 활용하여 물건들을 구매할 수 있도록 한다.<br>• **소감 나누기 및 평가** |

## 참고문헌

Asher, S., & Rose, A. (1997). Promoting children's social−emotional adjustment with peers. In P. Salovey & D. J. Sluyter (Eds.), *Emotional development and emotional literacy* (pp. 196−224). New York: Basic Books.

Corey, G. (2012). *Theory and practice of group counseling* (8th ed.). Belmont, CA: Brooks/Cole.

Elias, M. J., & Clabby, J. F. (1992). *Building social problems-solving skills*. San Francisco: Jossy−Bass.

Epstein, Y., & Borduin, C. (1984). The Children's feedback game. *American Journal of Psychotherapy, 38*, 63−71.

Epstein, Y., & Borduin, C. (1985). Could this happen: A game for children of divorce. *Psychotherapy: Theory, Research, Practice, Training, 22*(4), 770−773.

Erford, B. (2011). *Group work: Processes and applications*. Upper Saddle River, NJ: Pearson Education.

Gresham, F. M., & Elliott, S. N. (1990). *Social skills rating system*. Circle pines, MN: American Guidance Service.

Gresham, F. M., & Elliott, S. N. (1993). Social skills intervention guide: Systematic approaches to social skills training. *Special Services in the Schools, 8*(1), 137−158.

Guevremont, D. (1990). Social skills and peer relationship training. In R. A. Barkley (Ed.), *Attention deficit hyperactivity disorder: A handbook for diagnosis and treatment* (pp. 540−572). New York: Guilford Press.

LeCroy, C. W. (1983). Social skills training with adolescents: A review. In C. W. LeCroy (Ed.), *Social skills training for children and youth* (pp. 91−116). New York: Haworth.

LeCroy, C. W. (1994). Social skill training. In C. W. LeCroy (Ed.), *Handbook of child and adolescects treatment manuals*. New York: Lexington Books.

LeCroy, C. W, (Ed.) (2008). *Handbook of evidence-based treatment manuals for children and Adolescents* (2nd ed., pp. 99-138). Oxford University Press.

Morrison, G., & Sandowicz, M. (1994). Importance of social skills in the prevention and intervention of anger and aggression. In M. Furlong & D. Smith (Eds.), *Anger, hostility and aggression: Assessment, prevention, and intervention strategies for youth* (pp. 345–392). Brandon, VT: Clinical Psychology.

Pepler, D., Craig, W., & Roberts, W. (1995). Social skills training and aggression in the peer group. In J. McCord (Ed.), *Coercion and punishment in long-term perspectives* (pp. 213–228). Cambridge, MA: Press Syndicate of Cambridge University.

Ray, D. (2011). *Advanced play therapy: Essential conditions, knowledge, and skills for child practice*. New York: Routledge.

Schlenker, B. R, & Bonoma, T. V. (1978). Fun and games: The validity of games for the study of conflict. *Journal of Conflict Resolution, 22*, 7–38.

Serok, S., & Blum, A. (1983). Therapeutic uses of games. *Residental Group Care and Treatment, 1*, 3–14.

Sutton–Smith, B. (1971). Play, games, and controls. In J. P. Scott (Ed.), *Social control* (pp. 84–100). Chicago: University of Chicago Press.

Sweeney, D., Baggerly, J., & Ray, D. (2014). *Group Play Therapy: A Dynamic Approach*. Taylor & Francis.

Sweeney, D. S. (1997). *Counseling children through the world of play*. Eugene, OR: Wipf and stock.

제10장

# 집단에서 활용 가능한 게임놀이치료

이 장에서는 2명 이상의 내담 아동과의 상담에서 활용할 수 있는 게임놀이치료에 대해 소개하고자 한다. 2명 혹은 그 이상의 집단 상황에서 상담의 목표는 관계역동을 활용하여 의사소통 및 상호작용 능력을 촉진하는 것이라고 할 수 있다. 특히 게임놀이치료를 활용하여 아동 간의 역동을 활성화하고 이 과정 안에서 발생하는 아동들의 감정 및 갈등을 다루어 나갈 수 있다. 이를 통해 아동들의 감정 인식과 표현, 상대방의 감정을 인식하고 존중할 수 있는 공감능력, 갈등 상황을 조율할 수 있는 문제해결 능력 등이 증진될 수 있다는 점에서 치료적 이점을 가진다. 이러한 내용들을 학습하는 데 있어 게임놀이치료와 집단놀이치료에 대한 이해가 필요하다. 게임놀이치료에 대한 기초 이론은 1장에서 집중적으로 소개되었으므로, 이 장에서는 집단놀이치료와 집단놀이치료에서 활용할 수 있는 게임에 초점을 두어 설명하고자 한다.

## 1. 집단놀이치료

### 1) 집단놀이치료와 게임

집단놀이치료는 또래와의 관계 안에서 경험할 수 있는 즐거움과 함께 역동적인 관계 경험을 제공할 수 있다는 점에서 특별한 가치를 지닌다. 이러한 집단 경험의 가치는 아동이 살아가는 삶과 타인과의 관계에서 요구되는 다양한 능력을 자연스럽게 경험하고 학습하며 내재화할 수 있다는 점이다. 아동이 또래와의 관계에서 건강한 방식으로 감정을 교류하고 협력하며 갈등을 조율할 수 있는 능력을 발달시킬 수 있다는 것은 아동의 학교 적응 및 또래관계 능력을 향상시킬 수 있다는 점에서 중요하다. 집단놀이치료는 놀이치료의 원리를 집단에 적용시킨 기법으로 2명의 아동이 참여하는 짝치료 및 2명 이상의 아동들을 위한 집단치료 등에서 활용할 수 있다. 이론적 입장에 따라 구조화 혹은 비구조화 방식으로 시행할 수 있고 이 모든 방식에서 게임은 다양하게 활용할 수 있다. 비구조화된 방식의 집단놀이치료에서는 아동들이 놀잇감을 선택하여 놀이함으로써 아동 간의 관계역동을 다루어 나가는데 이때 아동들이 보드게임을 선택할 수 있다. 또한 구조화된 방식으로 집단놀이치료를 시행할 경우에도 게임은 아동 간의 의사소통 및 감정교류방식을 검토하고 수정해 나갈 수 있는 기초를 마련하는 데 도움을 줄 수 있다.

### 2) 집단놀이치료의 원리

아동들은 집단놀이치료의 참여과정을 통해 소속감, 친밀감을 경험하고 관계를 맺는 과정을 통해 다양한 경험을 하게 된다. 집단놀이치료 과정에서 아동은 또래로부터의 피드백을 들을 수 있고 대리학습의 기회도 얻게 된다. 다른 사람에 대한 민감성을 발달시킬 수 있고 도움을 주기도 하면서 긍정적인 자기상을 형성하는 데 도움을 받을 수 있다. Sweeney(1997, 2011a), Sweeney와 Homeyer(1999)는 집단놀이치료의 치료적 원리에 대해 다음과 같이 주장한다.

- 집단은 아동의 자발성을 촉진하며 아동의 참여 수준을 높일 수 있다. 또한 집단역동 안에서 허용감을 경험하고 안전감을 느낀 아동은 다양한 놀이에 참여할 수 있게 된다.
- 집단놀이치료를 통해 각 구성원의 심리 내적 문제를 탐색할 수 있다. 또한 상담자와 아동 간뿐만 아니라 아동과 아동 간의 대인관계에서의 문제가 탐색되고 표현된다.
- 집단놀이치료를 통해 대리학습과 카타르시스를 경험할 수 있다. 아동은 다른 집단구성원의 정서적 및 행동적 표현을 관찰하고 대처행동, 문제해결 기술, 자기표현의 대안적인 방법들을 학습한다.
- 아동은 집단놀이치료에서 성장과 자기 탐색의 기회를 경험한다. 이 과정은 아동의 정서적·행동적 표현에 대한 다른 집단구성원들의 반응에 의해 촉진된다. 다른 집단구성원들의 피드백을 통해 자신을 평가하고 재평가하는 것을 배움으로써 아동은 자신에 대해 통찰할 수 있는 기회를 가진다.
- 집단은 아동이 현실세계에 머물도록 해 주는 중요한 기회를 제공한다. 놀이실에서의 대부분의 표현이 수용되지만 경우에 따라선 한계가 설정되어야 한다. 개별 집단구성원과 상담자 간뿐만 아니라 아동과 아동 간에서도 한계 설정과 현실검증이 이루어진다. 이는 아동의 현실적응력을 높일 수 있다는 점에서 가치가 있다.
- 놀이치료 집단은 사회의 소우주로서의 역할을 하기 때문에 상담자는 아동의 실제 생활에 대해 많은 통찰을 얻을 수 있는 기회를 가진다.
- 집단놀이치료 환경은 상상놀이로 후퇴하거나 이를 반복하려는 아동의 욕구나 경향성을 줄일 수 있다. 집단놀이치료 환경은 반복이나 환상에 열중하는 아동을 '지금 그리고 여기'로 이끈다. 이것은 상담자와의 상호작용에 의해서 이루어질 수 있으며 집단의 아동들 사이에서 이루어질 수도 있다.
- 집단놀이치료에서 아동은 실제 생활을 연습해 볼 수 있는 기회를 가진다. 집

단 경험은 아동에게 대인관계 기술을 발달시키며, 새로운 행동을 숙달하고, 도움을 주고받으며, 정서와 행동의 대안적인 표현을 연습해 볼 수 있는 기회를 제공한다.

- 집단놀이치료 환경은 아동들에게 치료적 관계를 발달시키는 데 도움이 된다. 관계 안에서 철회하거나 회피하는 아동은 상담자와 다른 아동의 상호작용을 통해 신뢰를 쌓아 나가는 것을 관찰할 수 있는 기회를 제공한다.
- 집단놀이치료는 아동과 부모 모두에게 시간과 비용 면에서 보다 효율적이다.

이와 같이 집단놀이치료 과정은 아동이 성장하고 변화할 수 있는 기회를 제공해준다. 이러한 집단놀이치료의 긍정적 요소를 살리기 위해서는 다음의 내용들을 고려해야 한다(Sweeney, Baggerly, & Ray, 2014).

- 치료적 관계 형성
- 감정 표현의 기회 제공
- 통찰의 발달
- 현실검증의 기회 제공
- 사회적으로 좀 더 수용 가능한 방식으로 감정과 욕구를 표현할 수 있는 기회 제공

## 2. 집단에서 활용할 수 있는 게임

앞서 기술한 집단놀이치료의 원리를 실천하는 데 있어 게임은 유용하게 활용될 수 있다. 게임이 가진 규칙과 경쟁적 요소, 승패와 관련한 인지 및 정서 조절 능력의 촉진은 아동의 자아 기능 강화 및 사회화와 밀접하게 연관된다. 집단에서는 2인 이상의 인원이 참가할 수 있는 게임일 경우 모두 활용 가능하다. 다만, 아동의 발달 수준, 주호소 문제, 치료적 목표, 치료의 구조(치료기간, 회기 시간 등) 등이 고려될 필요가 있다.

게임은 다양한 준거에 의해 분류될 수 있다. 게임을 승리 요인으로 분류할 경우 보편적으로는 신체기술, 인지 능력, 운에 의해 승부가 결정되는 우연게임으로 분류된다. 치료적 요인으로 분류할 경우 의사소통 게임, 문제해결, 자아강화, 사회화 게임으로 분류할 수 있다(Schaefer & Reid, 1986). 이러한 게임 분류의 기준에 관한 이론적 기술은 1장에서 설명되었으므로 이 장에서는 집단에서 활용할 수 있는 게임들을 중심으로 살펴보도록 하겠다. 경쟁적 요소가 최대한 배제된 대화게임을 제외한 모든 게임은 경쟁적이고 승패가 있어 이와 관련한 아동의 심리적 이슈들을 다루어 나갈 수 있다.

예를 들어, 또래관계 능력을 향상시키기 위한 초등학교 입학을 앞둔 7세 아동들을 대상으로 한 구조화된 짝치료에서는 신체기술 게임이나 우연게임 등 경쟁게임을 활용하여 아동들의 감정 인식과 표현, 경쟁 상황에 따른 대처기술을 촉진하는 것이 필요하다. 신체기술 게임이나 우연게임은 게임 소요시간이 길지 않아 한 회기에 여러 번의 게임을 시행할 수 있고 우연게임이나 신체기술 게임은 아동의 정서를 자극하여 감정을 표현하고 갈등 상황에 대처할 기회를 제공해 주기 때문에 아동의 또래관계 능력을 향상시키는 데 유용하게 활용될 수 있다.

다른 예로, 행동 조절의 어려움이 있고 친구관계에서 잦은 갈등을 겪는 초등학교 고학년 아동들을 대상으로 한 집단상담에서는 보드게임 안에서 서로 간의 소통이나 협력이 요구되고 서로의 영향력에 대해 논의할 수 있는 보드게임을 선택하는 것이 도움이 된다. 예를 들어, 보난자나 미안 게임(sorry game) 등은 서로의 입장에 대해 생각해 볼 수 있고 협력과 조율을 필요로 하는 게임이므로 또래갈등의 주제를 다루어 나갈 수 있다.

### 1) 경쟁게임

경쟁게임은 모든 승패가 있는 게임을 말한다. 상담에서의 저항을 감소시키고 아동의 자아 기능을 강화하는 데 도움이 된다. 아동의 유능감, 자기통제력, 현실검증력, 정서 조절 및 인지적 기술 등이 게임을 하는 동안 드러나고 이를 다루어 나감으로써 아동의 자아 기능을 강화시킬 수 있다.

### (1) 신체기술 게임

신체적 기술을 사용하는 게임들은 대근육과 소근육 게임으로 나뉠 수 있다. 대근육 게임에는 술래잡기, 간단한 공을 이용한 게임들, 릴레이 달리기 등이 있다. 활동적인 운동 게임은 공간적 제약이 있고, 아동을 지나치게 활동적으로 만들 수 있기 때문에 주의 깊게 사용해야 한다. 반면, 대근육 운동을 포함하는 게임은 과민하고 충동적인 아동들이 게임놀이를 통하여 훨씬 더 자아를 잘 통제하고 운동 능력을 증진할 수 있도록 도울 수 있다. Schachter(1974, 1984, 1986)는 소극적이고 내성적인 아동들의 정서 불안을 다루기 위해 신체적인 상호작용 게임들을 개발했는데 신체적 상호작용 게임들이 아동들의 정서 표현을 촉진한다고 보았다.

소근육 게임에는 젠가, 컬링볼링, 픽업스틱, 퍼펙션, 오퍼레이션, 동전 하키 등이 있다. 대근육을 사용하는 게임들과 달리, 테이블 위에서 손의 근육을 사용해서 할 수 있는 게임이며 5~15분 정도 소요되는 경우가 많다. 이런 게임들은 간단한 규칙을 가지고 있어 아동들이 규칙을 이해하고 준수하는 데 어려움이 적다. 또한 경쟁적인 특성으로 인해 다양한 어려움을 만나게 되는데 이는 아동들의 자아 기능을 평가하는 데 유용하다(Bow & Goldberg, 1986). 집단에서는 많은 아동이 게임에 참여하기 때문에 게임의 규칙이 복잡하거나 게임 수행에 시간이 오래 걸릴 경우 아동들이 집중을 유지하기 어렵고 쉽게 흥미를 잃을 수 있다. 따라서 신체기술 게임과 같이 규칙이 간단하고 아동들의 흥미를 유지할 수 있으며 경쟁적 요소를 통해 아동 간의 역동을 촉진할 수 있는 게임들이 집단에서 유용하다.

▲ 컬링볼링 게임

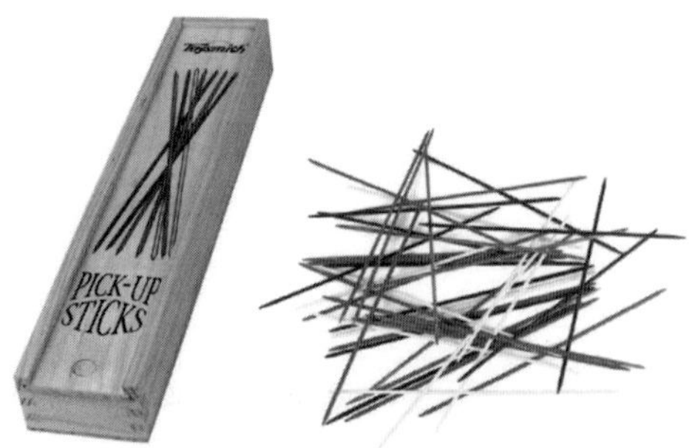


▲ 픽업스틱 게임(pick-up sticks)

▲ 오퍼레이션(operation)

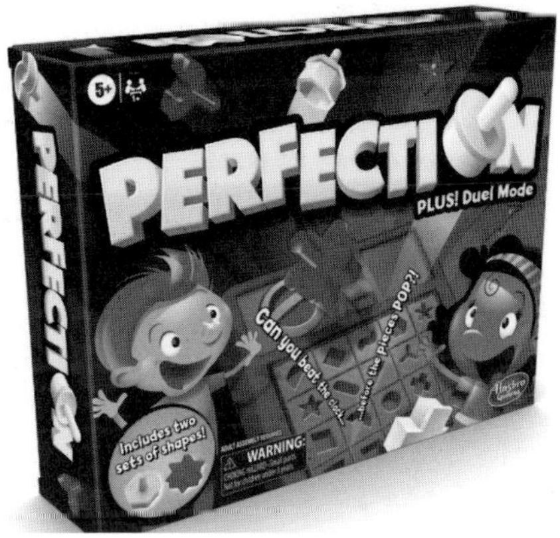


▲ 퍼펙션(perfection)

### (2) 우연게임

우연게임에는 빙고게임, 룰렛, 캔디 랜드(candy land), 사다리와 미끄럼틀 게임(Chutes & Ladders), 카드게임 등이 있다. 게임에서의 승패가 기회에 의존하는 게임들은 단순한 규칙을 가지는 경향이 있어서 게임놀이 입문으로써 사용될 수 있다. 우연게임은 성인 상담자와의 게임 상황에서 지식과 경험의 우월성을 상쇄시킬 수 있으므로 아동의 심리치료에 있어서 가치를 가진다. 그뿐만 아니라 또래들과의 집단상담에서도 아동들 간의 발달적·인지적·신체적 능력의 편차에 따른 문제들을 통제할 수 있어 또래 집단상담뿐 아니라 형제치료나 가족놀이치료에서도 활용하기에 적절하다. 예를 들어, 사다리와 미끄럼틀 게임의 경우 주사위를 굴려 나온 수만큼 칸을 이동하는데 자신의 말이 도착한 칸이 사다리인 경우에 올라가고, 미끄럼틀을 만나면 아래 칸으로 미끄러지게 되는 게임이다. 이 게임에서 주사위를 던져 나온 숫자는 철저하게 운을 따른다. 상담자는 이에 따른 긴장과 갈등, 전진과 후퇴에 따른 즐거움과 좌절 등의 다양한 감정을 다루어 나갈 수 있다. 아동들에게는 자신과 타인의 감정을 인식하고 표현하며 감정 및 행동 조절의 중요성에 대해서도 배울 수 있는 기회가 주어진다.

▲ 사다리와 미끄럼틀 게임

▲ 스머프 사다리 게임

### (3) 전략게임

전략게임은 난이도의 차이는 있으나 기본적으로 아동들의 인지 능력에 의존한다. 입체사목 게임, 체커, 체스, 우노(Uno), 미안 게임(sorry game), 보난자, 라비린스 등은 전략의 사용이 필요한 게임이라고 할 수 있다. 전략게임은 아동의 인지적 강점과 약점을 관찰할 수 있으며 아동의 공격성을 상징적으로 표현할 수 있다. 아동의 집중력, 자기통제 및 승패에 관한 아동들의 반응을 관찰하고 다루어 나갈 수 있으나 집단에서 활용할 경우 전략과 우연이 합쳐진 형태의 게임이 좀 더 유용할 수 있다. 전략게임은 대부분 개인상담에서 활용하는 경우가 많은데 그 이유는 소요되는 시간이 길고 게임의 구조가 집단에서 활용하기 어려운 경우가 있기 때문이다. 그러나 미안 게임, 라비린스 등의 게임은 인지전략의 활용과 함께 운에 의해서도 승패가 결정되므로 집단에서 활용하기에 적절하다.

▲ 미안 게임(sorry game)

▲ 라비린스

▲ 보난자

## 2) 대화게임

대화게임은 경쟁적 요소가 낮고 아동들의 감정이나 생각을 표현하도록 촉진하기 위한 목표를 갖는다. 1970년대 초기에 자기표현과 의사소통을 위한 보드게임의 유용성에 대해 인식되기 시작하였다. 첫 치료적 보드게임으로 언게임(ungame, Zakich, 1975), 말하기, 느끼기, 행동하기 게임(Talking, Feeling & Doing game, Gardner, 1973) 등이 개발되었다. 언게임(ungame)은 비경쟁적 성격의 대화 게임으로 총 140장의 카드로 구성되어 있고 가족, 친구, 커플 상담이나 집단 상담 등 다양한 상황에서 의사소통을 촉진하고 감정을 나누는 도구로 활용되어 왔다. 말하기, 느끼기, 행동하기 게임(Talking, Feeling & Doing game)은 인지행동이론에 기초한 대화게임으로 내성적이거나 저항적인 아동과의 상호작용을 촉진하는 데 도움이 되는 게임이다. 이 게임들은 상담에서 수용적인 분위기를 조성하고 개방을 촉진하기 위해 경쟁, 기술, 전략보다는 자기표현과 협력에 초점을 두어 설계되었다. 이후 업사이드 다운 게임(upside down game)과 같은 이혼가정의 아동들을 위한 게임이나 칠챗 챌린지 게임(Chill Chat Challenge game)처럼 대화를 어려워하는 청소년 및 성인들을 위한 의사소통 게임들이 개발되어 왔다. 이러한 대화게임들은 개인 및 집단상담에서 모두 활용이 가능하다. 다음은 대화게임의 카드구성 예시이다.

- 언게임(Ungame)
  - 자신의 어떤 점이 가장 맘에 드나요?
  - 고마움을 느끼는 것 세 가지에 대해 말해 주세요.
  - 집에 있는 것 중 어떤 것이 가장 좋은가요?
  - 저녁 시간에 무엇을 하면서 보내는 것을 좋아하나요?
  - 최근에 즐거웠던 경험을 말해 주세요.
  - 자신에 대해 싫은 점이 있나요? 왜 싫죠?
  - 많은 사람 앞에서 하고 싶은 얘기가 있다면 무엇에 관해서 얘기하고 싶나요?

▲ 언게임(ungame, www.talicor.com)

- 말하기, 느끼기, 행동하기 게임(Talking, Feeling & Doing game)
  - 당신이 지금까지 살면서 했던 가장 큰 실수는 무엇인가요? 실수를 했을 때의 느낌은?
  - 당신이 좋아하지 않는 사람은 누구인가요? 그 사람을 좋아하지 않는 이유는?
  - 사람을 슬프게 하는 것 세 가지를 말한다면?
  - 가끔 당신을 당황하게 만드는 것은 무엇인가요?
  - 당신이 동물로 변한다면 어떤 동물이 되고 싶은가요? 그 이유는? 그 동물처럼 해 보아요.
  - 당신이 엄마가 된다면 무엇을 할지 보여 주세요.
  - 당신이 가장 잘하는 것은 무엇인가요? 그것을 하고 있는 것처럼 해 보아요.
  - 사람이 가진 직업 중에서 제일 좋은 직업은 무엇일까요?

- 지금부터 10년 뒤의 너의 모습은?
- 만약 당신이 한 달밖에 살 수 없다면 어떻게 보낼 건가요?
- 사람이 죽은 후에 다시 태어날 수 있다면 당신은 무엇이 되고 싶은가요? 그 이유는?
- 만약 당신이 투명인간이 될 수 있다면 무엇을 하고 싶은가요?

▲ 말하기, 느끼기, 행동하기 게임(Talking, Feeling & Doing game, childtherapytoys.com)

- 업사이드 다운 게임(Upside Down game)
  - 당신은 왜 많은 어린이가 부모님과 다시 함께 모여 살기를 원한다고 생각하나요?
  - 당신의 부모님이 떨어져 살게 된 후에 당신에게 좋은 일이 일어난 것에 대해 말해 보세요.
  - 당신이 항상 의존할 수 있는 가족 외의 누군가를 말해 보세요.
  - 이혼 후 가정들은 많은 변화를 경험하게 됩니다. 변화된 것 중에 좋은 것을 한 가지만 말해 보세요.

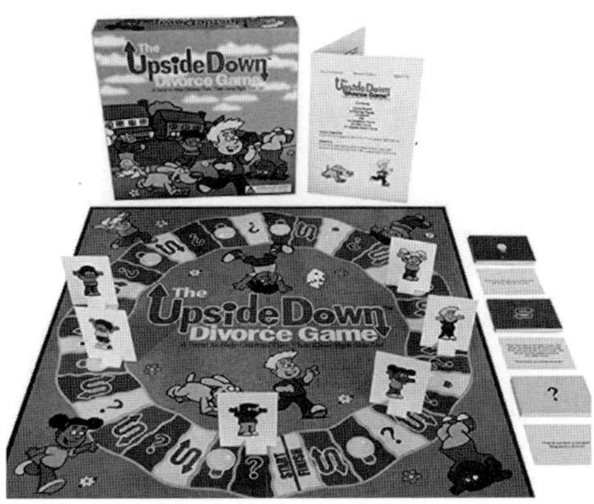


▲ 업사이드 다운 게임(Upside Down game, playtherapysupply.com)

- 이혼한 부모의 아이들이 가장 힘들어하는 휴일은 어떤 휴일이라고 생각하나요?
- 당신의 부모님이 이혼 후 당신은 무엇이 가장 적응하기 힘들었나요? 당신은 당신 자신을 어떻게 도왔나요?
- 누군가 당신의 부모님이 왜 사이가 좋지 않냐고 묻는다면, 당신은 뭐라고 대답할 것인가요?

● 칠 챗 챌린지 게임(Chill Chat Challenge game)

- 당신이 팔로우하는 블로거나 유튜버가 있나요? 있다고 한다면 그들은 어떤 종류의 콘텐츠를 당신에게 제공하나요?
- 학교 과목 중 추가하는 것이 가능하다면 어떤 과목을 추가할 건가요? 또 뺄 수 있다면 어떤 과목을 뺄 건가요? 그리고 그 이유는 무엇인가요?
- 만약 당신이 당신의 성과 이름을 조금 더 이국적 혹은 특이한 것으로 바꿀 수 있다면, 당신은 어떤 이름을 고를 것 같나요?
- 당신이 당신의 동료 혹은 친구들에게 영향을 받는 방법은 무엇인가요?
- 만약 당신이 당신의 삶의 사운드 트랙(노래 순서)을 선택할 수 있다면, 그것은 어떤 노래이고 그 이유는 무엇인가요?
- 만약 당신이 지금 당장 당신의 삶을 요약하는 해시태그 문구를 하나 선택해야 한다면 그것은 무엇인가요?

▲ 칠 챗 챌린지 게임(Chill Chat Challenge game, ARTAGIA)

## 3. 상담자 역할

Sweeney(2011)는 집단놀이치료가 아동을 위한 의사소통의 매체이며 전문적인 훈련을 받은 성인의 돌봄과 촉진을 통해 다른 아동과 자연스럽게 관계 맺을 수 있는 이점이 있다고 하였다. 또한 그는 집단놀이치료에서 기법이 적절한 이론에 기반하여 제시되고 있는지, 그 기법이 갖는 치료적 의도가 무엇인지에 대해 고려해야 한다고 주장한다. 집단놀이치료는 다양한 철학적 배경에 따라 구조, 내용, 실행, 상담자 역할 등에서 차별점을 갖는다. 이론적인 입장에 따라 내담자에게 게임의 선택권을 주거나 상담자가 선택하여 진행할 수 있다. 예를 들어, 아동 중심 이론에 기초할 경우에는 비구조화된 방식으로 집단을 운영하며 인지행동이론에 기초한 집단상담에서는 구조화된 방식으로 집단을 운영할 수 있다. 그러나 아동의 대인관계 양상을 관찰하고 개입하며 관계적 지지를 통해 효과적인 대인관계 태도와 기술을 발달시킬 수 있는 경험을 제공한다는 점은 공통된 요소이다.

상담자는 집단에서 게임을 치료적으로 활용할 때 몇 가지 고려해야 할 점이 있다. 우선, 집단의 목표를 고려한 개입이 중요하다. 상담자는 집단의 구성원 각자의 상담목표를 고려하여 게임을 선정해야 한다. 주의력 결핍 및 과잉행동 장애(ADHD)로 진단받은 아동들의 집단에서는 집중력 또는 충동조절 및 대인관계 기술을 발달시킬 수 있는 집단게임을 활용하는 것이 바람직하다. 예를 들어, 간단한 규칙을 가진 신체기술 게임인 '리바운드'나 '컬링볼링' 게임을 활용해 아동들의 자기조절 능력을 향상시킬 수 있도록 한다. 위축되어 있거나 불안이 높은 아동들을 위해서는 긴장감을 낮추고 아동 간의 친밀감을 높일 수 있는 우연게임이나 대근육을 사용하여 할 수 있는 신체활동 게임, 경쟁적인 요소보다는 대화를 촉진할 수 있는 게임들을 활용할 수 있다.

## 4. 게임을 활용한 집단상담의 예시

일반적인 보드게임을 활용하여 아동들 간의 관계역동을 관찰하고 개입할 수 있다. 여러 보드게임 가운데 전략게임보다는 비교적 게임 규칙이 단순하고 게임의 소요시간이 길지 않은 보드게임을 선택하여 적용하는 것이 좋다. 게임의 선택은 아동의 연령을 고려해야 하며 아동이 게임을 선택하도록 하는 방식을 선택할 때는 집단의 목표나 아동의 연령에 맞는 게임 도구를 구성해 두는 것이 필요하다.

신체기술 능력을 활용한 보드게임, 예를 들어 할리갈리나 다트게임, 볼링게임 등은 간단한 게임 규칙과 공간을 지나치게 사용하지 않아도 된다는 장점이 있다. 신체를 활용하는 보드게임을 할 경우 아동들의 친밀감 형성 및 긴장 이완, 집단 활동에 대한 흥미를 촉진할 수 있다는 점에서 유용하다. 또한 간단한 규칙을 가진 카드게임, 예를 들어 우노게임이나 폭탄게임 등은 아동들의 인지적 활용 정도 및 운에 대한 수용 능력 등을 관찰할 수 있다.

트러블 게임이나 미안 게임은 매우 경쟁적이고 좌절 경험이 큰 게임이므로 집단의 친밀감과 아동들의 자아강도가 어느 정도 향상된 이후에 선택하는 것이 좋다. 이러한 게임들은 아동 간의 갈등이 증폭될 수 있으므로 치료자는 이를 잘 다룰 수 있는 역량이 있어야 한다.

이러한 보드게임을 활용할 경우에는 게임 후에 반드시 감정 나누기를 통해 아동들이 자신의 감정을 인식하고 표현할 수 있는 계기를 주어야 한다. 또한 관계 안의 갈등을 다루어 나갈 수 있는 대인 간 문제해결 기술을 발달시킬 수 있도록 개입해야 한다. 다음은 집단에서 보드게임의 활용 예시이다.

### 1) 짝치료 활용 예시

다음은 초등 고학년 아동들을 대상으로 한 짝치료에서 관계능력 증진 및 자아강화를 목표로 보드게임(라비린스)을 활용한 예시이다. 이 예시에서는 라비린스라고 하는 보드게임에서 아동 1이 아동 2를 앞서자 아동 2가 부정적인 반응을 많이 보인다. 아동 1은 의뢰 당시 또래에 대한 관심이 부족하고 타인의 감정에 둔감한 양상을 보였으나 짝치료 과정에서 다양한 보드게임을 하며 상대방의 감정에 대한 인식과 수용 능력이 증진되는 것을 보여 주고 있다.

- 게임 초반에 아동 1이 길을 움직여 아동 2의 경로가 방해받자 아동 2가 "이 자식이……."라고 하였다. 이에 상담자가 게임을 잠시 멈추고 해당 표현이 아동 1에게 어떠했는지 질문하자 아동 1은 괜찮다고 하였다. 상담자가 친한 관계에서는 할 수 있는 표현이지만 관계가 친밀하지 않을 경우에는 상대방이 기분이 나쁠 수도 있는 표현일 수 있다고 말해 주었다. 아동 1은 또래들이 친한 친구들을 부를 때 사용하는 표현들을 상담자에게 알려 주며 아동 2의 해당 표현에 대해 크게 신경 쓰지 않는 모습을 보인다.
- 이후 아동 1은 게임 중 자신이 선택한 라인의 길을 이동시킬 때 상대 아동의 말이 불리하게 이동하는 것을 알아차리고 길을 밀기 전에 잠시 동작을 멈추고 장난스럽게 눈웃음치며 상대 아동을 살펴본다. 상대 아동과 눈이 마주치고 상대 아동이 이를 알아채자 싱긋 웃으며 길을 밀어낸다. 아동 2는 게임에서 자신이 불리해지자 길을 밀지 않고 말을 먼저 움직이거나 이전 순서에 자신이 놓치고 옮기지 않았다며 순서가 지난 상태에서 말을 움직이려는 모습을 보인다. 이에 상담자가 규칙을 재안내하자 아동 2는 이를 수용하나 이후에도 말을 먼저 움직이는 모습이 두세 차례 반복된다.
- 감정 나누기에서 아동 2가 게임에서 지고 있는 상황인데 아동 1이 '괜찮아, ○○아.'라고 이야기하는 것이 아동 2의 입장에서는 약을 올리는 것 같았다며 불편한 감정을 이야기하였다. 아동 1은 이에 대해 일부러 그런 것은 아니라고 이야기하나 아동 2는 기분이 좋지 않다고 하였다. 아동 1은 아동 2의 감정은 알겠지만 공감은 잘 모르겠다며 솔직하게 자신의 어려움을 이야기하였다. 더불어 아동 2가 요구하는 부분을 수정하여 이야기하려는 모습을 보인다.

### 2) 집단상담에서 활용 예시

다음은 친구 사귀기에 어려움이 있는 초등학교 4학년 남아 4명을 대상으로 보난자 게임을 실시하는 장면이다. 보난자 게임은 다소 규칙이 복잡한 편이나 게임에 참여하는 아동 간의 교류 및 갈등 조절, 협상 등을 통해 상호작용을 촉진하고 사회기술을 습득할 수 있도록 돕는다. 아동 1은 자기중심적 성향이 강해 친구들과 잦은 갈등이 있다. 아동 2는 소극적이고 의존적인 성향이 강하며 아동 3은 경쟁적이고 승부욕이 강해 또래들과 다툼이 잦다. 아동 4는 친구관계에서 다소 무관심하고 위축된 양상을 보인다. 보난자 게임에서 아동들의 이러한 성향이 드러남을 볼 수 있고 느낌 나누기를 통해 이야기를 나눔으로써 아동들 스스로 자기 인식 및 다른 또래의 입장에 대한 이해를 높일 수 있음을 알 수 있다.

- 아동 1은 게임을 해 본 듯 규칙에 대해 설명을 요청하지 않고 자연스럽게 게임에 참여하였으나 획득한 카드의 순서를 섞는 행동을 반복하며 게임 규칙을 잘 숙지하지 못한 듯한 모습을 보인다. 이에 아동 3이 "카드 내는 순서 안 지키면 반칙이야."라고 하자 아동 1이 "안 섞었어."라고 하며 소리를 지른다. 아동 2와 아동 4는 자신의 카드만 들여다본다.
- 아동 3은 게임 초반부터 "망했네."라는 표현을 자주 하며 계속해서 카드의 순서를 헷갈려 하는 모습을 보인다. 또한 다른 아동과 상담자가 카드 거래 협상을 하고 있는 상황이었으나 자신이 거래하고 싶은 카드를 계속 손에 들고 자신이 원하는 협상에 대해 말하려고 하는 모습을 보인다. 아동 4는 다른 아동이 바꿔 달라고 요구할 시에 별말 없이 바꿔 준다.
- 게임 후반에는 아동 3이 상담자가 다른 아동과 협상을 하며 대화를 나누는 중에 마지막에 있는 카드와 제일 먼저 내려 놓아야 하는 카드를 슬쩍 바꾸려 시도한다. 그러자 옆자리에 있던 아동 1이 "정말 답 없네."라고 하자 아동 3이 "왜? 뭐?" 하며 도전적인 어투로 말한다.
- 느낌 나누기 시간에 상담자가 아동 3의 행동과 이에 대한 아동 1의 반응에 대

해 서로 간에 느꼈던 감정에 대해 질문하였다. 그러자 아동 1이 반칙을 하려는 것이 이해가 안 된다고 하였고 아동 3은 아동 1이 답 없다고 한 것에 기분이 나빴다고 한다. 상담자가 아동 3에게 아동 1이 어떻게 말했으면 좋았을 것 같냐고 질문하자 아동 3은 자신의 행동이 잘못된 것은 알겠지만 비난받는 느낌이 싫었다고 한다. 아동 1은 자신도 카드를 순서대로 내려놓는 것이 답답했는데 참았고 아동 3이 카드를 빼서 순서를 바꾸려는 행동을 보자 화가 났다고 말한다. 상담자가 두 아동의 입장을 듣고 다른 아동들의 의견을 묻자 아동 4는 서로 사과하면 될 것 같다고 하고 아동 2는 자신에게 아동 4가 카드를 줘서 좋았다고 한다.

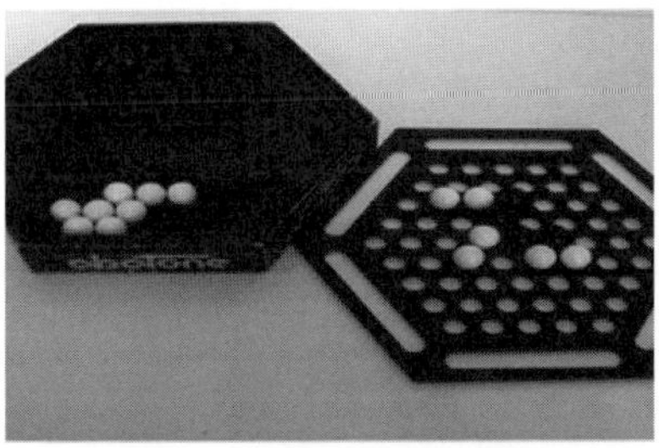

아발론

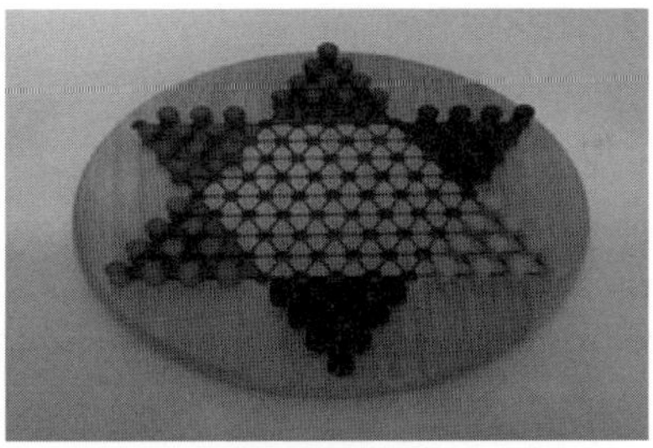

다이아몬드 게임

입체사목

체스

▲ 전략게임

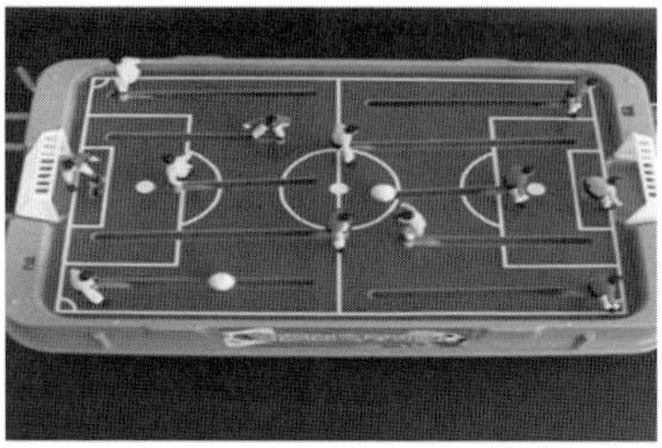
축구게임

픽업스틱(pick–up sticks)

펭귄파일업(penguin pile–up)

트위스터(twister)

▲ 신체기술 게임

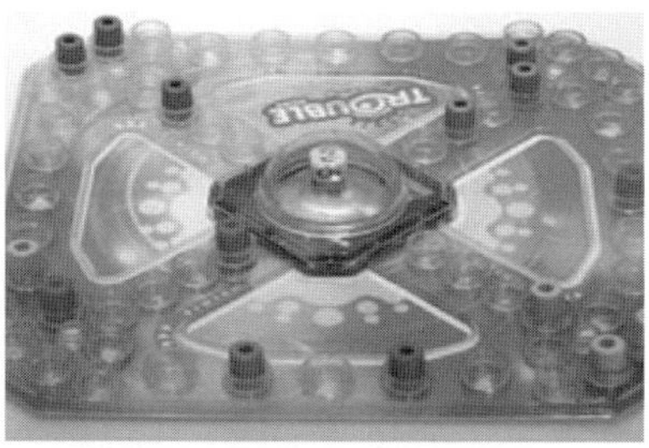
트러블 게임(trouble game)

미안 게임(sorry game)

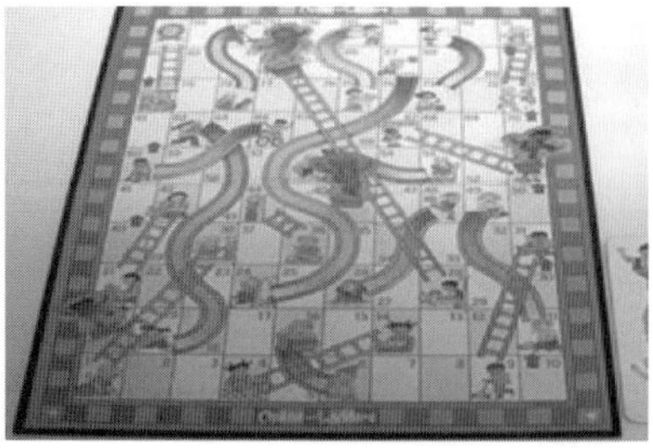
사다리와 미끄럼틀 게임(chutes and ladders)

피라냐 게임

▲ 우연게임

언게임(ungame)

말하고, 느끼고, 생각하기 게임(Talking, Feeling & Doing game)

▲ 의사소통(대화) 게임

## 참고문헌

Bow, J. N., & Goldberg, T. E. (1986). Therapeutic use of games with a fine motor component. In C. Schaefer & S. Reid (Eds.), *Game play: Therapeutic uses of childhood games* (pp. 243–256). New York: Wiley.

Gardner, R. A. (1973). *The talking, feeling and doing game.* Cresskill, NJ: Creative Therapeutics.

Schacher, R. S. (1974). Kinetic psychotherapy in the treatment of children. *American Journal of Psychotherapy, 28*, 430–437.

Schacher, R. S. (1984). Kinetic psychotherapy in the treatment of depression in latency age children. *International Journal of Group Psychotherapy, 34*, 83–91.

Schacher, R. S. (1986). Techniques of kinetic psychotherapy. In C. Schaefer & S. Reid (Eds.), *Game play: Therapeutic uses of childhood games* (pp. 95–107). New York: Wiley.

Schaefer, C., & Reid, S. E. (Eds.). (1986). *Game play: Therapeutic uses of childhood games.* New York: Wiley.

Sweeney, D. S. (1997). *Counseling children through the world of play.* Eugene, OR: Wipf and Stock.

Sweeney, D. S. (2011). Group play therapy. In C. E. Schaefer (Ed.), *Foundations of play therapy* (2nd ed., pp. 227–252). Hoboken, NJ: John Wiley & Sons.

Sweeney, D. S. (2011a). Group play therapy. In C. E. Schaefer (Ed.), *Foundations of play therapy* (2nd ed., pp. 227–252). Hoboken, NJ: John Wiley & Sons.

Sweeney, D. S., & Homeyer, L. (1999). *Handbook of group play therapy: How to do it, how it works, whom it's best for.* San Francisco, CA: Jossey–Bass.

Sweeney, D., Baggerly. J., & Ray, D. (2014). *Group play therapy: A dynamic approach.* New York: Routledge.

Zakich, R. (1975). *The Ungame.* Anabein, CA: Ungame Company.

제11장

# 게임을 활용한 놀이평가

## 1. 게임의 평가 활용 가능성

상담자와 게임을 하던 영철이는 자신이 이겼는데도 상담자에게 점수를 주겠다고 한다.

영희는 자신이 모르는 게임은 선택하지 않고 매번 자신이 잘하고 상담자를 이겼던 경험이 있는 게임만 선택한다.

게임에서 상담자에게 이기자 민수는 "내가 파란색 말로 게임을 해서 이겼어요."라고 한다.

희정이는 게임을 하다가 갑자기 일어나서 다른 놀이를 한다.

이런 아동의 게임 태도에는 어떤 의미가 있을까? 이런 아동의 게임 태도를 통해 상담자는 무엇을 알 수 있을까?

일반적으로 내담 아동이 학령기에 접어들게 되면 논리적 사고와 현실에 대한 지각이 증가(Piaget, 1962)하고, 오이디푸스적인 집착과 이에 수반되는 마술적 사고들이 감소한다. 이에 아동은 쾌락원칙보다는 현실원칙에 따라 행동하는 것이 가능해지고, 공격성 조절과 규칙 준수를 위해 노력한다(Reid, 1993). 그러므로 학령기의 아동은 상담 시 의사소통의 도구로 가상놀이보다는 게임을 더 많이 활용하는 경향이 있다(Lee et al., 2021).

게임은 2인 이상의 상호작용이 필요하고, 규칙을 기반으로 한 승패가 있어 힘의 균형이 깨지는 상황이 발생한다는 특징을 가지고 있다. 이러한 경쟁적 속성 때문에 상담자는 아동의 저항, 전이 및 역전이 등의 무의식적 역동을 쉽게 관찰하고 이해할 수 있다(Beiser, 1979; Bellinson, 2002; Meeks, 1970). 이런 투사적 특징 때문에 상담자는 아동의 게임 태도에서 진단적으로 가치 있는 정보를 얻을 수 있다(Crocker & Wroblewski, 1975; Schaefer & Reid, 1986). 그중 Gardner(1969)는 체커를 진단 및 치료 도구로 사용하였고(Reid, 2001), Fried(1992)는 체스를 분석 도구로 활용하였다. 또한 Bow와 Quinnell(2001)은 소근육 관련 게임에서 관찰할 수 있는 사회정서적 요인을 제시하였다.

이처럼 게임놀이 역시 아동의 발달 상태 및 내면을 표현하는 통로가 된다. 상담자가 게임 태도를 통해 내담 아동의 지식, 감정, 감각 및 행동을 통합하는 독특한 방식을 이해한다면, 치료자는 적절한 방법으로 치료적 개입을 하면서 내담 아동의 건강한 성장을 도울 수 있다.

## 2. 게임 태도에서 관찰 가능한 영역

### 1) 사회정서적 요인

Bow와 Quinnell(2001)은 소근육 관련 게임에서 내담 아동의 인지전략(cognitive strategies), 피드백에 대한 반응, 숙달동기, 유능감, 자기통제력, 주의집중력, 좌절 인내력(frustration tolerance), 경쟁욕구, 규칙 준수 의지, 압박에 대처하는 능력, 성공과 실패에 대한 반응 및 통제소재의 12가지 사회정서적 요인을 관찰하고 평가할 수 있다고 하였다. 게임놀이치료 장면에서는 12가지 사회정서적 요인을 소근육 관련 게임뿐 아니라 다른 게임에도 적용해 볼 수 있다. 이를 구체적으로 살펴보면 다음과 같다.

### (1) 인지전략

게임에는 규칙을 기반으로 한 승패가 따르므로 상대방을 이기기 위해서는 규칙을 이해하고 전략을 사용할 수 있어야 한다. 그러므로 게임에 접근하는 방식을 통해 내담 아동의 인지전략에 대해 알 수 있다.

#### ① 전략 사용 패턴

- 계획 없이 무작위로 다양한 전략을 시도하는가?
- 가능한 전략을 신중하게 분석하는가?

#### ② 학습 능력

- 실수나 실패한 시도를 통해 학습하는 능력이 있는가?

#### ③ 사고의 유연성

- 새롭게 수정된 전략을 사용할 수 있는가? 아니면 경직되고 융통성이 없는가?
- 실패했지만 동일한 전략을 반복해서 사용하는가?
- 실패 시 새로운 전략을 시도하고 빠르게 적응하는가?

### (2) 피드백에 대한 반응

게임을 할 때 상담자는 내담 아동에게 게임 태도에 대해 이야기하게 된다. 이때 상담자의 의견에 대해 수용하는지 또는 거부하는지에 대한 내담 아동의 반응도 중요한 평가 영역이 될 수 있다. 일반적으로 의존적인 아동은 상담자의 말을 주의 깊게 듣고 어떤 제안이라도 따르는 경향이 있지만, 반항적인 아동의 경우 권위자에 대한 적대감 때문에 상담자의 의견을 무시하기도 한다.

### (3) 숙달동기

숙달동기는 칭찬이나 승인을 받는 등의 외부 보상이 없을 때에도 표현되는 내적 동기로, 아동이 또래나 성인의 도움을 받지 않고 스스로 문제를 해결하려는 동기를 의미한다(Mogan et al., 1992). 숙달동기가 높은 경우 어려운 문제를 마주했을 때 해결책을 발견하는 것에 만족감을 느껴 자발적으로 도전하려고 한다(Harter, 1975). 숙달동기는 크게 과제 지속성을 의미하는 도구적 숙달동기와 과제 성취 후 나타나는 긍정적 정서, 즐거움을 의미하는 표현적 숙달동기로 구분할 수 있다(Mogan et al., 1992). 이와 더불어 문제를 해결하고 과제를 완수하는 과제 유능성도 숙달동기에 포함된다(Morgan et al., 1992; Wang et al., 2013). 이는 다음 〈표 11-1〉과 같다.

**표 11-1 숙달동기 구성요소와 관찰 내용**

| 숙달동기 구성요소 | 관찰 내용 |
|---|---|
| 과제 지속성(task persistence) | 과제 지속시간 |
| 과제 즐거움(task pleasure) | 과제 성취 후 나타내는 긍정적 정서, 즐거움 |
| 과제 유능성(task competence) | 문제를 해결하고 과제를 완수하는 것 |

상담자는 숙달동기를 통해 아동의 노력 정도, 끈기, 성취욕구를 알 수 있다. 예를 들어, 상담자는 내담 아동의 게임 태도에서 성공에 대한 욕구가 강하게 나타나는지, 지속적으로 연습하여서 뛰어난 능력을 발휘하고자 하는지, 아니면 추진력과 욕구가 부족한지, 때로는 성공을 두려워하고 자기를 의심하여 과제를 회피하고 불안을 표현하는지 등을 통해 숙달동기를 관찰할 수 있다.

### (4) 유능감

아동이 자신의 능력에 대해 자신감을 갖고 편안함을 느낄 때, 성취에 대한 투자와 욕구가 크게 향상된다. 유능감이 저하된 아동의 경우, 자기 의심과 열등감이 형성되어 자신감이 저하되고 적극적으로 도전하기보다는 회피하는 태도가 많이 나타난다.

### (5) 자기통제력

게임은 규칙을 지켜야 하고, 승패를 가려야 한다는 특성이 있으므로 상담자는 내담 아동의 게임놀이 태도를 통해 자기통제력 정도를 평가할 수 있다. 일반적으로 충동적인 아동은 조절에 어려움을 경험하지만, 불안이 높은 아동은 미리 생각하면서 신중한 태도로 게임을 한다. 자기통제력의 정도를 평가하기 위해 다음의 사항을 점검해 볼 수 있다.

- 내담 아동은 행동하기 전에 멈추고 생각할 수 있는가?
- 내담 아동은 충동적으로 움직이지 않고 반응을 지연시킬 수 있는가?
- 내담 아동은 게임에서 질 때 공격적이고 파괴적인 행동을 하는가?

### (6) 주의집중력

게임이라는 규칙이 있는 과제를 수행할 때, 내담 아동의 주의력 문제는 시험대에 오르게 된다. 일반적으로 주의 산만한 증상을 가진 내담 아동은 게임에 집중하면서 과제를 끝까지 수행하는 데 어려움을 겪게 된다. 그러나 불안하거나 우울한 증상을 가진 내담 아동 역시 정서적인 문제로 인해 게임 시 집중력이 저하되기도 한다. 주의집중력 정도를 평가하기 위해 다음의 사항을 점검해 볼 수 있다.

- 주어진 과제에 집중할 수 있는가?
- 외부 자극에 얼마나 주의가 산만해지는가?
- 외부 자극이 수행에 어느 정도 방해가 되는가?

### (7) 좌절 인내력

좌절 인내력이란 사고, 지연, 실패, 실망 등의 좌절을 경험할 때 이를 견디고 대처하는 능력이다. 좌절 인내력이 낮은 경우, 불편감에 대한 인내력과 정서적 인내력이 부족하고 성취와 특권의식에서의 좌절을 견디기 어려워한다(Harrington, 2006). 좌절 인내력이 낮을 때 나타나는 특징을 구체적으로 살펴보면 다음 〈표 11-2〉와 같다.

표 11-2 낮은 좌절 인내력 특징

| 특징 | 신념 | 사고 |
|---|---|---|
| 불편감 인내력 | 목표하거나 기대한 대로 되지 않을 때 발생하는 귀찮은 상황과 이를 벗어나기 위해 추가적으로 노력을 해야 한다는 불편감을 견딜 수 없다. | "나는 가능한 빨리 이런 불편한 감정에서 벗어나야 하고 더 이상 그것들을 참을 수 없다." |
| 정서적 인내력 | 정서적으로 혼란스러운 사고와 감정을 참을 수 없고 빨리 해결하거나 회피해야 한다. | "심리적 혼란이 유발된 상태와 이로 인한 심리적 고통을 견디기 어렵다. 그래서 이런 고통스러운 감정이나 심리적 상태를 회피해서 즉각적으로 해소하고 싶다." |
| 성취에 대한 좌절 | 내가 세운 높은 기준이 좌절되거나 방해받아서는 안 된다. | "이 일이 시도할 가치가 있는 것이라면, 나는 반드시 실수를 해서는 안 되고 이보다 낮은 기준은 수용할 수 없다." |
| 특권 의식의 좌절 | 나는 부당하거나 불공정하게 대우받아서는 안 되며, 공정성에 대한 욕구는 반드시 즉각적으로 충족되어야 한다. 특히 다른 사람 때문에 좌절되어서는 안 된다. | "나는 내가 지금 갖고 싶은 것을 얻기 위해 기다려야 한다는 것을 참을 수 없다." |

놀이치료 시 좌절 인내력이 높은 내담 아동은 게임 시 발생하는 다양한 좌절에 대해 잘 인내하고 대처할 수 있지만, 좌절 인내력이 낮은 내담 아동은 좌절을 경험하는 상황에서 종종 부정적·논쟁적·폭발적으로 변할 수 있다.

### (8) 경쟁욕구

경쟁욕구란 상대방을 이기고자 하는 열망으로, 적절하게 발휘될 때 개인의 성취를 도울 수 있다. 그러나 경쟁욕구가 과도해지면 과제 수행 시 과정을 즐기기보다 결과에만 몰입하게 되어 다양한 부정적 감정이 유발될 수 있다. 이는 다시 수행에 부정적 영향을 미치게 되는 악순환이 반복될 수 있다. 놀이치료에서 게임을 할 때 내담 아동의 경쟁욕구가 과도할 경우, 게임하는 과정보다는 점수, 승리 횟수, 승리에 대한 집착 행동이 나타날 수 있다.

일반적으로 외현화된 문제를 가진 아동들은 경쟁욕구를 외적으로 표현하여 이를 쉽게 관찰할 수 있지만, 수동적이고 의존하는 내담 아동의 경우 상담자에게 거부당하거나 보복당할지 모른다는 불안 때문에 치료자를 이기는 것에 대해 두려워하기도 한다.

#### (9) 규칙 준수 의지

외현화 문제를 가진 내담 아동들은 게임의 기본규칙을 변경하거나, 무시하고 점수를 추가하거나, 삭제하는 등의 태도를 보이는 경향이 있다. 반면, 내재화 문제를 가진 아동들은 규칙과 기대치를 따르는 데 지나치게 신경을 쓰는 경향이 있다.

#### (10) 심리적 압박감에 대처하는 능력

승패를 가리는 게임을 할 때에는 게임의 종류에 따라 소근육 발달 정도, 인지 능력 발휘 정도, 자기 뜻대로 되지 않는 상황 등의 다양한 변수에서 발생하는 심리적 압박감을 견디고 대처하는 것이 필요하다. 게임놀이 시 압박을 견디고 대처하는 능력이 부족할 경우, 내담 아동은 긴장 때문에 자신의 능력보다 게임을 잘 수행하지 못하거나 중간에 그만두는 등의 태도를 보일 수 있다.

#### (11) 성공과 실패에 대한 반응

성공하거나 실패할 때 그와 관련된 감정을 느끼고 이에 적절히 반응하는 것이 필요하다. 그러나 성공과 실패를 너무 과도하게 받아들이는 경우, 게임에서 한 번만 이겨도 위대함이나 전능감을 표현하기도 하고, 한 번만 져도 열등감이나 분노를 표현하기도 한다.

#### (12) 통제소재

통제소재는 개인이 사건의 원인과 결과를 찾는 방식으로, 환경을 누가 통제하는지에 대한 자신의 믿음을 반영하는 것이다(Lefcourt, 1976). 통제소재는 자신이 경험하는 사건의 결과 또는 강화가 자신 때문에 이루어졌다고 믿는 내적 통제소재와 운이나 타인 등 외부 환경 때문에 이루어졌다고 믿는 외적 통제소재로 나뉜다(Lee-Kelley,

2006; Rotter, 1966). 게임놀이 태도에서 통제소재도 관찰하고 평가할 수 있다. 예를 들어, 내적 통제소재 수준이 높을수록 내담 아동은 게임에서의 성공이나 실패를 노력이나 더 나은 전략을 사용하는 것 등과 같이 자신이 직접 통제할 수 있는 내부 요인으로 귀인한다. 반면, 외적 통제소재 수준이 높을수록 내담 아동은 게임에서의 성공이나 실패를 상담자의 능력, 운과 같은 통제할 수 없는 외부 요인으로 귀인한다.

이처럼 결과를 자신이 통제할 수 없는 외부로 귀인하는 외적 통제소재 수준이 높을수록 불안, 우울 등의 심리적 부적응이 더 많이 나타나고(Lane & Fransis, 2003), 자신이 직면한 상황에 대해 직접적으로 대처하지 않고 감정을 억압한다(이형초, 최정윤, 1993).

위와 같이 Bow와 Quinnell(2001)이 제시한 12가지 평가항목을 기반으로 하여 놀이치료에서 게임을 할 때 내담 아동의 사회정서 영역을 평가할 수 있는 항목은 다음 〈표 11-3〉과 같다.

**표 11-3** 아동의 사회정서 영역 평가항목

| 사회정서적 요인 | 평가유목 | 평가항목 |
|---|---|---|
| 인지전략 | 문제해결 방법 | 통찰력을 가지고 문제를 해결한다. |
| | | 시행착오를 통해서 문제를 해결한다. |
| | 전략 사용 | 신중하게 분석하고 가능한 전략을 사용한다. |
| | | 계획 없이 무작정 다른 전략을 사용한다. |
| | 융통성 | 새롭고 수정된 전략을 융통성 있게 사용할 수 있다. |
| | | 동일한 전략만을 계속 사용한다. |
| 피드백에 대한 반응 | 수용 | 상담자의 태도 및 반응을 수용한다. |
| | 거부 | 상담자의 태도 및 반응을 거부, 무시한다. |
| 숙달동기 | 투자 정도 | 성공하기 위해 노력한다. |
| | | 성공하고자 하는 욕구가 부족하여 크게 노력하지 않는다. |
| | 유지 정도 | 계속 하려고 한다. |
| | | 계속 하려는 욕구가 부족하다. |
| | 성취욕구 | 계속 잘 해내고 싶어 한다 |
| | | 계속 잘 해내고자 하는 욕구가 부족하거나 심지어는 이기는 것을 두려워한다. |

| 사회정서적 요인 | 평가유목 | 평가항목 |
|---|---|---|
| 유능감 | 확신 | 자신의 능력에 대해 확신한다. |
| | 의심 | 자신의 능력에 대해 의심하거나 열등감을 느낀다. |
| 자기통제력 | 충동성 | 행동하기 전에 생각하고 멈출 수 있다. |
| | | 충동적이거나 과잉으로 행동한다. |
| | 행동 조절 | 충동적으로 움직이지 않으면서 반응을 지연시킬 수 있다. |
| | | 공격적이거나 파괴적으로 행동한다. |
| 주의집중력 | | 게임 과제에 집중할 수 있다. |
| | | 주변 자극에 주의가 분산되어 수행에 방해를 받는다. |
| 좌절 인내력 | | 좌절감을 주는 상황에 잘 대처하고 견뎌 낼 수 있다. |
| | | 폭발하고, 따지고, 부정적으로 반응한다. |
| 경쟁욕구 | | 이기고자 하지만 게임은 즐길 수 있다. |
| | | 이기고자 하는 욕구가 강하고 매우 경쟁적이어서 점수나 이긴 횟수에 지나치게 몰입한다. |
| | | 자신의 승리에 대해 폄하한다. |
| 규칙 준수 의지 | | 규칙을 따른다. |
| | | 규칙 준수를 지나치게 걱정한다. |
| | | 기본규칙을 바꾸거나 무시한다. |
| 심리적 압박감에 대처하는 능력 | | 심리적 압박감을 조절한다. |
| | | 긴장 때문에 수행을 망친다. |
| 성공과 실패에 대한 반응 | | 승리에 대해 적절하게 반응한다. |
| | | 승리에 대해 과장되게 반응하거나 치료자에게 보복당할까 봐 걱정한다. |
| | | 실패에 대해 열등감을 느끼거나 화를 낸다. |
| 통제소재 | 내적 | 승리와 실패를 직접 다룰 수 있는 내적 요인으로 귀인한다. |
| | 외적 | 승리와 실패를 자신이 조절할 수 없는 외적 요인으로 귀인한다. |

### 2) 자아강도

놀이치료에서 사용하는 게임은 일반 놀이와는 달리, 목표 지향적이고, 경쟁적이며, 대인 간의 상호작용이 필요하고, 규칙이 있으며, 좀 더 많은 인지 능력을 요구한다. 그러므로 이를 사용하기 위해서는 이차 사고 과정에 기반을 둔 자아과정(ego process)을 적극적으로 활용해야만 한다(Fried, 1992; Reid, 2001). 예를 들어, 아동들은 극놀이(pretend play)를 할 때보다 게임을 할 때 더욱 충동조절, 좌절에 대한 인내, 정해진 규칙에 따라 자신의 행동을 제한하는 현실검증을 할 수 있어야 한다. 또한 한 활동을 충분히 지속하고, 주의를 기울이고, 과제에 집중하면서 상담자와 상호작용을 할 수 있어야 한다. 더 나아가 매우 간단한 게임이라 할지라도 놀이를 할 때보다 좀 더 많은 인지 능력을 발휘해야 한다(Schaefer & Reid, 1986). 게임을 할 때 필요한 능력은 자아 기능과 맞닿아 있다.

자아 기능에는 현실 지각 및 검증, 본능적인 충동조절, 만족스러운 대상관계 맺기, 경험을 기억하고 종합하기, 위험에 방어하기(Mack & Semerd, 1967) 등이 포함된다. 큰 장점을 보이지 않은 아이라도 자아 기능이 강하여 이를 잘 발휘하는 경우 압도적인 상황에서도 삶에 대한 융통성(Caldwell & Shaver, 2012)을 발휘하고, 자기 확신을 가지고 심리적으로 잘 적응하여 긍정적인 결과를 경험할 수 있게 된다(Letzring, Block, & Funder, 2005). 반면, 많은 장점을 가진 아이라도 자아 기능이 약할 경우, 충동통제가 결여되고 불안에 대한 내성이 부족(Kernberg, 1985)하여 사소한 스트레스 사건에도 무기력해지고, 정신 병리에 노출될 가능성이 높아진다(McCrae & Costa, 2005).

이처럼 현실 생활의 적응뿐 아니라 역경에도 효과적으로 대처하는 자아 기능의 강도를 분석적 용어로 자아강도라고 한다(McWilliams, 1999). 자아강도는 건강한 사람만이 가질 수 있는 심리적 요인(Markstrom, Sabino, Turner, & Berman, 1997)으로 정신건강의 지표가 된다. 아동기에 형성된 자아강도는 그 시기의 심리사회 건강의 지표(Markstrom, Sabino, Turner, & Berman, 1997)가 될 뿐만 아니라 이후 발달시기의 성숙과 적응의 지표가 된다(Block & Block, 2006; Markstrom & Marshall, 2007). 훌륭한 심리치료의 결과는 자아강도와 자기통합성의 향상(McWilliams, 1999)이므로, 내담 아동의 자아강도를 파악하고 이를 기반으로 치료 목표를 세우고 심리치료 과정을 통해 내담 아동이 자신의 내적 자원을 효과적으로 사용하도록 돕는 것이 필요하다. 심리치료를 통해 자아강도를 높이면, 내담 아동은 내·외적 갈등을 견디면서 내적으로 강하게 성장하고(Benard, 2004), '무너지되 산산조각으로 흩어지지 않는' 요령(Epstein, 1998)을 터득해 갈 수 있다.

자아강도가 낮다고 평가된 1~3학년 아동 4명을 대상으로 게임놀이치료 시 게임태도를 질적으로 분석한 연구(이영애, 2016b)와 학대받은 8세 남아의 게임놀이 태도를 분석한 사례연구(이영애, 2016a) 결과, 자아강도가 낮은 아동들은 인지전략, 좌절에 대한 인내, 충동조절, 규칙 준수 의지, 압박을 다룰 수 있는 능력 등의 영역에서 기능 저하가 보고되었다. 그러므로 상담자가 게임놀이치료 시 아동이 보이는 게임태도를 잘 관찰한다면 그 아동의 자아강도에 대해 보다 많은 단서를 얻을 수 있다(이영애, 2016b). 내담 아동에게 적절한 치료 목표를 설정하고 치료과정을 점검하여 아동의 문제를 보다 효과적으로 다룰 수 있도록 돕기 위해 아동의 자아강도를 좀 더 객관화하여 적절히 평가하는 것이 필요하다.

이에 놀이치료 시 게임놀이를 하는 아동의 태도에서 자아강도를 평가할 수 있도록 아동 자아강도 척도(Child's Ego Strength Scale: CESS)가 개발되었다(Lee et al., 2021). CESS는 아동의 자아강도를 대처전략, 인지전략, 자아제한, 대인관계 능력, 좌절 인내력의 다섯 가지 하위요인으로 평가하도록 고안되었다. 각 하위요인의 개념은 다음과 같다.

### (1) 대처전략

대처전략에는 다음의 요소가 포함되어 있다.

#### ① 과제성취 및 문제해결 능력

- 현실적인 기대와 실제적인 계획을 통하여 성실한 성취 경험을 쌓아 가는 것 (Bellak & Meyers, 1975; Serok & Blum, 1983)

- 도전에 대한 대응능력(Markstrom & Marshall, 2007)
- 문제에 압도되지 않고 문제에 유연하게 대처하는 능력(Duckworth, 1979; Schill & Tota, 1988)

### ② 통제소재

- 승패 원인을 자신이 직접 다룰 수 있는 내적 요인으로 귀인하거나 자신이 조절할 수 없는 외적 요인으로 귀인하는 것(Bow & Quinnell, 2001; Markstrom & Marshall, 2007)

### ③ 충동조절

- 즉각적인 욕구와 열망 충족을 참을 수 있는 능력(Fujita & Han, 2009; Metcalfe & Mischel, 1999)
- 장기적으로 바람직한 결과를 얻기 위해 목표 지향적인 행동을 하는 것(Baumeister, 2005; Fishbach & Labroo, 2007)

## (2) 인지전략

인지전략에는 다음의 요소가 포함되어 있다.

### ① 판단능력

- 행동이 어떤 결과를 가지고 올지 미리 예상할 수 있는 능력
- 논리적으로 원인과 결과를 파악하고 종합적으로 결론을 내릴 수 있는 능력(Bellak & Meyers, 1975; Kolb & Brodie, 1982)

### ② 사고능력

- 명쾌하게 사고하기
- 자기 생각을 남에게 전할 수 있고 개념을 활용하고 언어를 구사하는 능력
- 기억력과 집중력(Bellak & Meyers, 1975; Serok & Blum, 1983)

### ③ 인지적 융통성

- 곤란한 상황을 통제 가능한 상황으로 지각하는 경향성(Dennis & Vander Wal, 2010)
- 다른 접근법 또는 다른 관점을 고려할 수 있는 능력(Nijstad et al., 2010)
- 실패 시 수정된 전략을 사용하고 적응할 수 있는 능력(Bow & Quinnell, 2001)

## (3) 자아제한

자아는 불쾌한 상황을 경험했을 때 도피하는 것으로 이를 회피할 수 있다(Freud, A., 1993). 자아제한이란 외부에서 불쾌한 자극이 유입될 때, 이런 불쾌를 통제하지 않고 자신의 발달을 크게 희생하면서 자아 기능을 제한하는 것을 의미한다. 사실, 자아가 아직 어리고 유연할 때, 한 활동 영역에서의 철수는 자아가 집중하는 다른 영역에서 탁월한 모습을 보이는 것으로 보상되므로 자아 발달의 정상 단계에 속한다고 볼 수 있다. 하지만 자아가 경직되거나 이미 불쾌를 견딜 수 없어 도피라는 방법에 강박적으로 고착된다면, 이러한 철수로 인해 발달이 손상된다. 이에 각 영역을 차례로 하나씩 포기하면서 자아는 점점 더 편협해지고, 관심이 저하되어, 결국 성취가 빈약해진다.

이러한 자아제한은 놀이치료에서 게임놀이를 하는 상황에서도 관찰할 수 있다. 내담 아동이 게임에서 상담자에게 지는 경험을 하게 될 때, 아동은 경쟁 실패 때문에 발생하는 강렬한 불쾌감으로부터 도피한다. 이로 인해 게임을 중간에 그만두거나, 다른 놀이로 전환하거나, 심지어는 다시는 그 게임을 하지 않게 되기도 한다.

## (4) 대인관계 능력

대인관계 능력이란 사회적 관계를 잘 맺고, 정서적 안정감을 유지할 수 있는 능력(Milner, 1988)을 의미한다. 놀이치료 시 내담 아동은 상담자와 함께 게임을 하면서 자신의 감정을 표현하고(Reid, 2001), 상담자와 긴밀한 의사소통을 하면서(Reid, 1993) 상담자와 치료적 관계를 맺게 된다. 이런 신뢰관계를 맺을 수 있는 대인관계 능력은 영유아기에 양육자와 형성한 관계를 기반으로 만들어지므로 가장 오래 지속되는 자아강도이자 가장 필수적인 자아강도이다(Markstrom et al., 2005).

이러한 대인관계 능력은 게임을 하면서 상담자에게 보이는 내담 아동의 태도를 통해서도 파악될 수 있다. 상담자의 피드백에 대한 아동의 반응, 비판이나 적대감을 느끼거나 거절당했다고 느낄 때 아동이 보이는 대처행동 등이 중요한 관찰 요소가 된다(Crocker & Wroblewski, 1975). 또한 내담 아동이 필요시 도움을 요청할 수 있는 태도(Block & Block, 1980)도 중요한 판단기준이 된다.

(5) 좌절 인내력

게임에는 규칙과 경쟁이 있다 보니(Opie & Opie, 1976) 게임을 하는 사람들은 이기고 지는 승패를 경험한다. 특히 잠복기 시기에 있는 아동의 중요한 발달욕구는 유능감 성취이므로, 이 시기에 놓인 내담 아동은 상담자와의 게임에서 승패를 민감하게 받아들인다. 이때 상실과 좌절을 견디는 것은 현실을 받아들이고 현실에 직면하는 데 있어서 중요하다(Figueiredo, 2006). 자아의 내적 기능에 초점을 둔 관점에서는 좌절 인내력을 기반으로 하여 자아강도를 정의하기도 하였다. 자아강도가 낮은 아동들은 결과에 지나치게 몰입하고(Capell, 1968), 좌절과 불안을 참기 어렵다(Bellak & Meyers, 1975; Crocker & Wroblewski, 1975; Goldstein, 1984; Kernberg, 1985; Serok & Blum, 1983).

앞에 제시한 다섯 가지 하위요인으로 구성된 아동 자아강도 척도(CESS)는 다음 〈표 11-4〉와 같다.

표 11-4 아동 자아강도 척도(CESS)

| 상담과정 중에서 게임을 할 때 내담 아동은…… | | | 전혀 아니다<br>1 | 아니다<br>2 | 보통이다<br>3 | 조금 그렇다<br>4 | 매우 그렇다<br>5 |
|---|---|---|---|---|---|---|---|
| 대처 전략 | 1 | 자신이 지면 억울함을 호소한다.<br>(예: "선생님은 이 게임 많이 해 봤잖아요." "선생님은 어른이잖아요." 등) | | | | | |
| | 2 | 자신이 지면 상담자가 반칙했다고 의심한다. | | | | | |
| | 3 | 게임에서 지면 '연습게임'이라고 하면서 무효화시키려 한다. | | | | | |
| | 4 | 게임에서 지면 판을 뒤집고 카드나 게임 도구를 던져 버린다. | | | | | |
| | 5 | 자신의 승패의 원인을 외부로 돌린다.<br>(예: "말 색깔 때문에" "상담자 때문에" 등) | | | | | |
| | 6 | 몇 번 게임에서 지면 더 이상 참지 못하고 울거나 화를 낸다. | | | | | |
| 인지 전략 | 7 | 이기기 위해 필요한 전략을 적절히 사용할 수 있다. | | | | | |
| | 8 | 게임 규칙을 잘 기억한다. | | | | | |
| | 9 | 상담자가 이해할 수 있도록 게임 규칙을 적절히 말로 설명한다. | | | | | |
| | 10 | 상담자의 다음 행동을 예측해서 자신의 말을 움직인다. | | | | | |
| | 11 | 상황에 따라 전략을 변경하는 융통성이 있다. | | | | | |
| | 12 | 주변 자극에 주의가 분산되지 않고 집중해서 게임한다. | | | | | |
| 자아 제한 | 13 | 게임 규칙에 대한 설명을 듣다가 조금 복잡하고 어렵게 느껴지면 "안 할래요."라면서 시작조차 하지 않는다. | | | | | |
| | 14 | 규칙이 다소 복잡한 게임은 잘 선택하지 않는다. | | | | | |
| | 15 | 규칙이 다소 복잡한 게임은 조금 하다가 곧 중단한다. | | | | | |
| | 16 | 잘 못하는 게임은 혼자서 하려고 하고, 잘한다고 생각하는 게임만 상담자와 함께 하려고 한다. | | | | | |

| 상담과정 중에서 게임을 할 때 내담 아동은…… | | | 전혀 아니다 | 아니다 | 보통 이다 | 조금 그렇다 | 매우 그렇다 |
|---|---|---|---|---|---|---|---|
| | | | 1 | 2 | 3 | 4 | 5 |
| 대인 관계 능력 | 17 | 내담 아동과 게임할 때 함께 상호작용을 하고 있다는 느낌이 든다. | | | | | |
| | 18 | 도움이 필요할 때 상담자에게 적절하게 도움을 요청할 수 있다. | | | | | |
| | 19 | 상담자와 함께 게임하는 것을 즐거워한다. | | | | | |
| | 20 | 상담자의 피드백을 잘 받아들이면서 게임을 한다. | | | | | |
| 좌절 인내력 | 21 | 지는 것 같으면 긴장감을 행동으로 표현한다. (예: 행동이 급해지거나, 몸을 움직이거나, 바닥에 드러눕는 등) | | | | | |
| | 22 | 한 번만 져도 '폭삭 망했다'라는 식의 과도한 좌절감을 표현한다. | | | | | |
| | 23 | 상담자 차례에 생각을 하느라 시간을 다소 지체해도 상담자를 재촉하지 않고 잘 기다린다. | | | | | |
| | 24 | 질 것 같아도 중간에 그만두지 않고 그 게임을 끝까지 한다. | | | | | |

## 참고문헌

이영애(2016a). 학대받은 아동의 게임놀이치료 과정에서 나타난 사회-정서 요인과 치료과정 분석. **한국놀이치료학회지, 19**(2), 69-101.

이영애(2016b). 놀이치료 과정에서 학대받은 아동의 외상 후 놀이특성 분석. **한국놀이치료학회지, 19**(4), 335-362.

이형초, 최정윤(1993). 통제소재와 사회적 문제해결과의 관계: 중년여성을 중심으로. **한국심리학회: 임상, 12**(2), 152-160.

Baumeister, R. F. (2005). *The cultural animal: Human nature, meaning, and social life.* Oxford University Press.

Beiser, H. R. (1979). Formal games in diagnosis and therapy. *Journal of Child Psychiatry, 18,* 480-490. https://doi.org/10.1097/00004583-197922000-00006

Bellak, L., & Meyers, B. (1975). Ego function assessment and analyzability. *International Review of Psychialnalysis, 2,* 413-427.

Bellinson, J. (2002). *Children's use of board games in psychotherapy.* Jason Aronson.

Benard, B. (2004). *Resiliency: What we have learned.* San Francisco, CA: West End.

Block, J., & Block, J. H. (2006). Venturing a 30-year longitudinal study. *American Psychologist, 61,* 315-327.

Block, J. H., & Block, J. (1980). The role of ego-control and ego-resiliency in the organization of behavior. *In Development of cognition, affect, and social relations: The Minnesota symposia on child psychology* (Vol 13, pp. 39-101).

Bow, J. N., & Quinnell, F. A. (2001). Therapeutic uses of fine motor games. In C. E. Schaefer & S. E. Reid (Eds.), *Game play: Therapeutic use of childhood games* (2nd ed., pp. 130-145). New York: Wiley.

Caldwell, J. G., & Shaver, P. R. (2012). Exploring the cognitive-emotional pathways between adult attachment and ego-resiliency. *Individual Differences Research, 10*(3),

141–152.

Capell, M. (1968). Passive mastery of helplessness in games. *American Imago, 25*, 309-330.

Crocker, J. W., & Wroblewski, M. (1975). Using recrational games in counseling. *Personnel and Guidance Journal, 53*, 453–458. DOI: 10.1002/j.2164–4918.1975.tb04100.x

Dennis, J. P., & Vander Wal, J. S. (2010). The cognitive flexibility inventory: Instrument development and estimates of reliability and validity. *Cognitive Therapy and Research, 34*, 241–253. DOI 10.1007/s10608–009–9276–4

Duckworth, C. (1979). *MMPI interpretational manual for counselors and clinicians* (2nd ed.). IN: Accelerated Development.

Epstein, M. (1998). *Going to pieces without falling apart: A buddhist perspective on wholeness(Lessons from mediation and psychotherapy)*. New York: Broadway Books.

Figueiredo, L. C. (2006). Sense of reality, reality testing and reality processing in borderline patients. *Institute of Psychoanalysis, 87*, 769–787.

Fishbach, A., & Labroo, A. A. (2007). Be better or be merry: How mood affects self–control. *Journal of personality and social psychology, 93*(2), 158. http://dx.doi.org/10.1037/0022–3514.93.2.158

Fried, S. (1992). Chess: A Psychoanalytic tool in the treatment of children. *International Journal of Play Therapy, 1*, 43–51. http://dx.doi.org/10.1037/h0090234

Frued, A. (1993). *The ego and the mechanisms of defence*. The Estate of Anna Frued.

Fujita, K., & Han, H. A. (2009). Moving beyond deliberative control of impulses the effect of construal levels on evaluative associations in self–control conflicts. *Psychological Science, 20*(7), 799–804. http://dx.doi.org/10.1111%2Fj.1467–9280.2009.02372.x

Gardner, R. A. (1969). The game of checkers as a diagnostic and therapeutic tools in child psychotherapy. *Acta Poedopsychiatry, 38*, 140–153.

Goldstein, E. (1984). *Ego psychology and social work practice*. New York: Free Press.

Harrington, N. (2006). Frustration intolerance beliefs: Their relationship with depression, anxiety, and anger, in a clinical population. *Cognitive Therapy and Research, 30*(6), 699–709.

Harter, S. (1975). Developmental differences in the manifestation of mastery motivation on problem–solving tasks. *Child Development, 46*, 370–378.

Kernberg, O. F. (1985). *Borderline conditions and pathological narcissism.* Rowman & Littlefield.

Kolb, I. C., & Brodie, H. K. H. (1982). *Modern Clinical Psychiatry* (10th, pp. 60–61). PA: Saunders Company.

Lane, T., & Francis, A. (2003). Premenstrual symptomatology, locus of control, anxiety and depression in women with normal menstrual cycles. *Archives of Women's Mental Health, 6*(2), 127–138.

Lee, J. Y., Lee, Y. A., & Yoo, M. S. (2021). Development of the child's ego strength scale: An observation–based assessment of the board game behaviors In play therapy in Korea. *Child and Adolescent Psychiatry and Mental Health, 15*(20), 1–17.

Lee–Kelley, L. (2006). Locus of control and attitudes to working in virtual teams. *International Journal of Project Management, 24*(3), 234–243.

Lefcourt, H. M. (1976). *Locus of control.* New York: Lawrence Erlbaum Associates.

Letzring, T. D., Block, J., & Funder, D. C. (2005). Ego–control and ego–resiliency: Generalization of self–report scales based on personality descriptions from acquaintances, clinicians, and the self. *Journal of Research in Personality, 39*, 395–422. http://doi.org/10.1016/j.jrp.2004.06.003

Mack, J. E., & Semerd, E. V. (1967). *Comprehensive textbook of psychiatry.* NY: Willkins.

Markstrom, C. A., Li, X., Blackshire, S. L., & Wilfong, J. J. (2005). Ego Strength Development of Adolescents Involved in Adult–Sponsored Structured Activities. *Journal of Youth and Adolescence, 34*(2), 85–95. http://psycnet.apa.org/doi/10.1007/s10964–005–3208–8

Markstrom, C. A., & Marshall, S. K. (2007). The psychosocial inventory of ego strengths: Examination of theory and psychometric properties. *Journal of Adolescence, 30*, 63–79. https://doi.org/10.1016/j.adolescence.2005.11.003

Markstrom, C. A., Sabino, V. M., Turner, B., & Berman, B. C. (1997). The Psychosocial Inventory of Ego Strengths: Development and validation of a new Eriksonian measure. *Journal of Youth and Adolescence, 26*, 705–732. http://psycnet.apa.org/doi/10.1023/A:1022348709532

McCrae, R. R., & Costa, P. T. (2005). *Personality in adulthood.* New York: Guilford Press.

McWilliams, N. (1999). *Psychoanalytic case formulation.* The Guilford Press.

Meeks, J. E. (1970). Children who cheat at games. *Journal of the American Academy of Child Psychiatry, 9*(1), 157–170. https://doi.org/10.1097/00004583-197001000-00010

Metcalfe, J., & Mischel, W. (1999). A hot/cool-system analysis of delay of gratification: dynamics of willpower. *Psychological review, 106*(1), 3. http://psycnet.apa.org/doi/10.1037/0033-295X.106.1.3

Milner, J. S. (1988). An Ego-Strength Scale for the Child Abuse Potential Inventory. *Journal of Family Violence, 3*(2), 151–162. http://dx.doi.org/10.1007/BF00994032

Morgan, G. A., Busch-Rossnagel, N. A., Maslin-Cole, C. A., & Harmon, R. J. (1992). *Individualized assessment of mastery motivation: Manual for 15 to 36 month old children.* New York, NY: Fordham University.

Nijstad, B. A., De Dreu, C. K. W., Rietzschel, E. F., & Baas, M. (2010). The dual pathway to creativity model: Creative ideation as a function of flexibility and persistence. *European Review of Social Psychology, 21*(1), 34–77. DOI: 10.1080/10463281003765323

Opie, I., & Opie, P. (1976). Street games: Counting-out and chasing. *Play: Its role in development and evolution*, 395–412.

Piaget, J. (1962). *Play, dreams, and imitation in childhood.* New York: Norton.

Reid, S. E. (1993). It's all in the game: Game play therapy. In T. Kottman & C. E. Schaefer (Eds.), *Play therapy in action: A casebook for practitioners* (pp. 527–560). Northvale, NJ: Jason Aronson.

Reid, S. E. (2001). The psychology of play and games. In C. E. Schaefer & S. E. Reid (Eds.), *Game play: Therapeutic use of childhood games* (2nd ed., pp. 1–36). New York: Wiley.

Rotter, J. B. (1966). Generalized expectancies for internal versus external control of reinforcement. *Psychological Monographs: General and Applied, 80*(1), 1–28. https://doi.org/10.1037/h0092976

Schaefer, C. E., & Reid, S. E. (1986). *Game play: Therapeutic use of childhood games.* New York: Wiley.

Schill, T., & Tota, S. P. (1988). Relation between coping style and Barron's ego strength scale. *Psychological Report, 63*(1), 65–66. http://dx.doi.org/10.2466%2Fpr0.1988.63.1.65

Serok, S., & Blum, A. (1983). Therapeutic uses of games. *Residential Group Care & Treatment, 1*, 3–14. http://dx.doi.org/10.1300/J297v01n03_02

Wang, P. J., Morgan, G. A., Hwang, A. W., & Liao, H. F. (2013). Individualized behavioral assessments and maternal ratings of mastery motivation in mental age-matched toddlers with and without motor delay. *Physical Therapy, 93*(1), 79–87.

제12장

# 사례 실습 및 분석 I

## 1. 게임 제작

발달장애 아동, 내면화 문제 및 외현화 문제를 가지고 있는 아동에게 적용할 수 있는 게임을  제작하기 위해 계획안을 만들어 볼 수 있다. 그다음 게임을 제작하고 이를 발표해 본다.

게임 제작 시 유의사항, 게임 계획안 작성 시 참고할 수 있는 양식과 게임평가 양식은 다음과 같다.

### 1) 게임 제작 시 유의사항

게임을 계획하고 제작하기 위해서는 다음과 같은 사항을 유의해야 한다.

#### (1) 적용 연령을 정의해야 한다

내담 아동의 연령에 따라 발달 간 차이가 있으므로, 게임 적용 연령이 정의되어야 한다.

(2) 목표가 명확해야 한다

게임을 통해 얻고자 하는 목표가 무엇인지 명확하게 정의되어야 한다.

(3) 이론적 근거가 명확해야 한다

게임 개발을 위해서는 근거가 되는 이론이 무엇인지 정의되어야 한다. 예를 들어, 정신분석이론, 인지행동이론, 아동중심이론 등으로 게임 개발에 근거가 되는 이론을 잘 설정하고 이론을 기반으로 게임을 개발하는 것이 필요하다.

(4) 규칙이 너무 단순하거나 복잡하지 않아야 한다

규칙이 너무 단순하거나 복잡하면 내담 아동의 관심이나 흥미가 쉽게 저하될 수 있다. 그러므로 게임 활용 연령에 적절한 수준의 게임 규칙을 만드는 것이 필요하다. 재미있어야 한다.

(5) 보드판은 간결하게 구성해야 한다

보드판이 너무 복잡하면 내담 아동의 주의가 분산되어 게임 내용에 집중하기 어려울 수 있다. 그러므로 보드판에 너무 많은 그림이나 다양한 색이 제시되지 않도록 유의해야 한다.

(6) 대화게임의 경우, 각 목표의 하위요인들을 잘 고찰하고 이를 기반으로 카드 구성을 하는 것이 필요하다

내담 아동의 사회성 증진이 목표라면 사회성의 하위요인들을 살펴보고 관련 카드 문항을 구성하는 것이 적절하다.

### 2) 게임 계획안

게임 계획안은 다음 〈표 12-1〉과 같이 작성해 볼 수 있다.

표 12-1 게임 계획안 양식

| 항목 | 내용 |
|---|---|
| 제목 | |
| 대상 | |
| 목표 | |
| 게임 구성 | |
| 게임 제작 방법 | |
| 게임 방법 | |
| 평가 | |

### 3) 게임 평가

게임을 제작하고 발표할 때 다음 〈표 12-2〉와 같은 평가기준을 가지고 평가할 수 있다.

**표 12-2** 게임 제작 평가양식

| 번호 | 항목 | 매우 아니다 | 다소 아니다 | 다소 그렇다 | 그렇다 | 매우 그렇다 |
|---|---|---|---|---|---|---|
| 1 | 연령에 적합하다. | | | | | |
| 2 | 목표에 적합하다. | | | | | |
| 3 | 이론적 근거가 명확하다. | | | | | |
| 4 | 규칙이 적절하다. | | | | | |
| 5 | 보드판이 간결하게 구성되어 있다. | | | | | |
| 6 | 대화게임의 경우, 카드 내용이 각 목표의 하위 요인에 맞게 구성되어 있다. | | | | | |
| 총평 | | | | | | |

제13장

# 사례 실습 및 분석 II

## 1. 게임놀이치료 사례발표

게임을 주로 활용한 놀이치료 사례로 사례발표를 하고 이에 대한 슈퍼비전을 받기 위해서는 자신의 사례에 대해 잘 정리하여 발표해야 한다. 사례발표를 위해서는 일정한 양식에 맞게 사례를 정리하는 것이 필요하다. 한국놀이치료학회에서 사례발표를 할 때 사용하고 있는 양식을 기본으로 하여 사례발표 양식을 제시하고자 한다.

### 1) 사례발표 양식

1. 아동 인적사항 및 행동양식

♣ 20○○년 ○○월생(개인정보 보호를 위해 생년, 월까지만 기술한다), 여(남)아, 20○○년 ○○월 접수 당시 만 ○○세 ○○개월. 어린이집/유치원 ○세 반 또는 초등학교 ○학년

♣ 내담 아동의 첫인상 및 행동양식
전반적인 인상착의, 위생상태, 내담 아동에 대한 느낌, 모와 놀이치료자에 대한 태도 등을 중심으로 기술한다.

♣ 내담 아동 보호자의 첫인상

전반적인 인상착의, 보호자에 대한 느낌, 내담 아동과 놀이치료자에 대한 태도 등을 중심으로 기술한다.

예

- 2020년 01월생, 남아, 2024년 10월 접수 당시 만 4세 9개월, 유치원 6세 반
- **내담 아동의 첫인상 및 행동양식**
  또래에 비해 마르고 작은 체구였음. 전반적으로 깔끔하고 위생상태가 양호했음. 긴장한 표정의 내담 아동은 놀이치료자를 쳐다보지 않고, 모와 분리되어 놀이치료실에 들어가지 않으려고 하였음. 그러나 모가 여러 차례 설득하자 치료실에 입실하면서 모에게 다른 곳에 가지 말라고 당부함.
- **내담 아동 보호자의 첫인상**
  단정하고 예의 바른 모습이었음. 접수면접지의 내용을 매우 꼼꼼하게 작성하느라 시간이 많이 소요됨. 내담 아동이 놀이치료실에 들어가지 않으려 하자 당황하면서 놀이치료자 눈치를 살핌. 빨리 들어가라고 내담 아동을 재촉하였고, 내담 아동이 어디 가지 말라고 하자 한숨을 쉼.

## 2. 주호소

간략하게 보호자가 호소한 증상을 순서대로 기술하고, 발병 시기, 보호자의 대처 방법 순으로 기술한다.

1)

2)

3)

♣ 방문 이유

현재 이 시점에 내방한 이유에 대해 기록한다.

예

**1) 모와 분리가 잘 되지 않음.**

- 집에서도 모가 보이지 않으면 찾음. 아침마다 유치원에 가기 싫다고 함.
- 만 2세에 어린이집을 가면서부터 시작됨. 맞벌이로 아이를 봐 줄 사람이 없어서 울어도 억지로 보냈음.

2) 새롭거나 어려운 것은 거부함.

- 어릴 때부터 지금까지 계속 이런 행동이 나타남. '괜찮다' '할 수 있다' '하나도 안 무섭다' 등으로 설득했음.

※ 방문 이유: 유치원에서 활동에 잘 참여하지 않으려 하고 자신 없어 한다고 상담을 권유했음.

### 3. 접수 전 상담 및 치료사항

접수 전에 상담이나 치료를 받은 경험이 있다면 이를 기술한다.

예 만 3세 때 엄마와 잘 분리가 되지 않아 ○○상담센터에서 놀이치료를 6개월 받았음.

### 4. 발달사

발달사에서 기술하는 연령은 모두 만 연령으로 기술해야 한다.

1) 결혼

교제 유형 및 교제기간, 결혼 연도 및 부모 연령, 심리상태 등에 대해 기술한다.

예

1) 결혼

- 2년 연애 후 2018년 부 만 30세, 모 만 31세에 결혼함.
- 부 직장 때문에 모는 아는 사람이 하나도 없는 지방에 거주하게 되어 적응하는 데 어려움이 있었음.

2) 임신 및 출생

계획 임신 여부, 임신에 대한 부모 반응, 임신 시 모의 심리상태, 입덧 유무, 충격 유무, 임신기간, 출생 시 산모연령, 분만상태(순산/난산), 신생아 체중, 출생 시 자녀에 대한 첫인상 및 느낌 등에 대해 기술한다.

예

2) 임신 및 출생

(1) 임신

- 계획된 임신, 원하는 성별이었음.

- 임신에 대한 반응: 부–좋았음, 모–좋았음.
- 모 심리상태: 원하는 아이여서 축복이라는 생각이 들었고 행복했음. 그러나 입덧이 심해서 임신 내내 힘들었음.
- 입덧: 심했음.
- 충격: 임신 6개월 때 택시를 타고 가다가 경미한 교통사고가 나서 크게 놀라는 일이 있었음.

(2) 출생
- 산모연령: 32세
- 임신기간: 정상
- 분만상태: 순산
- 신생아 체중: 3.0kg
- 출산 후 첫인상: 처음에는 내 아이인가 하는 낯선 느낌이 들었음.

3) 수유 및 식사

수유방법, 3세 이전과 3세 이후의 식습관 중심으로 기술한다.

예

3) 수유 및 식사
- 수유방법: 6개월까지/모유+우유 7개월 이후부터/젖병 뗀 시기 12개월/이유식 12개월부터 미음으로 시작
- 식습관(3세 이전): 편식 있음. 잘 먹지 않음.
- 식습관(3세 이후): 편식 있음. 3세 이전보다는 좀 나아졌으나 잘 먹지 않음.

4) 신체발달

목 가누기(~개월), 기기(~개월), 걷기(~개월)를 중심으로 기술한다.

예

4) 신체발달
- 목 가누기: 3개월
- 기기: 6개월
- 걷기: 14개월

5) 언어 및 인지발달

옹알이(○개월, 많은/적당/적음), 첫말 단어(○개월, 엄마/아빠/기타), 현재 언어 수준(연령에 비해 늦음/보통/빠름)을 중심으로 기술한다.

예

5) 언어 및 인지발달

- 옹알이: 3개월 즈음 시작함, 옹알이 양이 많았음.
- 첫말 단어: 9개월, 엄마
- 현재 언어 수준: 보통

6) 사회 및 정서발달

기질(까다로움/반응이 늦음/순함), 낯가림(없음/보통/심함), 주양육자 및 주변 사람들에 대한 반응 중심으로 기술한다.

예

6) 사회 및 정서발달

- 기질: 많이 까다로웠음. 특히 청각과 미각이 예민해서 잘 안 자고, 잘 안 먹었음. 짜증이 많고, 한번 울면 잘 달래지지도 않았고, 왜 우는지 알 수도 없었음. 낯선 곳에 잘 가지 않으려고 하고, 뭐든지 무조건 안 한다고 해서 키우는 것이 힘들었음.
- 정서발달: 낯가림이 심했음. 심지어 부가 퇴근하고 오면 낯설어하기도 했음. 모가 집에서 보이지 않으면 찾아서 화장실도 가기 힘들었음. 어린이집 선생님이나 친구들을 원 밖에서 만나면 낯설어하고 인사도 하지 않음. 이때 모가 억지로 인사를 시키면 짜증을 부리고 화를 냈음.

7) 대소변 훈련

대소변을 가린 만 연령, 훈련 시 양육자 태도 및 아동 반응 중심으로 기술한다.

예

7) 대소변 훈련

- 대변: 제때 가림
- 소변: 제때 가림. 그런데 계속 잠잘 때 소변 실수가 있었음.
- 양육자 태도: 8개월 때부터 일찍 대소변 훈련을 시켰으나 계속 실수를 하여 혼을 냈음.

### 8) 수면 및 활동

수면 시 아동의 태도 및 일상생활에서의 활동량 중심으로 기술한다.

> 예
>
> **8) 수면 및 활동**
>
> - 수면: 잘 자지 않고, 작은 소리에도 계속 깼음. 잠투정이 심했음.
> - 활동: 활동량은 많지 않고, 밖에 나가 노는 것보다는 집에서 뒹굴거리면서 노는 것을 더 좋아함.

### 9) 병력

아동의 병력 중심으로 기술한다.

> 예
>
> **9) 병력**
>
> 특별히 병원에 입원하지는 않았으나 병치레가 잦았음.

## 5. 양육사

♣ 주보호자가 누구였는지, 주보호자 및 부모-자녀 간의 상호작용 중심으로 기술한다.

♣ 모자체계 탐색 목록 및 세부 점검 사항표(유미숙 외, 2021)를 활용하여 정보를 수집할 수 있다.

1) 만 0~1세
2) 만 1~3세
3) 만 4세~학령 전
4) 학령기

> 예
>
> 1) 만 0~1세
>
> 잘 안 자고, 많이 울고, 먹는 양도 적어서 키우는 것이 힘들었음. 이때 도와주는 사람도 없고 부도 늦게 퇴근하여 더욱 힘들었음. 아이가 작은 소리에도 금방 깨서 가수면 상태로 지내서 항상 피곤했음. 많이 우울했음. 그래서 옹알이를 해도 많이 반응해 주지 못했고 아이에게 짜증을 많이 냈음. 대소변 훈련을 일찍 시키면서 더 짜증을 많이 냈던 것 같음. 그래도 최대한 아이와 눈 맞춤하고 놀아 주려고 노력했음.

## 6. 가계력

♣ 3세대 가계도 그리기

♣ 아동 문제를 중심으로 가족의 연령, 학력, 성격, 성향 및 갈등을 기술한다.

1) 부

부에 대해 기술하고 부의 원가족에 대해 기술한다.

- 조부
- 조모
- 부의 형제자매

2) 모

모에 대해 기술하고 모의 원가족에 대해 기술한다.

- 외조부
- 외조모
- 모의 형제자매

3) 내담 아동의 형제자매

4) 기타 가족관계

## 7. 심리평가

1) 놀이평가(실시 일자/실시자)

따로 실시하지 않은 경우, 놀이치료 1~4회기 내용을 요약한다.

- 행동
- 언어/인지
- 정서/감정
- 사회성
- 놀이 내용
- 종합평가

2) 심리검사(실시 일자/검사자)

검사 내용을 간단히 요약해서 기술한다. 내담 아동 지능검사 결과와 부모 MMPI 수치는 도표 및 그림으로 제시한다.

- BGT 또는 VMI
- 지능검사
- Rorschach 등의 투사검사

- 사고 및 지각
- 정서 및 대인관계

• 부모 MMPI & SCT
• 결과(진단)

### 8. 상담자가 본 내담 아동에 대한 이해

1) 반드시 문장으로 기술한다. 내용에는 ① 아동 증상 요약정리, ② 문제 원인을 기질, 양육태도, 그 외 외부 환경 등으로 구분하여 기술, ③ 내담 아동 및 보호자가 가지고 있는 장점 등이 포함되도록 한다.
2) 사례개념화는 반드시 내담 아동의 증상 중심의 기술이 필요하다.

**사례개념화의 예**

본 내담 아동은 내원 당시 만 4세 9개월 남아이며, 모와의 분리의 어려움, 새롭고 어려운 것을 거부하는 것을 주호소로 내방함. 이에 대한 원인은 다음과 같음. 내담 아동은 기질적으로 까다롭고 예민함. 이런 내담 아동에게 모는 ___였고, 부는 ___하여 내담 아동의 불안 관련 증상을 ___하였을 가능성이 있음.

그러나 내담 아동은 ___한 장점을 가지고 있으므로 이는 추후 상담에 도움이 될 것으로 보임.

### 9. 상담 목표 및 전략

1) 내담 아동, 보호자로 구분하여 상담 목표를 작성해야 한다.
2) 상담 목표는 구체적으로 기술해야 한다.
3) '아동의 증상을 감소시킨다' 또는 '아동의 ~을 증가시킨다'는 형태로 기술하여 추후 평가가 가능하도록 기술한다.
4) 게임놀이치료를 중심으로 사례발표를 할 때, 게임을 통한 내담 아동의 사회정서 발달을 평가하고, 이를 상담 목표에 포함시키는 것이 필요하다.

**예**

내담 아동

1) 놀이치료자와의 관계를 통해 안전감 경험을 증가시킨다.
2) 감정 조절을 통해 낯선 상황에 대한 긴장을 감소시킨다.
3) 동생과의 싸움을 감소시킨다.

4) 친구와 싸우지 않고 노는 시간을 증가시킨다.

부모
1) 주의 산만한 증상에 대한 이해를 증가시킨다.
2) 아동을 적절히 훈육할 수 있는 방법에 대한 이해를 증가시킨다.

**10. 상담 과정** (○○년 ○월 ~ ○○년 ○○월까지 총 ○○회/진행 중 또는 종료)

1) 사례발표 시 개인정보 보장을 위해 모든 기록에서 내담 아동의 이름은 반드시 가명 처리해야 한다.
2) 초기, 중기, 후기, 말기, 종료 등의 단계로 크게 구분하여 주요한 내담 아동의 태도를 중심으로 요약하고, 해당하는 회기를 요약해서 제시한다.

예

초기(1~4회기)
어렵게 느껴지는 게임은 관심을 가지지만 선택해서 놀이하지 않음.
놀이치료자와 함께 게임을 하지 않고 혼자서 게임을 하려고 함.
간혹 놀이치료자와 함께 게임을 할 때에도 조금만 질 것 같으면 금방 게임을 그만둠.

1회기(○○월 ○○일)
2회기(○○월 ○○일)
3회기(○○월 ○○일)
4회기(○○월 ○○일)

3) 회기 요약에는 내담 아동의 놀이 및 게임의 주제 및 태도와 치료과정이 의미 있게 나타나도록 정리하여 기술한다. 내담 아동의 놀이 내용 및 주된 태도와 이에 대한 놀이치료자 반응 중심으로 요약정리한다.
4) 치료과정은 내담 아동과 상담자의 주요 상호작용이 드러나도록 대화체로 기술한다. 내담 아동의 언어표현은 " "로 정리하고, 상담자의 언어표현은 ( ) 안에 넣어서 기술한다.
5) 내담 아동이 선택한 게임은 무엇이고, 게임 유형은 무엇인지 기술해야 한다. 놀이치료 과정을 요약정리할 때, 각 회기마다 내담 아동이 선택한 게임과 유형을 기술하는 것이 필요하다. 예를 들어, "우연게임 유형의 스머프 사다리 게임을 선택하였다."는 식으로 정리하면 이후 치료과정에서의 변화를 파악하는 데 도움이 될 수 있다.
6) 내담 아동의 게임 시 나타나는 태도 중심으로 사례 과정을 요약정리해야 한다.

초심자들이 사례발표 시 자주 실수하는 것 중 하나가 '내담 아동이 ~게임을 했다'는 식으로만 치료과정을 요약정리하는 것이다. 이렇게 기술하면 치료과정에서 내담 아동의 역동과 변화를 알기 어려워 적절한 슈퍼비전을 받기 어렵다. 예를 들어, '스머프 사다리게임을 하는데 상담자가 앞서가자 "나 게임 안 할래요."라고 함.' 식으로 의미 있는 내담 아동의 태도를 반드시 기술해야 한다.

7) 내담 아동의 태도와 반응에 대해 놀이치료자의 반응도 기술해야 한다.
 내담 아동의 태도와 반응에 대한 치료자의 반응을 알아야 이에 대한 슈퍼비전을 할 수 있다. 의미 있는 내담 아동의 행동에 대해 놀이치료자가 어떤 치료적 태도를 보였는지 기술해야 한다. 예 '스머프 사다리 게임을 하는데 상담자가 앞서가자 "나 게임 안 할래요."라고 하여 게임을 그만하자고 하는 걸 보니 선생님에게 지는 것이 싫었나 보다.'라고 함.

8) 각 회기 내에서 또는 회기 간에 반복되는 게임 유형, 게임 태도, 언어 등을 파악해서 정리해야 한다.
 게임놀이 태도와 언어표현에서 반복되는 것은 내담 아동 내면의 역동을 이해하는 중요한 요소가 된다. 반복되는 패턴이 있다면 이를 정리하는 것이 필요하다.

9) 필요시 약 4회기마다 평가척도를 활용하여 내담 아동의 태도를 체크하여 치료 시 변화과정을 분석해 볼 수 있다.
 11장에서 제시해 놓은 게임놀이 평가척도를 활용하여 약 4회기마다, 또는 상담 초기·중기·말기를 기준으로 평가를 한다면, 내담 아동의 변화과정을 분석하는 데 도움이 될 수 있다.

10) 초기·중기·말기별로 게임에서의 중요 태도 및 변화 내용을 정리해 볼 수 있다.
 사례발표를 위해 자료를 정리할 때, 초기, 중기 및 말기 회기에서의 대표적인 태도 및 패턴을 정리해서 기술하는 것도 내담 아동의 역동 및 변화과정을 이해하는 데 도움이 된다.

11) 부모상담 내용은 아동 증상에 대한 부모의 주호소, 일주일 동안의 아동 및 부모 행동의 변화를 중심으로 기술한다.

**11. 논의사항**

※ 상담 진행하면서 궁금했던 내용이나 논의하고 싶은 내용을 두세 가지 간략히 기술

## 2) 모자체계 탐색 목록

내담 아동의 양육사를 탐색할 때 O'Connor와 Ammen(2009)이 제안한 내용을 기반으로 정리한 〈표 13-1〉을 참고하여 양육자와 면담을 한다면, 생후 3년까지 모자관계에 대한 정보를 얻는 것에 도움이 될 수 있다(유미숙 외, 2021).

**표 13-1 모자체계 탐색 목록 및 세부 점검 사항**

| 목록 | 세부 점검 사항 |
|---|---|
| 1. 주양육자(들)<br>(만일 여러 명이라면 □ 안에 순서를 적으시오.) | □ 모 □ 부 □ 외조부모<br>□ 친조부모<br>□ 기타 ______ |
| 2. 출산 직후 아동에 대한 첫인상 | (　　　　) |
| 3. 생후 1년 | |
| 1) 양육자의 정서상태 | □ 우울 □ 불안 □ 안정<br>□ 기타 ______ |
| 2) 아기 유형 | □ 까다로움 □ 늦게 반응 □ 순함<br>□ 기타 ______ |
| 3) 아동과의 관계에 대한 부모의 경험 | □ 많이 부정적(힘겨움, 무기력, 우울, 부담감 등)<br>□ 어느 정도 부정적(힘겨움, 무기력, 우울, 부담감 등)<br>□ 보통<br>□ 긍정적(편안함, 즐거움 등) |
| 4) 부모에 대한 아동의 애정 반응 | □ 무반응 □ 많이 찾지 않음<br>□ 적절함 □ 과도함 |
| 4. 생후 2년 및 3년 | |
| 1) 유아의 유형 | □ 까다로움 □ 늦게 반응 □ 순함<br>□ 기타 ______ |
| 2) 양육자의 태도 | □ 과잉보호 □ 심리적 통제<br>□ 과잉통제 □ 과잉허용<br>□ 적절한 훈육 □ 공감적 태도 |
| 3) 아동의 양육자에 대한 태도 | □ 많이 부정적(눈치 보기, 힘 겨루기 등)<br>□ 어느 정도 부정적(눈치 보기, 힘 겨루기 등)<br>□ 보통<br>□ 어느 정도 긍정적(편안함, 즐거움 등)<br>□ 많이 긍정적(편안함, 즐거움 등) |
| 4) 다른 가족 구성원들과의 관계에 대해 설명하기 | □ 불편 □ 보통 □ 편안 |

| 목록 | 세부 점검 사항 |
|---|---|
| 5) 아동의 탐색적 행동은 어떠했는가? | □ 새로운 것은 거의 거부하고 하지 않으려고 함<br>□ 새로운 것에 익숙해지는 데 시간이 많이 소요되지만 익숙해지면 잘함<br>□ 보통<br>□ 활발 □ 산만 |
| 6) 대소변 훈련 | |
| (1) 훈련의 강도 | □ 엄격 □ 보통 □ 허용 |
| (2) 아동의 반응 | □ 심하게 거부 □ 거부 □ 순응 |
| 7) 분리와 재결합 | |
| (1) 어린이집/유치원 참석 여부 | □ 심하게 거부 □ 거부 □ 순응 |
| (2) 분리에 대한 아동의 반응 | □ 관심 없음 □ 심하게 거부 □ 거부<br>□ 분리 시에는 거부하지만 양육자가 떠나면 곧 적응<br>□ 몇 주 지나서는 분리에 문제없음<br>□ 처음부터 적응 |
| (3) 재결합에 대한 아동의 반응 | □ 관심 없음 □ 화, 짜증을 냄<br>□ 계속 기다리고 있음<br>□ 처음에는 모른 척하다가 시간이 지나면 양육자에게 접근<br>□ 반갑게 맞이함 |
| (4) 아동이 보인 부정적인 반응에 대한 부모의 반응 | □ 모른 척함 □ 화를 냄<br>□ 함께 불안해짐 □ 마음을 공감해 줌 |
| 5. 아동-양육자 상호작용 관찰 | □ 주도권<br>□ 애정적 태도<br>□ 상호성<br>□ 도전 및 촉진적 태도<br>□ 훈육에 대한 순응정도 |

## 2. 사례 슈퍼비전

사례를 발표하면 이에 대해 전문가의 슈퍼비전을 받게 된다. 상담 슈퍼비전은 전문성 발달을 위해 요구되는 특정한 지식과 기술을 알고 있고, 그 지식과 기술에 숙련된 경험 있는 전문가가 상담과정을 지속적으로 관찰하고 평가하는 과정(Haynes et al., 2006)이다. 상담 슈퍼비전은 상담자를 양성하기 위한 필수적인 교육과정으로(문수정, 김계현, 2000), 슈퍼바이지의 실습을 감독, 지도하면서 그의 실습 경험이 이론 및 연구 결과와 연계성을 갖도록 지도하는 특수한 형태의 교육(김계현, 2016)이라고 정의할 수 있다. 그러므로 놀이치료 전문가로 성장하고자 하는 사람들에게 자신의 사례에 대한 상담 슈퍼비전은 필수과정이라고 할 수 있다.

놀이치료 전문가에게 슈퍼비전을 받기 전에 다음과 같은 사항을 고려해야 한다.

### 1) 게임놀이치료 사례발표 지침

#### (1) 사례발표 전에 반드시 보호자에게 발표 동의를 받아야 한다

사례발표 동의는 놀이치료자가 반드시 지켜야 하는 윤리에 해당한다. 동의서 양식에 포함되어야 하는 항목의 예는 다음과 같다.

**사례발표 동의서**

1. 발표 일정
   1) 수업명
   2) 발표자
   3) 발표일
   4) 발표장소
   5) 참석인원

### 2. 사례발표 목적

사례발표의 목적에는 보호자 및 놀이치료자가 받는 이익에 대한 설명이 포함되어야 한다.

> 예
>
> ① 사례발표는 놀이치료사/놀이치료 전문가 자격취득을 위한 과정입니다.
>
> ② 교수는 사례지도를 통해 내담 아동에 대해 심층적·종합적으로 이해할 수 있도록 하여 상담자가 내담 아동과 보호자에게 보다 양질의 놀이치료 및 부모상담을 제공할 수 있게 돕습니다.
>
> ③ 참석한 학생들은 놀이의 과정 및 의미, 놀이치료와 부모상담 기법을 함께 공부하게 됩니다.
>
> ④ 사례발표 시간은 보호자에게 일주일 전에 알려 드립니다. 발표 이후 부모상담 시간에 사례발표 결과를 알려 드립니다. 이를 통해 보호자는 내담 아동 양육에 대해 도움을 받을 수 있습니다.

### 3. 사례발표 동의 및 철회

사례 제공자의 자발적 동의와 철회 시 아무런 불이익이 없다는 내용이 반드시 포함되어야 한다.

> 예
>
> 사례발표 동의 결정은 보호자의 자발적인 것이고, _____까지 사례발표 동의를 철회하셔도 아무런 불이익이 없습니다.

### 4. 비밀보장

비밀보장에는 다음과 같은 내용이 포함되어야 한다.

> 예
>
> ① 내담 아동과 보호자의 신원을 파악할 수 있는 기록은 비밀로 보장될 것이며, 내담 아동과 보호자를 알아차릴 수 있는 사소한 단서에도 기호나 가명을 사용할 것입니다.
>
> ② 보호자는 상담자가 내담 아동에게 보다 양질의 서비스를 제공하기 위해 아동 및 보호자의 동의하에 놀이치료 및 부모상담 시 녹음 또는 녹화를 하고, 비밀이 보장되는 상태에서 전문가에게 슈퍼비전을 받을 수 있다는 사실을 알고 있습니다.

③ 수업 지도 교수 및 사례 지도감독자에게는 내담 아동과 보호자의 비밀보장을 침해하지 않는 범위 안에서 내담 아동과 보호자의 상담 및 검사 자료 등이 공개됩니다.
④ 발표 시 참석한 회원들에게 배포되는 발표 자료는 사례발표 후 모두 삭제 및 폐기합니다.

5. 사례발표 일정 변경 및 취소

혹시 사례발표 일정이 변경되거나 취소될 경우, 이를 보호자에게 알린다는 내용이 포함될 필요가 있다.

6. 문의

보호자가 문의할 사항이 있을 때 이를 문의할 수 있는 놀이치료실의 연락처가 제시되어야 한다.

예

사례발표와 관련된 추가 정보를 얻고자 할 때는 상담자(기관 전화번호: __________ / 기관 이메일: __________)에 문의할 수 있습니다.

○○대학 ○○학과

년 월 일

동의자 : (인)

### (2) 사례발표를 할 때, 참여자들에게 모두 비밀유지 서약서를 받아야 한다

사례발표에 참석하는 모든 구성원 역시 사례에 대한 비밀유지를 해야 하는 의무가 있다. 이에 모든 참여자에게 비밀유지 서약서를 받아야 한다. 비밀유지 서약서의 예시는 다음과 같다.

○○대학 ○○학과『게임놀이치료』수업

# 비밀유지 서약서

■ 이름 :
■ 학번(또는 생년월일) :
■ 소속 :

상기 본인은 심리치료대학원 놀이치료학과에서 진행하는『놀이치료 실습 및 슈퍼비전』수업에 참석함에 있어 다음과 같은 사항들을 준수할 것임을 엄숙히 서약합니다.

본 학과『게임놀이치료』수업에서 알게 되는 내담자의 정보에 대하여 허락 없이 외부에 공개 또는 누설하지 않을 것을 서약합니다.

본 학과『게임놀이치료』수업에서 제공하는 모든 자료를 무단복제하거나 허락 없이 외부에 유포하지 않을 것을 서약합니다.

본 학과『게임놀이치료』수업에 참가하는 모든 시간 동안 동영상 촬영 및 녹취하지 않을 것을 서약합니다.

위와 같은 세 가지 사항에 대하여 부정행위가 적발될 경우, 본 학과에서 실시하는 모든 교육에 참여할 수 없고 수업에서 슈퍼비전을 받을 수 없으므로, 명심하고 정해진 지침을 성실히 준수할 것을 서약합니다.

비밀유지 서약서의 내용을 위반할 시에는 학칙에 의거하여 엄중하게 처벌할 방침임을 명심하시기 바랍니다. 또한 서약서 내용 위반으로 인한 문제 발생 시 모든 법적 책임은 본인에게 있음을 알려 드립니다.

○○대학 ○○학과

년 월 일

동의자 : (인)

### (3) 사례발표 전 점검표

사례를 발표하기 전에 사례를 정리한 내용에 대해 점검해 볼 사항은 다음 〈표 13-2〉와 같다.

**표 13-2** 사례발표 전 점검표

| 범주 | 내용 | 예 | 아니요 |
|---|---|---|---|
| 비밀보장 | 보호자에게 사례발표 동의서를 받았다. | | |
| | 수업에 참여하는 학생들에게 비밀유지 서약서를 받았다. | | |
| | 내담 아동의 이름을 가명 처리하였다. | | |
| 주호소 | 주호소의 시작시기, 빈도, 정도, 주양육자의 대처행동 중심으로 기술하였다. | | |
| 발달사 및 양육사 | 발달사에서 제시한 연령은 모두 만 연령으로 기술하였다. | | |
| | 양육사는 부모-자녀 상호작용 중심으로 정리하였다. | | |
| 사례개념화와 상담 목표 | 사례개념화와 상담 목표는 내담 아동의 주호소, 주증상 중심으로 기술하였다. | | |
| 검사 | 검사 자료가 있는 경우, 도표 및 그래프와 함께 내용을 요약정리해서 기술하였다. | | |
| 상담과정 | 상담 내용은 초기, 중기, 말기로 구분하였다 | | |
| | 초기·중기·말기별로 게임에서의 중요 태도 및 변화 내용을 정리하였다. | | |
| | 접수상담, 1회기, 2회기 순으로 정리하였다. | | |
| | 내담 아동의 반응은 " "로, 놀이치료자의 반응은 ( )로 구분하여 기술하였다. | | |
| | 내담 아동과 놀이치료자 간의 상호작용 중심으로 기술하였다. | | |
| | 각 회기마다 내담 아동이 놀이한 게임의 제목만 제시하지 않고 게임 태도 중심으로 기술하였다. | | |
| | 필요시 게임평가 척도를 활용하여 내담 아동의 게임 태도를 분석하였다. | | |
| | 부모상담은 부모의 주호소를 중심으로 아동과 부모의 행동 변화에 대해 기술하였다. | | |
| 논의사항 | 사례를 이해하기 위해 필요한 질문 중심으로 기술하였다. | | |

## 2) 슈퍼비전 평가

사례발표를 통해 슈퍼비전을 받은 후, 슈퍼바이저의 지도감독 내용을 정리하는 것이 필요하다.

**표 13-3** 슈퍼비전 내용 요약 양식

| 범주 | 하위범주 | 슈퍼비전에서 학습한 내용 |
|---|---|---|
| 내담 아동에 대한 이해 | 발달사 및 양육사 | |
| | 사례개념화와 상담 목표 | |
| | 검사 내용 | |
| 상담과정에 대한 이해 | 내담 아동의 놀이 내용 | |
| | 놀이치료자의 태도 | |
| 부모에 대한 이해 | 부모의 태도 및 양육태도 | |
| 논의 | | |
| 종합 | | |

## 참고문헌

김계현(2016). 카운슬링의 실제. 서울: 학지사.

문수정, 김계현(2000). 상담수퍼비전 교육내용 요구분석: 상담자의 경력수준을 중심으로. 한국심리학회지: 상담 및 심리치료, 12(1), 1-18.

유미숙, 이영애, 박현아(2021). 놀이치료 관찰 및 실습. 서울: 학지사.

한국놀이치료학회(2024). 사례 및 윤리위원회 양식.

Haynes, R., Corey, G., & Moulton, P. (2006). 상담 및 조력전문가를 위한 수퍼비전의 실제(*Clinical supervision in the helping professions: A practical guide*). (김창대, 유성경, 김형수, 최한나 공역). 서울: 시그마프레스. (원저는 2003년에 출판).

O'Connor, K. J., & Ammen, S. (2009). 놀이치료 치료계획 및 중재(*Play therapy treatment planning and interventions*). (송영혜, 김은경, 김귀남 공역). 서울: 시그마프레스. (원저는 1997년에 출판).

## 저자 소개

### 유미숙(Yoo Mee Sook)

숙명여자대학교 대학원 아동복지학과 박사(아동상담 전공)
한국놀이치료학회 공인 놀이심리상담전문가, 한국상담심리학회 공인 상담심리전문가(주슈퍼바이저), 국가 재난관리 심리상담전문가, 한국미술심리치료연구학회 공인 미술치료전문가, 미국 APT 공인 Play Therapist & Supervisor
**현** 숙명여자대학교 아동복지학부 명예교수

### 이영애(Lee Youngae)

숙명여자대학교 대학원 아동복지학과 박사(아동상담 전공)
한국놀이치료학회 공인 놀이심리상담전문가
**전** 원광아동상담센터 소장
**현** 숙명여자대학교 심리치료대학원 놀이치료학과 부교수

### 유재령(Yoo Jaeryoung)

숙명여자대학교 대학원 아동복지학과 박사(아동심리치료 전공)
한국놀이치료학회 공인 놀이심리상담전문가
**전** 원광아동상담센터 소장
**현** 도담도담 아동·청소년상담센터 소장
숙명여자대학교 심리치료대학원 놀이치료학과 겸임교수

### 차효정(Cha Hyojung)

숙명여자대학교 대학원 아동복지학과 박사(아동심리치료 전공)
한국놀이치료학회 공인 놀이심리상담전문가
**현** 마음공간 아동·청소년상담센터 소장
숙명여자대학교 심리치료대학원 놀이치료학과 겸임교수

### 김혜진(Kim Hyejin)

숙명여자대학교 대학원 아동복지학과 박사(아동심리치료 전공)
한국놀이치료학회 공인 놀이심리상담전문가
**전** 원광아동상담센터 부소장
**현** 아동·청소년상담센터 맑음 책임상담원
숙명여자대학교 심리치료대학원 놀이치료학과 겸임교수

**진미경(Jin Mikyoung)**

The University of Texas at Austin Ph. D. (Human Development and Family Science)
한국놀이치료학회 공인 놀이심리상담전문가, 한국상담심리학회 공인 상담심리전문가 1급,
미국 아들러 놀이치료협회 공인 Advenced Certified Adlerian Play Therapist & Consultant
**현** 숙명여자대학교 아동복지학부 교수

**최진희(Choi Jinhee)**

숙명여자대학교 대학원 아동복지학과 박사(아동심리치료 전공)
한국놀이치료학회 공인 놀이심리상담전문가, 여성가족부 공인 청소년상담사 1급
**전** 신철희 아동·청소년상담센터 상담원
**현** 살레시오교육영성센터 상담실, 소은희 마인드피아 의원 놀이치료사
숙명여자대학교 심리치료대학원 놀이치료학과 초빙대우교수

**채은영(Chae Eunyoung)**

숙명여자대학교 대학원 아동복지학과 박사(아동심리치료 전공)
한국놀이치료학회 공인 놀이심리상담전문가, 한국상담심리학회 공인 상담심리전문가 1급
**전** 숙명행복상담센터 책임연구원, 라임 아동·청소년상담센터 소장
**현** 숙명여자대학교 심리치료대학원 놀이치료학과 초빙교수

**이소연(Lee So Yean)**

Washington State University 심리학과 박사(임상심리 전공)
한국놀이치료학회 공인 놀이심리상담전문가, 한국상담심리학회 공인 상담심리전문가,
여성가족부 공인 청소년상담사 1급
**현** 숙명여자대학교 아동복지학부 교수

# 게임놀이치료

Game Play Therapy

2025년 9월 20일 1판 1쇄 인쇄
2025년 9월 30일 1판 1쇄 발행

지은이 • 유미숙 · 이영애 · 유재령 · 차효정 · 김혜진 · 진미경 · 최진희 · 채은영 · 이소연
펴낸이 • 김진환
펴낸곳 • (주) 학지사
04031 서울특별시 마포구 양화로 15길 20 마인드월드빌딩
대표전화 • 02)330-5114 팩스 • 02)324-2345
등록번호 • 제313-2006-000265호

홈페이지 • http://www.hakjisa.co.kr
인스타그램 • https://www.instagram.com/hakjisabook/

ISBN 978-89-997-3509-7 93180

정가 18,000원